mathématique

PANORAM@TH

1er cycle du secondaire

MANUEL DE L'ÉLÈVE
**B**
VOLUME 1

**Dominique Boivin**    **Isabelle Gendron**    **Antoine Ledoux**

LES ÉDITIONS
**CEC**
QUEBECOR MEDIA

8101, boul. Métropolitain Est, Anjou (Québec) Canada  H1J 1J9
Téléphone : (514) 351-6010 • Télécopieur : (514) 351-3534

**Direction de l'édition**
Véronique Lacroix

**Direction de la production**
Danielle Latendresse

**Direction de la coordination**
Sylvie Richard

**Charge de projet**
Diane Karneyeff
Patrice Ricard

**Révision linguistique**
Philippe Sicard

**Correction d'épreuves**
Viviane Deraspe

**Recherche iconographique**
Monique Rosevear

**Conception et coordination**
Dessine-moi un mouton inc.

**Réalisation graphique**
Productions Fréchette et Paradis inc.

**Illustrations techniques**
Dan Allen, Marius Allen et Bertrand Lachance

**Illustrations d'ambiance**
Yves Boudreau

Les auteurs et l'éditeur remercient les personnes suivantes qui ont participé à l'élaboration du projet.

**Collaborateurs**
Geneviève Morneau, Yves Corbin, Michel Poulin, Claude Boivin, Chantal Caissié, Clode-Roxane Fleury, Hélène Kayler, Mélanie Tremblay, Dominique Samoisette, Patrick St-Cyr, Jocelyn Dagenais, Richard Cadieux

**Consultation scientifique**
Matthieu Dufour, professeur au département de mathématiques, Université du Québec à Montréal

Jean-Guy Smith, réviseur scientifique

**Consultation pédagogique**
Pierre Racine, enseignant, Académie Ste-Thérèse

Yanick L'Ecuyer, enseignant, Collège Champagneur

Mélanie Tremblay, enseignante, école secondaire Les Compagnons de Cartier, c.s. des Découvreurs

Catherine Falgueyret, enseignante, Collège Beaubois

Stéphanie Rainville, enseignante, école secondaire Jean-Jacques-Bertrand, c.s. Val-des-Cerfs

Chantal Caissié, enseignante, école secondaire Des Rives, c.s. des Affluents

Dominique Boivin est enseignant à la Cité étudiante de Roberval, c.s. du Pays-des-Bleuets.

Isabelle Gendron est enseignante au Collège Mont-Royal.

Dans cet ouvrage, la féminisation des titres de fonctions et des textes s'appuie sur des règles d'écriture proposées par l'Office de la langue française dans le guide *Au féminin*, Les publications du Québec, 1991.

Les Éditions CEC inc. remercient le gouvernement du Québec de l'aide financière accordée à l'édition de cet ouvrage par l'entremise du Programme de crédit d'impôt pour l'édition de livres, administré par la SODEC.

*Panoramath,* manuel de l'élève B, volume 1
© 2006, Les Éditions CEC inc.
8101, boul. Métropolitain Est
Anjou (Québec) H1J 1J9

Dépôt légal : 2006
Bibliothèque et Archives nationales du Québec
Bibliothèque et Archives du Canada

ISBN 2-7617-2162-4

Imprimé au Canada
   2   3   4   5   10   09   08   07   06

# Table des matières

# Présentation du manuel

Ce manuel comporte quatre panoramas. Chaque panorama présente un *projet*, des *unités* et les rubriques « Société des maths », « À qui ça sert ? » et « Tour d'horizon ». Le manuel se termine par un « Album ».

## Projet

Les quatre premières pages de chaque panorama proposent la réalisation d'un projet. Ce projet vise le développement des compétences disciplinaires et transversales, et l'appropriation des notions mathématiques abordées dans chacune des unités du panorama.

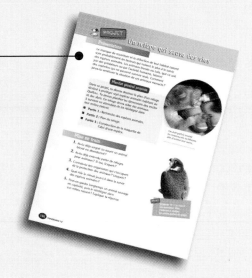

## Unités

Un panorama est divisé en unités, chacune introduite par une *situation-problème* qui est suivie de quelques *activités*, du « Calepin des savoirs », d'un « Coup d'œil » et d'un « Zoom ». Chaque unité permet de cheminer dans les trois temps d'apprentissage nécessaires au développement des compétences disciplinaires et transversales et à l'appropriation des apprentissages.

## 1$^{ER}$ TEMPS : PRÉPARATION DES APPRENTISSAGES

Avant d'aborder une unité, des questions favorisant la réactivation de connaissances antérieures et de diverses stratégies sont proposées dans le guide d'enseignement.

## 2$^{E}$ TEMPS : RÉALISATION DES APPRENTISSAGES

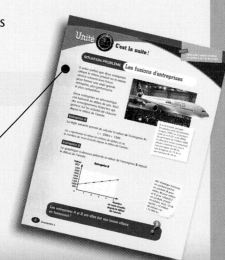

## Situation-problème

La situation-problème est un élément déclencheur comportant une seule question. La résolution de la situation-problème nécessite le recours à plusieurs compétences et à différentes stratégies, et mobilise des connaissances.

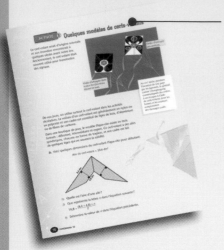

## Activité

Les activités favorisent la compréhension des notions mathématiques et peuvent prendre plusieurs formes : questionnaire, manipulation de matériel, construction, jeu, intrigue, simulation, texte historique, etc.

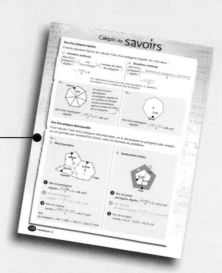

## Calepin des savoirs

Cette section présente un résumé des éléments théoriques vus dans l'unité. Des exemples accompagnent les énoncés théoriques afin de favoriser la compréhension des différentes notions.

## 3ᴱ TEMPS : INTÉGRATION ET RÉINVESTISSEMENT DES APPRENTISSAGES

## Coup d'œil

Le « Coup d'œil » présente une série d'exercices et de problèmes contextualisés permettant de développer des compétences et de consolider les apprentissages faits dans l'unité. Cette rubrique se termine par une ou deux situations-problèmes identifiées par le pictogramme **SP** .

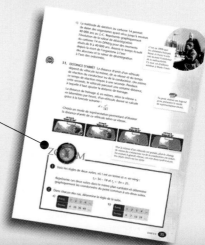

## Zoom

Le « Zoom » permet d'approfondir, en équipe ou en groupe classe, des notions mathématiques et d'en discuter. Grâce à cette rubrique, l'élève peut confronter sa compréhension à celle des autres élèves et, ainsi, intégrer et réinvestir ses apprentissages.

## Des rubriques particulières

### Société des maths

La « Société des maths » relate l'histoire de la mathématique et la vie de certains mathématiciens et de certaines mathématiciennes ayant contribué au développement de notions mathématiques directement associées au contenu du panorama. Une série de questions permettant d'approfondir le sujet accompagne cette rubrique.

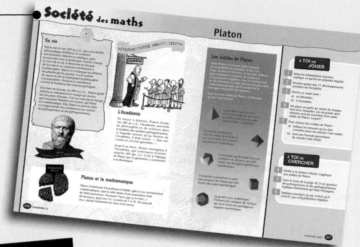

### À qui ça sert ?

La rubrique « À qui ça sert ? » présente une profession ou une carrière où sont exploitées les notions mathématiques étudiées dans le panorama. Une série de questions permettant d'approfondir le sujet accompagne cette rubrique.

### Tour d'horizon

Le « Tour d'horizon » clôt chaque panorama et présente une série de problèmes contextualisés permettant d'intégrer et de réinvestir les compétences développées et toutes les notions mathématiques étudiées dans le panorama. Cette rubrique se termine par une ou des situations-problèmes identifiées par le pictogramme **SP**.

Dans le « Coup d'œil » et le « Tour d'horizon », lorsqu'un problème comporte des données réelles, un mot clé écrit en majuscules et en rouge indique le sujet auquel il se rapporte.

## Album

Situé à la fin du manuel, l'« Album » contient plusieurs informations susceptibles d'outiller l'élève dans ses apprentissages. Il comporte trois sections.

La section « Stratégies » présente différentes stratégies de résolution de situations-problèmes. Chaque stratégie est expliquée et accompagnée d'un exemple concret.

La section « Technologies » donne des explications sur les principales fonctions d'une calculatrice, sur l'utilisation d'un tableur et d'un logiciel de géométrie dynamique, et sur la recherche dans Internet.

La section « Savoirs » présente les notations et symboles utilisés dans le manuel. Des énoncés de géométrie et différentes constructions utiles en géométrie sont également proposés. Cette section se termine par un glossaire et un index.

## Les pictogrammes

Indique qu'une fiche reproductible est offerte dans le guide d'enseignement.

Indique que l'activité peut se faire en travail coopératif. Des précisions à ce sujet sont données dans le guide d'enseignement.

Indique que l'utilisation de la technologie est possible. Des précisions sont données dans le guide d'enseignement.

# Panorama 9

# Des tables de valeurs aux représentations graphiques

Peu importe le domaine, en finance, en sciences, en psychologie, dans les sports, dans les médias et même dans les jeux, on utilise des graphiques, des tableaux et des règles pour mieux analyser ou comprendre une situation. En fait, comment un graphique peut-il aider à prévoir les profits d'une entreprise ? Comment un simple tableau peut-il mettre en rapport le coût d'un téléphone cellulaire et le nombre de minutes d'utilisation ? Comment déduit-on la règle permettant de généraliser une situation ? Dans ce panorama, tu découvriras comment construire et interpréter plusieurs modes de représentation d'une situation : entre autres, les graphiques, les tables de valeurs et les règles.

## PROJET

Une collecte de fonds pour une bonne cause !

## Société des maths

Galileo Galilei

## À qui ça sert

Pédiatre

# Une collecte de fonds pour une bonne cause !

## Présentation

Plusieurs organisations d'aide humanitaire apportent leur appui aux personnes dans le besoin. Que ce soit pour secourir les victimes de catastrophes naturelles n'importe où dans le monde, pour soutenir la recherche dans divers domaines médicaux ou pour offrir des services à une population défavorisée, ces organismes ont besoin de fonds afin de financer leurs activités.

### Mandat général proposé

Tu devras recueillir des fonds en vendant un produit de ton choix. Pour bien t'organiser, tu devras préparer un plan stratégique. Ce plan comprendra trois parties.

- **Partie 1 :** Choix de l'organisation d'aide humanitaire et du produit à vendre.

- **Partie 2 :** Évaluation des coûts.

- **Partie 3 :** Prévision du don à remettre.

Inondations à la Nouvelle-Orléans après le passage de l'ouragan Katrina à l'été 2005.

## Mise en train

1. As-tu déjà fait un don à une organisation d'aide humanitaire ? Laquelle ? En quoi consistait ce don ?

2. As-tu déjà fait du bénévolat ? Dans quelles circonstances ?

3. As-tu eu connaissance récemment, par les médias, d'une catastrophe naturelle qui aurait touché une région du monde ? Résume ce que tu en as retenu.

4. Nomme quelques organisations d'aide humanitaire et décris ce qu'elles font.

5. Nomme un événement qui a lieu régulièrement et dont le but est d'amasser des fonds pour une cause humanitaire.

6. Énumère quelques moyens qui te permettraient, à ton âge, d'aider les personnes qui en ont besoin.

PROJET

Conserve les réponses à ces questions. Elles t'aideront à réaliser les autres parties du projet.

# Partie 1 : Choix de l'organisation d'aide humanitaire et du produit à vendre

Dans un plan stratégique, on présente d'abord le projet qu'on veut réaliser. Que veut-on faire ? À qui s'adresse-t-on ? Quelle sera la façon de procéder ?

### Mandat proposé

**Produire un texte décrivant les éléments suivants.**

- L'organisation d'aide humanitaire choisie et les raisons qui ont motivé ton choix.

- Les raisons expliquant le choix du produit à vendre.

- La description de l'endroit et du moment où tu tiendras ta collecte de fonds.

### PISTES D'EXPLORATION...

■ Peux-tu facilement te procurer ou fabriquer toi-même ton produit ?

■ Si tu fabriques ton produit, peux-tu utiliser des matériaux recyclés ?

■ Ton produit sera-t-il assez populaire pour être vendu en grande quantité ?

■ As-tu consulté plusieurs sources d'information concernant l'organisation d'aide humanitaire que tu as choisie ?

Dans la deuxième partie de ton plan stratégique, tu évalueras les coûts liés à ta collecte de fonds.

### Mandat proposé

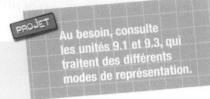

PROJET Au besoin, consulte les unités 9.1 et 9.3, qui traitent des différents modes de représentation.

**Présenter l'analyse des coûts liés à ta collecte de fonds.**

Cette analyse devra comporter :

- un tableau montrant les coûts d'exploitation, c'est-à-dire les dépenses liées à ta collecte de fonds ;

- un tableau présentant le coût unitaire de ton produit ;

- une règle qui permet de calculer les coûts totaux liés à ta collecte de fonds selon le nombre d'articles à vendre.

### PISTES D'EXPLORATION...

- Feras-tu de la publicité pour annoncer ta collecte de fonds ? Cela engendrera-t-il des coûts ?

- Devras-tu louer des appareils ? du matériel ?

- Devras-tu obtenir des autorisations particulières ? Y aura-t-il des frais ?

Tu peux utiliser un tableur pour construire tes tableaux et tes graphiques.

Tu peux aussi utiliser un logiciel de dessin pour concevoir une publicité.

## Partie 3 : Prévision du don à remettre

Le prix de vente d'un objet a un impact sur la quantité d'objets qui peuvent être vendus. En effet, un prix trop élevé décourage les acheteurs et les acheteuses, alors qu'un prix trop bas ne permet pas de faire de profits.

### Mandat proposé

**Déterminer le prix de vente du produit.**

Pour ce faire, tu devras :

- présenter quelques scénarios de prix de vente différents ;

- fixer le prix parmi toutes les possibilités et justifier ton choix ;

- représenter graphiquement la somme à remettre en don à l'organisation d'aide humanitaire selon le nombre d'articles vendus.

Tu peux utiliser un tableur pour construire ta représentation graphique.

#### PISTES D'EXPLORATION...

■ Les différents modes de représentation pourraient-ils t'aider à présenter tes scénarios ?

■ As-tu demandé à des personnes combien elles seraient prêtes à payer pour ton produit, compte tenu qu'il s'agit d'une cause humanitaire ?

■ La durée pendant laquelle tu tiendras ta collecte de fonds est-elle un facteur à considérer dans tes prévisions ?

■ Quels facteurs te permettent de rejeter certains scénarios ?

■ Tes prévisions sont-elles réalistes ?

PROJET

Au besoin, consulte les unités 9.1 à 9.3, qui traitent des différents modes de représentation.

## Bilan du projet : Une collecte de fonds pour une bonne cause !

Ton plan stratégique doit comprendre :

- la présentation de l'organisation d'aide humanitaire à laquelle tu désires remettre l'argent recueilli ;

- la description du produit que tu désires vendre ;

- l'évaluation du coût unitaire de ton produit représentée selon différents modes ;

- des scénarios de prix de vente représentés selon différents modes ;

- la représentation graphique des prévisions de la somme à remettre à l'organisation d'aide humanitaire.

Tu peux utiliser un logiciel de présentation, un traitement de texte ou un tableur pour préparer ton plan stratégique.

# Unité 9.1 C'est la suite !

Cette unité t'aidera à réaliser les parties 2 et 3 de ton projet.

## SITUATION-PROBLÈME  Les fusions d'entreprises

Il arrive parfois que deux entreprises offrant le même produit ou le même service unissent leurs forces pour former une seule grande entreprise, plus performante et plus compétitive.

Deux entreprises en aéronautique ont fusionné au début de juin. Voici des renseignements financiers qui portent sur les activités de chacune depuis le début de l'année.

Il s'est écoulé presque 15 années entre les premiers croquis (1991) et le premier essai en vol (27 avril 2005) du prototype de l'Airbus A380. Le plus gros avion commercial jamais construit à ce jour a une envergure de 80 m, une longueur de 73 m et une hauteur de 24 m.

### Entreprise A

La règle suivante permet de calculer la valeur de l'entreprise **A** :

$$s = {}^-250m + 1500$$

où $s$ représente la valeur en milliers de dollars et $m$, le nombre de mois écoulés depuis le début de l'année.

### Entreprise B

Le graphique ci-dessous présente la valeur de l'entreprise **B** depuis le début de l'année.

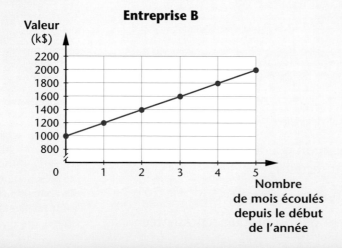

**Entreprise B**

Valeur (k$)

Nombre de mois écoulés depuis le début de l'année

Afin d'abréger l'écriture, on combine parfois un symbole (**k** pour millier, **M** pour million et **G** pour milliard) à un symbole d'unité monétaire. Ainsi, 12 k$ signifie « 12 milliers de dollars » ou « 12 000 $ ».

**Les entreprises A et B ont-elles fait une bonne affaire en fusionnant ?**

## ACTIVITÉ ① Le chien de Pavlov

Ivan Petrovitch Pavlov (1849-1936) est un célèbre médecin russe ayant reçu le prix Nobel de médecine en 1904. Il est principalement connu pour ses études sur le conditionnement du comportement.

Voici son expérience la plus célèbre.

Alfred Bernhard Nobel (1833-1896) était un riche chimiste et inventeur suédois. Dans son testament, il demanda qu'une grande partie de sa fortune serve à créer un fonds pour remettre un prix, chaque année, à la personne s'étant le plus illustrée dans chacun des cinq domaines suivants : physique, chimie, médecine, littérature et paix dans le monde. Le premier prix Nobel fut remis en 1901.

Pavlov répète cette séquence de nombreuses fois : il sonne la cloche, puis présente de la nourriture au chien qui se met à saliver. Au bout d'un moment...

Pavlov a réussi à conditionner le chien : lorsqu'il entend la cloche, il se met à saliver sans que Pavlov ait besoin de lui présenter de la nourriture.

Le principe du conditionnement s'applique dans l'expérience qui suit.

Une scientifique applique le principe du conditionnement à un singe. Voici le montage initial de cubes pour chacune des trois expériences suivantes.

## Expérience 1 : le triangle

Lorsque la scientifique donne un coup de baguette sur un triangle, le singe doit ajouter trois cubes bleus au centre du montage.

**a.** Complète la table de valeurs illustrant l'expérience **1**. Dans la dernière case, écris l'expression algébrique permettant de calculer le nombre total de cubes bleus dans le montage selon le nombre de coups de baguette donnés sur le triangle.

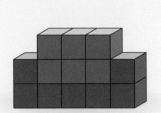

### Expérience 1 : le triangle

| Nombre de coups de baguette donnés sur le triangle | 0 | 1 | 2 | 3 | ... | $n$ |
|---|---|---|---|---|---|---|
| Nombre de cubes bleus dans le montage | 3 | | | | ... | |

> Tu peux construire les tables de valeurs à l'aide d'un tableur.

## Expérience 2 : le tambour

Lorsque la scientifique donne un coup de baguette sur un tambour, le singe doit ajouter deux cubes rouges sur les côtés du montage.

**b.** Complète la table de valeurs illustrant l'expérience **2**. Dans la dernière case, écris l'expression algébrique permettant de calculer le nombre total de cubes rouges dans le montage selon le nombre de coups de baguette donnés sur le tambour.

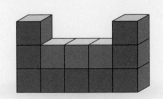

| Nombre de coups de baguette donnés sur le tambour | 0 | 1 | 2 | 3 | ... | $n$ |
|---|---|---|---|---|---|---|
| Nombre de cubes rouges dans le montage | 7 | | | | ... | |

**c.** Si le singe a fait un montage comportant 81 cubes rouges, combien de coups de baguette la scientifique a-t-elle donnés sur le tambour ?

**d.** La scientifique réalise une seule des deux premières expériences à plusieurs reprises. Si le montage final compte 149 cubes, de quelle expérience s'agit-il ?

## Expérience 3 : la cymbale

Finalement, lorsque la scientifique donne un coup de cymbale, le singe doit ajouter trois cubes bleus au centre et deux cubes rouges sur les côtés du montage.

**e.** Complète la table de valeurs illustrant l'expérience **3**. Dans la dernière case, écris l'expression algébrique permettant de calculer le nombre total de cubes dans le montage selon le nombre de coups de cymbale.

**Expérience 3 : la cymbale**

| Nombre de coups de cymbale | 0 | 1 | 2 | 3 | ... | $n$ |
|---|---|---|---|---|---|---|
| Nombre total de cubes dans le montage | 10 | | | | ... | |

**f.** Compare l'expression algébrique obtenue dans la table de valeurs de l'expérience **3** à celles obtenues dans les tables de valeurs des expériences **1** et **2**. Que remarques-tu ?

**Le tournoi de basket-ball**

Lors de la finale du championnat de basket-ball cadet, deux joueuses de l'équipe gagnante se sont démarquées. Voici le nombre de paniers réussis par chacune de ces joueuses selon le nombre de parties jouées dans le tournoi.

| Tournoi de basket-ball | | | | | |
| --- | --- | --- | --- | --- | --- |
| Nombre de parties | 1 | 2 | 3 | ... | $n$ |
| Nombre total de paniers réussis par la joueuse A | 14 | 24 | 34 | ... | $10n + 4$ |
| Nombre total de paniers réussis par la joueuse B | 3 | 7 | 11 | ... | $4n - 1$ |

**a.** Complète la table de valeurs suivante. Dans la dernière case, écris l'expression algébrique permettant de calculer le nombre total de paniers réussis par les joueuses A et B ensemble selon le nombre de parties jouées.

| Tournoi de basket-ball | | | | | |
| --- | --- | --- | --- | --- | --- |
| Nombre de parties | 1 | 2 | 3 | ... | $n$ |
| Nombre total de paniers réussis par les joueuses A et B ensemble | | | | | |

> Le basket-ball a été inventé en 1891 par le Canadien James Naismith. Le basket-ball masculin devint une discipline olympique en 1936. Il faudra attendre les Jeux olympiques de Montréal, en 1976, pour voir apparaître cette discipline chez les femmes.

**b.** Quel est le lien entre l'expression algébrique trouvée dans la table de valeurs en **a** et les expressions algébriques $10n + 4$ et $4n - 1$ de la table de valeurs initiale ?

**c.** Complète la table de valeurs suivante. Dans la dernière case, écris l'expression algébrique permettant de calculer l'écart entre le nombre total de paniers réussis par la joueuse A et le nombre total de paniers réussis par la joueuse B selon le nombre de parties jouées.

| Tournoi de basket-ball | | | | | |
| --- | --- | --- | --- | --- | --- |
| Nombre de parties | 1 | 2 | 3 | ... | $n$ |
| Écart entre le nombre total de paniers réussis par la joueuse A et le nombre total de paniers réussis par la joueuse B | | | | | |

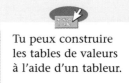

> Tu peux construire les tables de valeurs à l'aide d'un tableur.

**d.** Quel est le lien entre l'expression algébrique trouvée dans la table de valeurs en **c** et les expressions algébriques $10n + 4$ et $4n - 1$ de la table de valeurs initiale ?

# Calepin des **savoirs**

## Terme

Un terme peut être composé :

- uniquement d'un nombre; il s'agit alors d'un **terme constant**;

> Ex. : 1)  5      2)  $-3$      3)  $\frac{3}{4}$      4)  8,26

- d'un produit de nombres et de variables.

> Ex. : 1)  $-3a$      2)  $4xy^2$      3)  $\frac{2}{3}b$      4)  $5,6cd$      5)  $1x$ ou $x$

Dans une expression algébrique, les termes sont reliés par des symboles d'addition «+» ou de soustraction «−».

Pour identifier les termes, on transforme chacune des soustractions en addition de l'opposé.

> Ex. : L'expression algébrique $8a^2 + 5ab - 7$ est composée de trois termes, soit $8a^2$, $5ab$ et $-7$, car $8a^2 + 5ab - 7 = 8a^2 + 5ab + {}^-7$.

> Pour exprimer le produit d'un nombre et d'une ou plusieurs variables, on convient d'écrire le nombre en premier et d'éliminer les symboles de multiplication.
>
> Ex. : 1) $7 \times b$ s'écrit $7b$.
>
> 2) $m^2 \times -3 \times y$ s'écrit $-3m^2y$.
>
> Lorsque le nombre est 1, on l'omet, puisque c'est l'élément neutre de la multiplication.
>
> Ex. : $1a$ s'écrit simplement $a$ et $-1b$ s'écrit $-b$.

## Coefficient

On appelle **cœfficient** le facteur précédant la ou les variables d'un terme.

> Ex. : Dans l'expression algébrique $x - 8xy + 7,3y$,
>
> 1, $-8$ et 7,3 sont respectivement les coefficients du premier, du deuxième et du troisième terme.

## Termes semblables

Deux termes sont semblables s'ils sont composés des mêmes variables affectées des mêmes exposants ou si chacun d'eux est un terme constant.

> Ex. : **Termes semblables**
>
> 1)  $4b$ et $-5b$      2)  $6xy^2$ et $7xy^2$      3)  12 et 17
>
> **Termes non semblables**
>
> 1)  $8b$ et $8a$      2)  $-9x^2y$ et $7xy^2$      3)  $-12$ et $17a$

## Réduction d'une expression algébrique : addition et soustraction

On exprime généralement une somme ou une différence sous sa forme réduite, c'est-à-dire à l'aide d'une expression algébrique dans laquelle toutes les opérations possibles ont été effectuées.

On peut réduire une expression algébrique composée de plusieurs termes en additionnant ou en soustrayant les termes semblables.

> Ex. : 1)  $3x + 9 + 4x - 7 = 7x + 2$ — On peut réduire cette expression, car $3x$ et $4x$ sont des termes semblables, et 9 et $-7$ sont des termes semblables.
>
> 2)  $3x + 4a$ — On ne peut pas réduire cette expression, car $3x$ et $4a$ ne sont pas des termes semblables.

Additionner ou soustraire un tout, c'est additionner ou soustraire chacune de ses parties.

> Ex. : 1)  $3x + (5x + 7x + 9y) = 3x + 5x + 7x + 9y = 15x + 9y$
>
> 2)  $24c - (5c + 13d + 4c + 7d) = 24c - 5c - 13d - 4c - 7d = 15c - 20d$

## Modes de représentation

Il existe différentes façons de représenter une situation.

### Description en mots

Ex. : Un train peut accueillir 8 personnes dans le premier wagon, et 6 personnes dans chaque wagon additionnel.

### Dessin

Ex. :

### Table de valeurs

Ex. :

**Train**

| Nombre de wagons | 1 | 2 | 3 | 4 | ... |
|---|---|---|---|---|---|
| Nombre de personnes dans le train | 8 | 14 | 20 | 26 | ... |

### Graphique

Ex. :

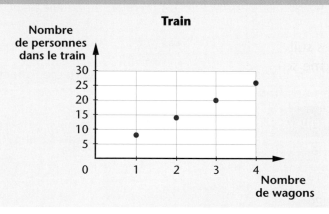

### Règle

Ex. :

**Variable** représentant le nombre de personnes dans le train.

**Constante** obtenue par déduction à l'aide du nombre de wagons et du nombre de personnes correspondant.

Ex. : Lorsqu'il y a 3 wagons, il y a 20 personnes dans le train.

$$20 = 6 \times 3 + \text{constante}$$

$$20 = 18 + \text{constante}$$

On en déduit que la constante est 2.

$$p = 6w + 2$$

**Coefficient** qui indique que pour chaque wagon ajouté au premier wagon, il y a 6 personnes de plus dans le train.

**Variable** représentant le nombre de wagons.

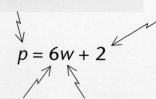

Il faut toujours indiquer ce que représente chacune des variables utilisées dans une règle.

1. Soit l'expression $7x^2 + 5xy - 8x + 12$.

   a) Combien y a-t-il de termes?

   b) Détermine le terme constant.

   c) Quel est le coefficient du $2^e$ terme?

2. Associe chacun des termes de la rangée du haut à un terme semblable de la rangée du bas.

   | A 3,5 | B 4x | C $5a^2b$ | D 6ab | E $-7ab^2$ | F y |
   |---|---|---|---|---|---|

   | 1 $-7a^2b$ | 2 11ba | 3 $ab^2$ | 4 8 | 5 2,6y | 6 3x |
   |---|---|---|---|---|---|

3. Réduis les expressions algébriques suivantes.

   a) $4x + 8 - 5x$
   
   b) $9 - 8a + 7,5 - 4a$
   
   c) $12b - 5c + 5$

   d) $7d + 14d + 12 - 8d$
   
   e) $24x - (13x - 8)$
   
   f) $16y - 15 - (8y + 6 - 9y - 8)$

4. Dans chacune des suites ci-dessous, détermine la règle qui permet de calculer la valeur d'un terme selon son rang.

   a) **Suite 1**

   | Rang | Terme |
   |---|---|
   | 1 | 6 |
   | 2 | 13 |
   | 3 | 20 |
   | 4 | 27 |
   | ... | ... |

   b) **Suite 2**

   | Rang | 1 | 2 | 3 | 4 | ... |
   |---|---|---|---|---|---|
   | Terme | -12 | -1 | 10 | 21 | ... |

   c) **Suite 3**

   | Rang | Terme |
   |---|---|
   | 1 | 28 |
   | 2 | 13 |
   | 3 | -2 |
   | 4 | -17 |
   | ... | ... |

5. Soit la suite 12, 17, 22, 27, 86, ...

   a) Quel est le $40^e$ terme de cette suite?   b) Quel est le rang du terme 392?

6. Soit la suite 23, 44, 65, ...

   Dans la cellule B2 d'un tableur, on désire entrer une formule permettant d'obtenir le terme de la suite correspondant au rang saisi dans la cellule A2. Écris la formule qu'il faudrait entrer dans la cellule B2.

   |   | A | B | C |
   |---|---|---|---|
   | 1 | rang | terme | |
   | 2 | | = | |
   | 3 | | | |

Tu peux utiliser un tableur pour vérifier ta réponse.

7. **TEMPÉRATURE** Au Canada, on mesure la température à l'aide des degrés Celsius (°C), mais aux États-Unis, on utilise les degrés Fahrenheit (°F). Il existe une formule permettant de convertir des degrés Celsius en degrés Fahrenheit : $F = \frac{9}{5}C + 32$, où $F$ représente la température en degrés Fahrenheit et $C$, la température en degrés Celsius.

**Anders Celsius** (1701-1744) était un physicien et astronome suédois.

Il fut le premier à proposer un système de température centésimale, c'est-à-dire ayant 100 degrés entre le point de congélation de l'eau et son point d'ébullition.

a) À combien de degrés Fahrenheit correspond une température de 15 °C?

b) À combien de degrés Celsius correspond une température de 5 °F?

c) Observe les cadrans de la cuisinière ci-dessous. Les équivalences de températures sont-elles exactes? Explique ta réponse.

8. Pendant une panne de courant, on allume une bougie de 20 cm pour s'éclairer. On remarque qu'elle fond à un rythme de 1,5 cm/h.

a) Complète la table de valeurs ci-dessous.

**Panne de courant**

| Nombre d'heures écoulées depuis que la bougie est allumée | 0 | 1 | 2 | 3 | 7 | 9 | 12 |
|---|---|---|---|---|---|---|---|
| Longueur de la bougie (cm) | | | | | | | |

b) Donne la règle qui permet de calculer la longueur $l$ de la bougie selon le nombre $n$ d'heures écoulées depuis que la bougie est allumée.

c) Combien de temps pourra-t-on s'éclairer avec cette bougie?

9. Le premier kilomètre d'une course en taxi coûte 2,75 $ et chacun des kilomètres suivants coûte 1,25 $. Quelle distance peut-on parcourir en taxi avec 8,00 $?

**10.** Dans un centre de ski, on évalue qu'une personne faisant de la planche à neige effectue 15 descentes par jour.

a) Représente graphiquement le nombre total de descentes effectuées par un ou une planchiste dans une saison, selon le nombre de journées passées au centre de ski. Associe cette dernière variable à l'axe des abscisses.

b) Combien de journées sont nécessaires pour effectuer au moins 221 descentes en planche à neige?

**11.** Un magasin de planches à roulettes liquide sa marchandise. Les prix marqués sont réduits de 10 % la première semaine, puis de 5 % additionnels chaque semaine par la suite. La gérante du magasin veut établir une table de valeurs montrant l'évolution, au fil des semaines, du prix d'une planche à roulettes marquée 120 $.

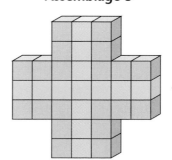

CA RRRROULE !

a) Complète la table de valeurs suivante.

**Solde de planches à roulettes**

| Nombre de semaines écoulées depuis le début du solde | 0 | 1 | 2 | 3 | 4 | 5 | 6 | ... |
|---|---|---|---|---|---|---|---|---|
| Réduction (%) | 0 | | | | | | | ... |
| Prix ($) | 120 | | | | | | | ... |

b) Si la gérante continue à réduire les prix de la même façon, au bout de combien de semaines donnera-t-on les planches à roulettes?

**12.** On a construit des assemblages de cubes jaunes et de cubes verts. Dans chaque cas, détermine la règle qui permet de calculer, selon le rang de l'assemblage :

a) le nombre de cubes verts;

b) le nombre de cubes jaunes;

c) le nombre total de cubes.

**Assemblage 1**          **Assemblage 2**          **Assemblage 3**

          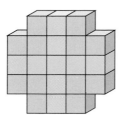           ...

13. **RÉSEAU DE TRANSPORT DE LA CAPITALE** En 2005, il en coûtait 43,00 $ pour une carte mensuelle de transport en commun pour les étudiants et les étudiantes de la ville de Québec. Cette carte permet d'utiliser le service d'autobus de Québec autant de fois qu'on le désire dans le mois.

Représente graphiquement cette situation. Associe le nombre d'utilisations par mois à l'axe des abscisses et le coût de la carte mensuelle à l'axe des ordonnées.

14. Les mesures de deux des côtés du triangle ABC ci-dessous sont représentées par des termes.

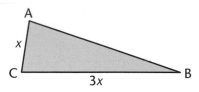

Parmi les énoncés suivants, lequel est vrai ? Explique ta réponse.

Ⓐ m $\overline{AB}$ > 4x      Ⓑ m $\overline{AB}$ = 4x      Ⓒ m $\overline{AB}$ < 4x

15. Détermine l'expression algébrique la plus simple représentant le périmètre de chacun des polygones suivants.

a)
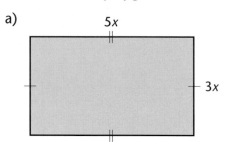

b)
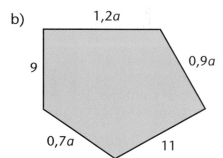

16. On peut obtenir une suite numérique en additionnant ou en soustrayant les termes de même rang de deux autres suites. Dans chaque cas, détermine la suite ainsi obtenue en complétant la table de valeurs.

a)

| Rang | 1 | 2 | 3 | ... | n |
|---|---|---|---|---|---|
| Terme de la suite 1 | 3 | 5 | 7 | ... | 2n + 1 |
| Terme de la suite 2 | 7 | 12 | 17 | ... | 5n + 2 |
| (Terme de la suite 1) + (Terme de la suite 2) | 10 | ▬ | ▬ | ... | ▬ |

b)

| Rang | 1 | 2 | 3 | ... | n |
|---|---|---|---|---|---|
| Terme de la suite 1 | 1 | 11 | 21 | ... | 10n − 9 |
| Terme de la suite 2 | 3 | 6 | 9 | ... | 3n |
| (Terme de la suite 1) − (Terme de la suite 2) | -2 | ▬ | ▬ | ... | ▬ |

**17.** Un carré magique est un carré dont la somme de chaque ligne, de chaque colonne et de chaque diagonale est toujours la même. Complète le carré suivant afin qu'il soit magique.

| $2x - w$ | | $2x + 3y$ |
|---|---|---|
| $2x + 3y + w$ | | |
| $2x - 3y$ | | |

**18.** Voici trois suites.

**Suite 1**

| Rang | 1 | 12 | 20 | ... |
|---|---|---|---|---|
| Terme | -1 | 43 | 75 | ... |

**Suite 2**

$t = {}^-5n + 1,$
où $t$ est un terme
et $n$, un rang.

**Suite 3**

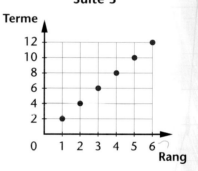

La suite **4** s'obtient en additionnant les termes de même rang des suites **1** et **2**. La suite **5** s'obtient en soustrayant chaque terme de la suite **3** du terme de même rang de la suite **4**.

Représente graphiquement les cinq premiers termes de la suite **5**.

**1** Dans chaque cas, récris d'abord la multiplication sous la forme d'une addition répétée de termes identiques, puis réduis cette expression algébrique.

a) $4 \times 2a$ 　　 b) $7 \times {}^-6a^2b$ 　　 c) $5 \times (a + b)$ 　　 d) $3 \times (a - b)$

**2** Si $a = b$, réduis l'expression suivante : $4a - 5ab + 6b + 3a^2b - 8a^2 + 12ab^2$.

**3** Quelles caractéristiques les expressions algébriques de deux suites arithmétiques distinctes doivent-elles avoir pour que les sommes des termes de même rang constituent une suite constante?

# Unité 9.2 Une histoire à raconter

 **SITUATION-PROBLÈME** **Le téléphone cellulaire**

Depuis leur apparition sur le marché, les téléphones cellulaires ne cessent de réduire en taille et d'augmenter en fonctionnalités. On évalue qu'en 2005 il y avait un milliard de téléphones cellulaires en circulation dans le monde!

Plusieurs entreprises de télécommunication tentent d'attirer les clients et les clientes avec différents forfaits. Voici l'offre de forfait mensuel de quatre entreprises.

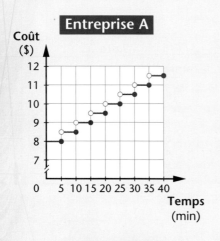

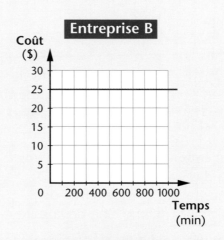

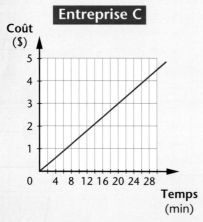

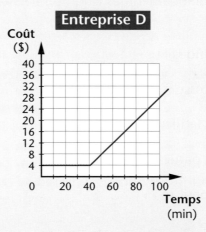

Le terme *cellulaire* vient du découpage du territoire d'une région en petites cellules, chacune comportant une station radioélectrique permettant de transmettre les communications sur ce territoire. Le cellulaire émet des micro-ondes pour transmettre les communications.

**Si tu avais un téléphone cellulaire, quelle entreprise choisirais-tu?**

# Le saut en parachute

Mathieu est un adepte du saut en parachute. Il se laisse tomber en chute libre d'un avion naviguant à 3000 m d'altitude, puis ouvre son parachute à 900 m d'altitude pour terminer la descente.

On a construit le graphique suivant d'après un saut qu'il a effectué.

**Saut en parachute**

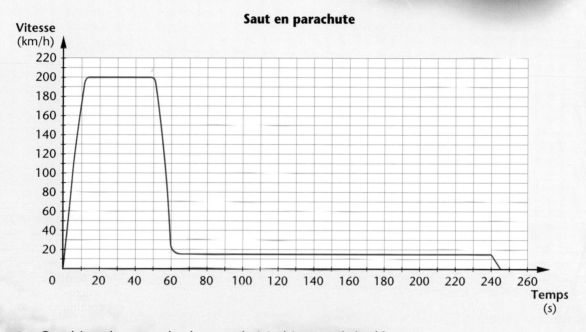

**a.** Combien de secondes le saut de Mathieu a-t-il duré?

**b.** Quelle a été la vitesse maximale atteinte par Mathieu au cours de ce saut?

**c.** À quel moment Mathieu a-t-il ouvert son parachute?

**d.** Que signifient les parties horizontales de la courbe dans cette situation?

**e.** D'après toi, que peut représenter la partie de la courbe tracée en rouge?

Le 22 octobre 1797, André-Jacques Garnerin fut le premier être humain à effectuer un saut en parachute.

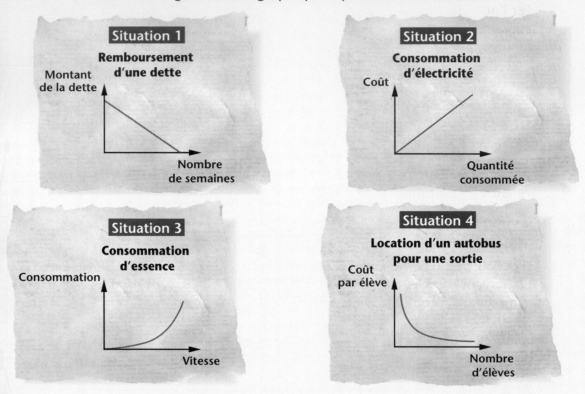

On a découpé dans différents journaux les quatre représentations graphiques suivantes. Tu peux observer que les axes sont identifiés, mais qu'ils ne sont pas gradués. Dans plusieurs situations, comme celles-ci, l'allure générale du graphique est suffisante pour transmettre l'information désirée. Dans ces cas, on donne un titre, on identifie les axes et on trace l'allure générale du graphique représentant la situation.

**a.** Dans la situation **1**, que peux-tu dire du montant de la dette au fur et à mesure que les semaines passent?

**b.** Dans la situation **2**, que peux-tu dire des coûts liés à la consommation d'électricité au fur et à mesure que la quantité consommée augmente?

**c.** Décris en mots : 1) la situation **3**; 2) la situation **4**.

**d.** Trace l'allure générale du graphique représentant chacune des situations suivantes. Associe le temps à l'axe des abscisses.

1) **Situation 5** Des déménageurs doivent sortir tout ce qu'il y a dans un appartement et mettre tous les objets dans un camion. On s'intéresse à la relation entre le nombre d'objets qui restent dans la maison selon le temps écoulé depuis le début du déménagement.

2) **Situation 6** L'évolution de la masse corporelle d'un être humain, de sa naissance à l'adolescence.

**e.** Parmi les situations précédentes, numérotées de **1** à **6**, détermine :

1) celles où les valeurs de la variable associée à l'axe des ordonnées augmentent au fur et à mesure que les valeurs de la variable associée à l'axe des abscisses augmentent;

2) celles où les valeurs de la variable associée à l'axe des ordonnées diminuent au fur et à mesure que les valeurs de la variable associée à l'axe des abscisses augmentent.

# Calepin des **savoirs**

## Représentation graphique

Un **graphique** est un **mode de représentation** d'une situation à l'aide de **points**, d'une **courbe** ou d'un ensemble de courbes afin de **faciliter l'analyse** de cette situation et d'en donner une **vue d'ensemble**.

### Ex. : Principaux éléments d'une représentation graphique

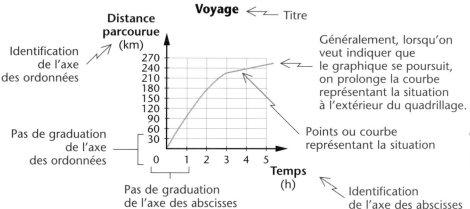

Identification de l'axe des ordonnées

Pas de graduation de l'axe des ordonnées

Pas de graduation de l'axe des abscisses

Titre

Généralement, lorsqu'on veut indiquer que le graphique se poursuit, on prolonge la courbe représentant la situation à l'extérieur du quadrillage.

Points ou courbe représentant la situation

Identification de l'axe des abscisses

## Informations pouvant être dégagées d'une représentation graphique

Une représentation graphique permet souvent d'illustrer la relation entre deux variables qui peuvent, entre autres, varier dans le même sens ou varier dans le sens contraire.

### Variation dans le même sens

Lorsque les valeurs de la variable associée à l'axe des abscisses augmentent (ou diminuent), les valeurs de la variable associée à l'axe des ordonnées augmentent (ou diminuent) aussi.

> Ex. : Plus le **nombre d'heures travaillées** par une personne **augmente**, plus son **salaire augmente**.

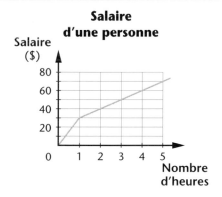

### Variation dans le sens contraire

Lorsque les valeurs de la variable associée à l'axe des abscisses augmentent (ou diminuent), les valeurs de la variable associée à l'axe des ordonnées diminuent (ou augmentent).

> Ex. : En montagne, plus l'**altitude augmente**, plus la **température diminue**.

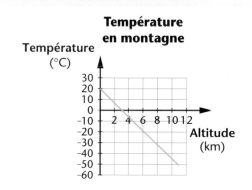

## Minimum et maximum

Dans la plupart des situations, on peut déterminer la plus petite valeur, appelée le minimum, et la plus grande valeur, appelée le maximum, de la variable associée à l'axe des ordonnées.

> Ex. : Au cours de cette journée-là, entre 0 h et 24 h, la température minimale a été de -25 °C et la température maximale a été de -10 °C.

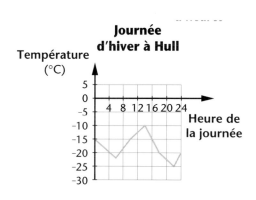

**1.** **a)** Pour chaque situation, complète la phrase qui précise la relation entre les variables à l'aide du verbe « augmenter » ou du verbe « diminuer ».

1) On vide une piscine à l'automne. On s'intéresse à la relation entre le temps et la quantité d'eau qui reste dans la piscine.

   *Plus le temps passe, plus la quantité d'eau dans la piscine* ▨▨▨.

2) On s'intéresse à la relation entre le nombre de billets vendus pour un spectacle et les profits générés par la vente de billets.

   *Plus le nombre de billets vendus augmente, plus les profits* ▨▨▨.

3) On s'intéresse à la relation entre le temps passé par une personne sous la douche et la quantité d'eau utilisée.

   *Plus le temps passé sous la douche augmente, plus la quantité d'eau utilisée* ▨▨▨.

4) On s'intéresse à la relation entre la vitesse d'un avion et le temps nécessaire pour parcourir une distance donnée.

   *Plus la vitesse de l'avion augmente, plus le temps nécessaire pour parcourir la distance donnée* ▨▨▨.

**b)** Indique si les variables de chacune des situations en **a)** varient dans le même sens ou dans le sens contraire.

**2.** Associe chaque situation de la colonne de gauche à une représentation graphique de la colonne de droite.

Ⓐ La taille d'un enfant selon son âge.

❶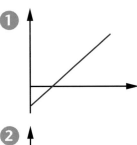

Ⓑ Le profit d'une couturière selon le nombre de vêtements vendus.

❷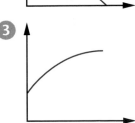

Ⓒ La quantité d'eau qui reste dans une baignoire que l'on vide selon le temps.

❸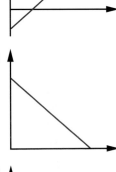

3. **TEMPÉRATURE** La représentation graphique ci-contre montre les températures mensuelles moyennes observées en 2004 dans deux villes du Canada.

   a) Pour chacune des villes, détermine la température mensuelle moyenne :

      1) minimale;

      2) maximale.

   b) Quelle est la température annuelle moyenne à Prince George?

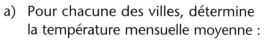

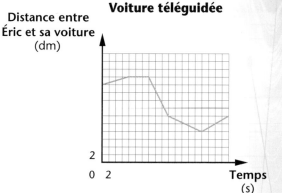

**Température mensuelle moyenne en 2004**

Température (°C)

Mois

Légende
● Prince George (Colombie-Britannique)
■ Baie-Comeau (Québec)

4. Éric a reçu pour son anniversaire une voiture téléguidée. Il s'est amusé à la piloter pendant 38 s. À l'aide du graphique ci-contre, décris en mots la variation de la distance entre Éric et sa voiture selon le temps.

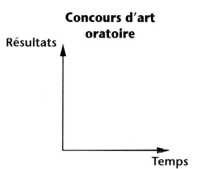

**Voiture téléguidée**

Distance entre Éric et sa voiture (dm)

Temps (s)

5. Au cours des derniers mois, Alexandra et Thomas ont participé à plusieurs concours d'art oratoire. Alexandra a toujours obtenu des résultats à peu près équivalents, tandis que Thomas a eu d'excellents et de très mauvais résultats.

   Trace l'allure générale du graphique qui permettrait d'illustrer les résultats d'Alexandra et de Thomas aux concours d'art oratoire tenus au cours des derniers mois.

**Concours d'art oratoire**

Résultats

Temps

6. **NEWTON** C'est en 1684 qu'Isaac Newton formula la loi de l'attraction universelle en voyant tomber une pomme d'un pommier. Il s'aperçut que tous les corps en chute libre réagissaient de la même façon.

   À l'aide du graphique ci-contre, détermine si les valeurs de la variable temps et les valeurs de la variable distance parcourue varient dans le même sens ou dans le sens contraire. Explique ta réponse.

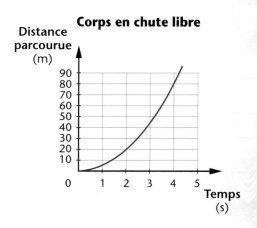

**Corps en chute libre**

Distance parcourue (m)

Temps (s)

7. GRAND CAÏMAN Lorsqu'un navire de croisière accoste, les passagers et les passagères doivent se rendre au deuxième sous-sol pour sortir sur le quai. Après avoir visité l'île Grand Caïman, deux passagères décident de revenir au navire et de se rendre en ascenseur à la piscine située au huitième étage.

À l'aide du graphique ci-dessous, raconte une histoire expliquant leur trajet en ascenseur à partir de leur retour du quai.

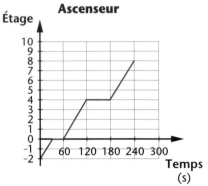

**Ascenseur**

C'est au cours de son dernier voyage, en 1503, que Christophe Colomb découvrit les îles Caïmans, archipel composé de trois îles : Grand Caïman, Petit Caïman et Caïman Brac. Il les nomma *Tortugas* (mot espagnol signifiant «tortues»), à cause du grand nombre de tortues marines qu'on y trouvait.

8. Observe les représentations graphiques ci-dessous et détermine les éléments qui n'ont pas de sens.

a) **Évolution du compte bancaire**

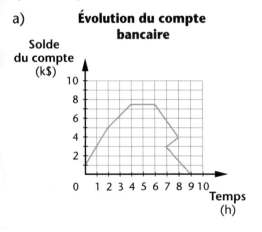

b) **Grande roue**

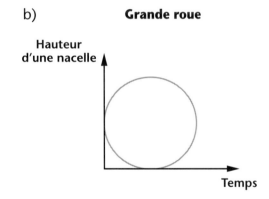

9. Quand une catastrophe naturelle se produit, plusieurs organisations d'aide humanitaire font une collecte de fonds auprès de la population afin d'aider les sinistrés et les sinistrées. Habituellement, les gens donnent beaucoup immédiatement après la catastrophe et ont tendance à donner de moins en moins à mesure que le temps s'écoule. Laquelle des représentations graphiques ci-dessous illustre cette situation? Explique ta réponse.

A **Aide humanitaire**

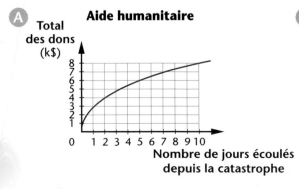

B **Aide humanitaire**

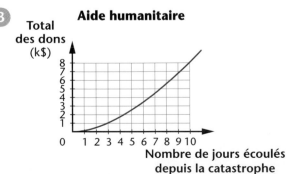

**10.** SUPER BOWL Le graphique ci-contre montre le coût des messages publicitaires durant la télédiffusion du Super Bowl en 2005.

a) Quel est le coût d'un message publicitaire de 22 s?

b) Explique en mots comment a été fixé le coût d'un message publicitaire au Super Bowl de 2005.

c) Combien a déboursé une entreprise qui a fait passer un message publicitaire de 60 s?

d) Combien a déboursé une entreprise qui a fait passer un message publicitaire de 2 min?

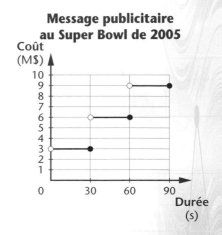

**Message publicitaire au Super Bowl de 2005**

On estime à environ 90 millions le nombre de téléspectateurs et téléspectatrices américains qui regardent le Super Bowl, et ce nombre atteint le milliard dans le monde entier.

**11.** Ricky est un adepte de la marche. Ce matin, il est sorti de chez lui et il a marché à une vitesse constante jusqu'au parc, où il s'est assis quelques minutes pour observer les oiseaux. Il a ensuite couru à une vitesse constante jusqu'à un autre parc plus éloigné de chez lui. Il est ensuite rentré à la maison en marchant à une vitesse constante, sans s'arrêter. Trace l'allure générale du graphique représentant cette situation. Associe le temps à l'axe des abscisses et la distance qui sépare Ricky de sa maison à l'axe des ordonnées.

**12.** Hélène lit au moins un livre par semaine. Le graphique ci-contre montre la progression de sa lecture du dernier roman qu'elle a lu et qui comptait 500 pages.

a) Hélène a-t-elle lu chaque jour? Explique ta réponse.

b) A-t-elle lu davantage dans les premiers jours ou dans les derniers jours? Explique ta réponse.

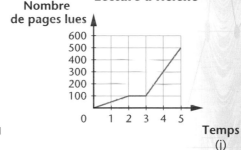

**Lecture d'Hélène**

c) Représente graphiquement le nombre de pages qu'il lui reste à lire selon le temps. Associe le temps à l'axe des abscisses et le nombre de pages qu'il lui reste à lire à l'axe des ordonnées.

**13.** MONTAGNES RUSSES Le Dodonpa est un manège de montagnes russes situé dans un parc d'attractions du Japon. Ce manège présente la plus haute courbe du monde, qui s'élève à plus de 560 m.

Le monorail monte cette pente lentement, à une vitesse constante, et la descend à plus de 170 km/h! Trace l'allure générale du graphique représentant la hauteur de la première voiture du monorail selon le temps écoulé depuis le départ. Associe le temps à l'axe des abscisses et la hauteur de la première voiture, à l'axe des ordonnées.

La hauteur à laquelle s'élève la grande courbe du Dodonpa représente environ 3,5 fois celle de la tour du Stade olympique de Montréal.

**14.** LES CINQ GRANDS Plusieurs personnes se rendent
en Afrique pour faire un safari dans l'espoir de voir ce qu'on
appelle les «cinq grands», c'est-à-dire l'éléphant, le léopard,
le lion, le rhinocéros et le buffle. La représentation graphique
ci-dessous montre la distance parcourue par chacun
des animaux selon le temps lorsqu'ils se déplacent
à leur vitesse maximale. Place les cinq animaux
dans l'ordre décroissant de leur vitesse.

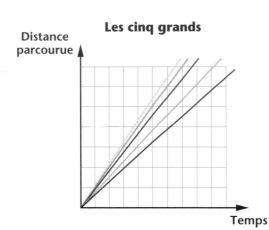

**Les cinq grands**

Distance
parcourue

Temps

Légende
Buffle ——
Éléphant ——
Léopard ——
Lion ——
Rhinocéros ——

Au mois de mai, environ
1 300 000 gnous quittent
le sud de la réserve du
Serengeti, en Tanzanie,
pour aller vers de
nouveaux pâturages.
Ils atteindront le parc
Masaï-Mara, au Kenya,
entre juin et septembre.
Plusieurs gnous n'atteindront
jamais le Kenya à cause
des nombreux prédateurs
qui se trouvent sur
leur route de migration.

**15.** RANDONNÉE PÉDESTRE Le mont Jacques-Cartier, situé
en Gaspésie, est le deuxième plus haut sommet du Québec.
Son point culminant se trouve à une altitude de 1268 m.
Un des sentiers permettant d'atteindre son sommet est long
de 100 km. Des randonneurs décident de partir quelques
jours afin de parcourir ce sentier. Les randonneurs marchent
à une vitesse constante de 2 km/h, à raison de 8 h de marche
par jour. Complète la représentation graphique ci-dessous
montrant la distance parcourue par ces randonneurs pendant
les 24 premières heures de leur excursion. Écris un court
texte explicatif pour accompagner ta représentation graphique.

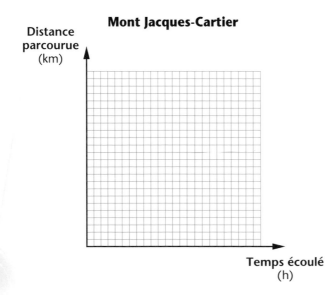

**Mont Jacques-Cartier**

Distance
parcourue
(km)

Temps écoulé
(h)

Le sentier, long de 100 km,
permettant d'atteindre
le sommet du mont
Jacques-Cartier, part du
sommet du mont Logan
et traverse les sommets
des Chic-Chocs, le mont
Albert et le mont Xalibu.
Plusieurs refuges bordent
le sentier afin de permettre
aux randonneurs et
aux randonneuses
d'y passer la nuit.

SP
SITUATION-PROBLÈME

# Unité 9.3 Ciel et mer

**PROJET** Cette unité t'aidera à réaliser les parties 2 et 3 de ton projet.

## SITUATION-PROBLÈME La randonnée en montagne

Pour une étude scientifique, des alpinistes recueillent des données sur les conditions qui règnent en montagne. Le groupe escalade le mont Titlis et prend note de la durée de l'ascension, incluant les périodes de repos nécessaires pour s'habituer à l'altitude. La descente se fera en télésiège.

Voici les données recueillies par le groupe.

Le mont Titlis est situé en Suisse centrale, près de Lucerne, et son sommet atteint plus de 3000 m au-dessus du niveau de la mer.

**Expédition sur le mont Titlis**

| Temps (h) | 0 | 1 | 2 | 3 | 4 | 5 | 5,5 | 6 | 7 | 8 | 8,5 | 9 |
|---|---|---|---|---|---|---|---|---|---|---|---|---|
| Altitude (m) | 0 | 500 | 500 | 1500 | 1500 | 2000 | 2000 | 2500 | 2500 | 3000 | 3000 | 0 |

Les alpinistes ont également noté la température au cours de l'ascension. La représentation graphique ci-contre montre les résultats obtenus.

Les scientifiques veulent établir la règle qui permet de calculer la température de l'atmosphère selon l'altitude sur le mont Titlis.

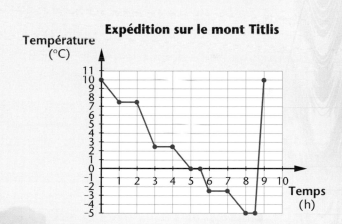

**Les alpinistes doivent-ils repartir en excursion pour que les scientifiques puissent établir cette règle ?**

# L'excursion de plongée sous-marine

## La location d'un bateau

Un club de plongée offre des excursions de groupe. Pour un montant fixe, le club fournit un bateau pouvant accueillir 10 plongeurs et plongeuses et les services d'un ou d'une capitaine. La règle qui permet de calculer le coût *c* par personne selon le nombre *n* de personnes qui participent à l'excursion est :

$$c = \frac{200}{n}$$

Il existe plusieurs sites de plongée au Québec : Les Escoumins, le parc national Forillon, le parc national du Bic, Havre-Saint-Pierre, Chisasibi, les îles de Boucherville, etc.

**a.** Construis une table de valeurs illustrant cette situation.

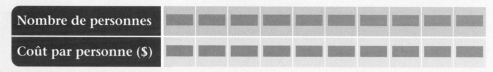

**Location d'un bateau**

| Nombre de personnes | | | | | | | | | | |
|---|---|---|---|---|---|---|---|---|---|---|
| Coût par personne ($) | | | | | | | | | | |

**b.** Représente graphiquement cette situation. Associe le nombre de personnes à l'axe des abscisses et le coût par personne à l'axe des ordonnées.

**c.** Les valeurs des deux variables varient-elles dans le même sens ou dans le sens contraire ? Explique ta réponse.

**d.** Quel montant demande le club de plongée pour la location du bateau et les services d'un ou d'une capitaine ?

Tu peux utiliser un tableur pour compléter la table de valeurs et construire ta représentation graphique.

## La plongée

Lorsqu'on descend sous l'eau, le corps doit s'adapter à une pression beaucoup plus grande que sur terre. Cette pression est provoquée par l'eau. En remontant à la surface, les plongeurs et les plongeuses doivent respecter des paliers de décompression, c'est-à-dire des arrêts d'une durée déterminée à certaines profondeurs.

Cozumel, au Mexique, est une destination de choix pour observer une faune marine des plus colorées.

La quantité d'azote inspirée est plus importante en profondeur qu'en surface. Les paliers de décompression permettent d'éliminer l'azote du corps avant d'atteindre la surface. Sinon, l'azote forme dans le corps des bulles qui entravent la circulation sanguine et causent différents malaises, allant jusqu'à la mort.

La représentation graphique ci-dessous illustre une plongée effectuée par deux plongeurs.

**Plongée sous-marine**

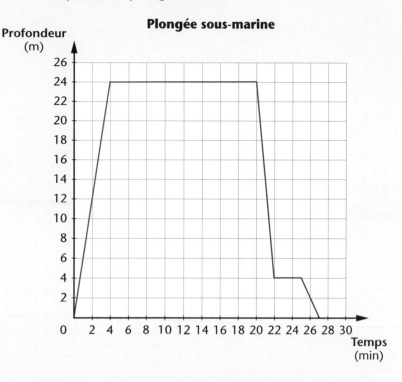

En plongée, il est fortement recommandé de ne jamais plonger en solitaire. Les deux plongeurs ou plongeuses ne doivent en aucun cas se quitter durant la plongée.

**e.** Décris en mots la plongée effectuée par ces plongeurs.

**f.** Quelle fut la profondeur maximale atteinte?

**g.** Combien de temps a duré la plongée?

**h.** Selon la durée de la plongée et la profondeur atteinte, les plongeurs devaient effectuer un palier à 4 m de profondeur pendant 3 min afin d'éliminer correctement l'azote de leur corps.

Ont-ils fait correctement ce palier? Explique ta réponse.

**i.** À l'aide de la représentation graphique ci-dessus, complète la table de valeurs suivante.

**Plongée sous-marine**

| Temps (min) | 0 | 4 | 8 | 12 | 16 | 20 | 22 | 24 | 26 |
|---|---|---|---|---|---|---|---|---|---|
| Profondeur (m) | | | | | | | | | |

**j.** Lorsqu'un plongeur ou une plongeuse retourne à la surface, il ou elle ne doit pas remonter à plus de 15 m/min. Les plongeurs ont-ils respecté cette condition? Explique ta réponse.

# Calepin des **savoirs**

**Passage d'un mode de représentation à un autre**

> On associe généralement l'axe des abscisses d'une représentation graphique à la première ligne ou à la première colonne de la table de valeurs correspondante.

## Table de valeurs → graphique

Pour construire un graphique d'après une table de valeurs, on transpose directement les couples de nombres de la table de valeurs dans un plan cartésien.

Ex. :

**Voyage de la famille Sauvé**

| Nombre de jours | Distance parcourue (km) |
|:---:|:---:|
| 0 | 0 |
| 1 | 50 |
| 2 | 250 |
| 3 | 350 |
| 4 | 650 |

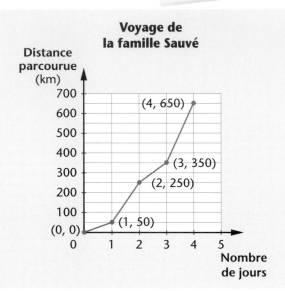

## Graphique → table de valeurs

Pour construire une table de valeurs d'après un graphique, on repère les coordonnées de plusieurs points sur le graphique et on les inscrit dans une table de valeurs.

Ex. :

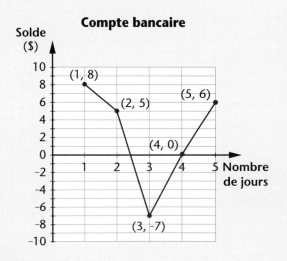

**Compte bancaire**

| Nombre de jours | 1 | 2 | 3 | 4 | 5 |
|:---|:---:|:---:|:---:|:---:|:---:|
| Solde ($) | 8 | 5 | -7 | 0 | 6 |

## Règle → table de valeurs

Pour construire une table de valeurs d'après une règle, on attribue d'abord des valeurs plausibles à l'une des deux variables et on calcule ensuite les valeurs correspondantes de l'autre variable.

Ex. : Le salaire de David se calcule à l'aide de la règle $s = 9n + 12$, où $s$ représente le salaire de David et $n$, le nombre d'heures travaillées.

Si David travaille 1 h : $n = 1$ et $s = 9 \times 1 + 12 = 21$

Si David travaille 2 h : $n = 2$ et $s = 9 \times 2 + 12 = 30$

...

**Rémunération de David**

| Nombre d'heures travaillées | 1 | 2 | 3 | 4 | ... |
|---|---|---|---|---|---|
| Salaire ($) | 21 | 30 | 39 | 48 | ... |

## Table de valeurs → règle

Il n'est pas toujours possible de déterminer la règle associée à une table de valeurs. On peut le faire lorsque la table de valeurs présente une situation qui se traduit graphiquement par une série de points alignés ou une droite. La règle est alors de la forme (variable) = (cœfficient) × (variable) + (constante).

*Il faut toujours indiquer ce que représente chacune des variables utilisées dans la règle.*

Ex. :

**Rendement d'une entreprise**

| Nombre d'articles vendus | 1 | 2 | 3 | 4 | ... |
|---|---|---|---|---|---|
| Solde du compte ($) | -5 | 15 | 35 | 55 | ... |

+ 20   + 20   + 20

$s = 20n - 25$

où $s$ représente le solde du compte et $n$, le nombre d'articles vendus

## Règle → graphique

Pour construire un graphique d'après une règle, on attribue d'abord des valeurs plausibles à l'une des variables et on calcule ensuite les valeurs correspondantes de l'autre variable afin d'obtenir des couples de nombres; finalement, on place ces couples de nombres dans un plan cartésien.

## Graphique → règle

Il n'est pas toujours possible de déterminer une règle d'après un graphique. On peut le faire lorsque le graphique présente une série de points alignés ou une droite. On utilise le graphique pour établir la table de valeurs correspondante, puis on détermine la règle à partir de cette table de valeurs.

1. Une recette indique qu'avec un sac de 360 g de grains de chocolat, on peut faire 6 douzaines de biscuits. Construis une table de valeurs montrant la quantité, en grammes, de grains de chocolat nécessaire pour faire de 1 à 10 douzaines de biscuits.

2. Sur un voilier, un mécanisme électrique permet de hisser la voile à une vitesse constante de 5 cm/s. La voile doit être hissée le long du mât sur une distance de 5 m. Représente graphiquement la distance parcourue par la voile selon le temps. Associe le temps à l'axe des abscisses.

Le mot *voilier* désigne aussi une sorte de poisson pouvant mesurer plus de 3 m. On le reconnaît à sa grande nageoire dorsale, d'un bleu éclatant, qui rappelle la forme d'une voile.

3. À l'occasion d'un solde d'un jour dans un magasin, un employé pose l'affiche ci-contre à l'entrée.

a) Quelle est, en pourcentage, la réduction accordée dans ce magasin?

b) Donne la règle qui permet de calculer le prix réduit *r* d'un article, selon le prix marqué *p*.

c) Quel sera le prix réduit d'un article au prix marqué de 92 $?

d) Quel est le prix marqué d'un article si son prix réduit est 79,50 $?

Tu peux utiliser un tableur pour déterminer les prix.

4. Chaque semaine, Laurianne s'entraîne à la natation 2 h de plus qu'Audrey.

a) Construis une table de valeurs représentant cette situation.

b) Si Audrey s'est entraînée pendant 1 h cette semaine, quel fut le temps d'entraînement de Laurianne?

c) Représente cette situation graphiquement.

5. ÉCONOMIE En électronique, ce qui est nouveau coûte généralement cher. Par exemple, en 1995, les appareils photo numériques sont apparus sur le marché au prix d'environ 800 $. En 2005, un tel appareil, beaucoup plus performant, se vendait 300 $. En supposant que le prix d'un appareil photo numérique a diminué de façon constante de 1995 à 2005, construis une table de valeurs représentant cette situation.

**6.** Voici les offres de deux clubs vidéo.

Club A

5 $ pour la première location de DVD ;
3 $ pour chaque location ultérieure.

Club B

Première location de DVD à 3 $ ;
4 $ pour chaque location ultérieure.

On a construit la table de valeurs suivante.

**Location de DVD**

| Nombre de locations | 1 | 2 | 3 | 4 | 5 | ... |
|---|---|---|---|---|---|---|
| Club A Coût total des locations ($) | 5 | 8 | 11 | 14 | 17 | ... |
| Club B Coût total des locations ($) | 3 | 7 | 11 | 15 | 19 | ... |

a) Représente, dans un même plan cartésien, les offres des deux clubs vidéo. Associe le nombre de locations à l'axe des abscisses et le coût total des locations à l'axe des ordonnées.

b) Pour chacun des clubs vidéo, détermine la règle qui permet de calculer le coût total des locations selon le nombre de locations.

**7.** CONSOMMATION  Pour réduire la consommation d'eau chaude au foyer, le débit d'une pomme de douche ne devrait pas dépasser 9,5 L/min.

**Consommation d'eau chaude dans la douche chez la famille Choquette**

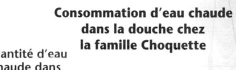

a) Selon la représentation graphique ci-contre, la famille Choquette a-t-elle bien réglé le débit de la pomme de douche ?

b) Si la famille Choquette est composée de cinq membres, combien de temps en moyenne chacun a-t-il pour que tous puissent prendre une douche chaude matinale l'un à la suite de l'autre ?

c) Complète la table de valeurs suivante.

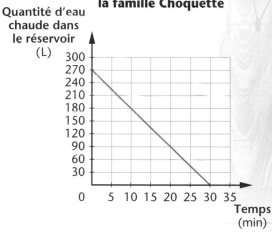

**Consommation d'eau chaude dans la douche chez la famille Choquette**

| Temps (min) | 0 | 5 | 10 | 15 | 20 | 25 | 30 |
|---|---|---|---|---|---|---|---|
| Quantité d'eau chaude dans le réservoir (L) | | | | | | | |

Si un robinet d'eau chaude fuit à raison d'une goutte par seconde, on perdra 27 L d'eau chaude par jour.

8. Dans chacun des cas, construis la table de valeurs correspondante.

a)  $t = 3n^2 - 2n + 4$

b)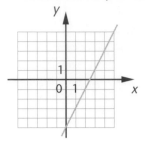

9.  Kelly-Anne achète un vélo stationnaire au prix marqué de 312 $.
    La boutique lui offre de payer son vélo en un certain nombre
    de versements égaux sans frais supplémentaires. La règle suivante
    montre la façon dont Kelly-Anne paiera son vélo :

    $$r = 312 - 26n$$

    où $r$ représente la somme qu'il lui reste à payer et $n$,
    le nombre de mois écoulés depuis l'achat.

    Dans le cas d'une personne
    de 36 kg, faire du vélo
    à une vitesse de 20 km/h
    pendant 60 min permet
    de brûler environ 756 kJ,
    ce qui équivaut à
    la consommation
    d'une tasse de riz cuit.

    a)  Représente graphiquement cette situation. Associe le nombre
        de mois écoulés depuis l'achat à l'axe des abscisses et
        la somme qu'il reste à payer à l'axe des ordonnées.

    b)  Quel est le paiement mensuel de Kelly-Anne ?

    c)  Combien de mois seront nécessaires à Kelly-Anne
        pour payer entièrement son vélo ?

10. CARBONE 14  Tous les organismes vivants absorbent du carbone 14 provenant
    du gaz carbonique dans l'air. À leur mort, cette absorption cesse. Comme
    le carbone 14 est radioactif, il commence alors à se désintégrer. C'est
    en mesurant la quantité de carbone 14 qui a été désintégrée dans
    un organisme mort que l'on peut évaluer la date de la mort
    de cet organisme.

    Des études ont permis de déterminer que la valeur de désintégration
    du carbone 14 à la mort d'un organisme est de 13,56 DPM/g
    (désintégration par minute par gramme de carbone). Cette valeur
    diminue de moitié tous les 5570 ans.

    Grotte
    de Lascaux.

    a)  Complète la table de valeurs suivante.

**Désintégration du carbone 14**

| Temps écoulé (années) | 0 | 5570 | 11 140 | 16 710 |
|---|---|---|---|---|
| DPM/g de carbone 14 | | | | |

    b)  En 1950, une des premières utilisations de la datation au carbone 14
        fut effectuée sur des morceaux de charbon de bois trouvés sur le sol
        de la grotte de Lascaux, en France. Détermine l'âge de cette grotte si,
        lors de sa découverte, la valeur de désintégration du carbone 14 contenu
        dans les morceaux de charbon de bois était de 1,7 DPM/g.

c) La méthode de datation au carbone 14 permet de dater des organismes ayant vécu jusqu'à environ 40 000 ans av. J.-C. Représente graphiquement l'évolution de la valeur de désintégration du carbone 14 en DPM/g pour des moments situés de 0 à 40 000 ans. Associe le temps écoulé depuis la mort de l'organisme à l'axe des abscisses et la valeur de désintégration à l'axe des ordonnées.

C'est en 1898 que les chimistes français Marie et Pierre Curie ont montré l'existence de la radioactivité. Ce mot est d'ailleurs attribué à Marie Curie.

 SP

11. DISTANCE D'ARRÊT  La distance d'arrêt d'un véhicule dépend du véhicule lui-même, de sa vitesse et du temps de réaction du conducteur ou de la conductrice. On estime ce temps de réaction moyen à une seconde. Pendant cette seconde, le véhicule parcourt une certaine distance, à laquelle il faut ajouter la distance de freinage.

Tu peux utiliser un logiciel pour présenter le mode de représentation choisi.

La distance de freinage *d*, en mètres, selon la vitesse *v*, en kilomètres par heure, d'un véhicule donné se calcule grâce à la formule suivante :

$$d = \frac{v^2}{181}$$

Choisis un mode de représentation permettant d'illustrer la distance d'arrêt de ce véhicule selon sa vitesse.

**40 km/h**
**Vision de 100°**

**70 km/h**
**Vision de 75°**

**100 km/h**
**Vision de 45°**

**130 km/h**
**Vision de 30°**

Plus la vitesse d'un véhicule est grande, plus le champ de vision du conducteur ou de la conductrice est réduit. En roulant à grande vitesse, on voit donc tardivement les objets situés sur les côtés.

ZOOM

**1** Voici les règles de deux suites, où *t* est un terme et *n*, un rang :

$$t_1 = 3n - 19 \text{ et } t_2 = {}^-2n + 21.$$

Représente ces deux suites dans le même plan cartésien et détermine graphiquement les coordonnées du point commun à ces deux suites.

**2** Dans chacun des cas, détermine la règle de la suite.

a)

| Rang | 1 | 2 | 3 | 4 | ... |
|---|---|---|---|---|---|
| Terme | 4 | 16 | 36 | 64 | ... |

b)

| Rang | 1 | 2 | 3 | 4 | ... |
|---|---|---|---|---|---|
| Terme | 4 | 7 | 12 | 19 | ... |

# Société des maths

## Sa vie

Né à Pise, en Italie, Galileo Galilei, dit Galilée, était le fils d'un musicien et compositeur florentin. En 1581, encouragé par son père, Galilée entra à l'université de Pise pour y faire des études en médecine. Très rapidement, il développera une passion pour la mathématique et il poursuivra plutôt ses études dans ce domaine. Galilée quitta l'université de Pise en 1585 sans aucun diplôme.

Galileo Galilei (1564-1642)

Il continua ses recherches en mathématique et une publication lui vaudra, en 1589, un poste de professeur de mathématique à l'université de Pise. En 1592, il fut recruté par la prestigieuse université de Padoue, toujours en Italie. Pendant 18 ans, il y enseignera la mathématique, en particulier la géométrie euclidienne, et l'astronomie aux futurs médecins.

Il passa les dernières années de sa vie sous surveillance dans sa maison située en banlieue de Florence. En 1633, l'Église l'avait condamné pour avoir affirmé que la Terre tournait autour du Soleil, alors qu'à cette époque, l'Église croyait plutôt le contraire. Ce n'est qu'en 1992 qu'une commission papale reconnut l'erreur du Vatican. Galilée demeure le symbole même de la lutte pour la liberté intellectuelle.

Voici la copie du petit Galilée qui prétend que la Terre tourne autour du Soleil…

Je lui ai mis zéro.

Moi aussi !

Notre notation est donc juste.

## Son œuvre scientifique

Galilée entreprit des travaux sur le mouvement du pendule. Ses travaux mèneront à l'invention de l'horloge. Il travailla également sur le mouvement des corps en chute libre. La légende veut que Galilée ait laissé tomber deux objets de masses différentes du haut de la tour de Pise pour démontrer à ses élèves que la masse d'un corps n'influait pas sur sa vitesse en chute libre.

Outre ses découvertes, sa méthode d'étude des phénomènes naturels fit de Galilée un scientifique marquant de son époque. Galilée utilisa son expérience en mathématique et l'appliqua à sa démarche scientifique. Selon lui, il fallait d'abord décrire et expliquer les phénomènes naturels simples avant de pouvoir expliquer les phénomènes plus complexes. C'est ainsi que Galilée basa ses découvertes sur l'expérimentation et nota ses résultats à l'aide de représentations graphiques, de tables de valeurs et de lois représentées sous la forme de formules.

# Galileo Galilei

## La balistique

Avant Galilée, on croyait que les projectiles, tel un boulet de canon, avaient une trajectoire en ligne droite (figure **1**). Puis, on a cru que la trajectoire des projectiles commençait en ligne droite et se courbait légèrement pour finalement se terminer abruptement en ligne droite vers le sol (figure **2**).

### Figure 1

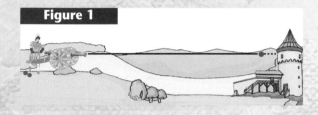

### Figure 2

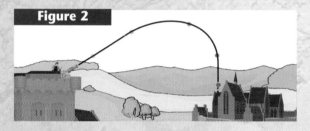

Galilée découvrit à l'aide d'expériences et de mesures que les projectiles avaient une trajectoire parabolique. C'est à la suite de cette découverte qu'il inventa le « compas géométrique et militaire ». Cet instrument permettait, entre autres, de pointer un canon avec précision, de calculer la hauteur des étoiles et de mesurer des angles.

*Galilée croyait que le langage mathématique permettait de lire le grand livre de la nature. Le temps lui donnera raison.*

### Figure 3

**Trajectoire d'un boulet de canon**

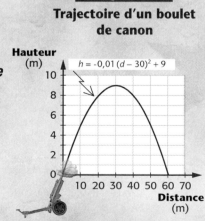

$h = -0,01(d-30)^2 + 9$

Hauteur (m) — Distance (m)

## À TOI DE JOUER

**1** D'après la figure **3**, quelle est la hauteur maximale atteinte par le boulet de canon ?

**2** À l'aide de la règle associée à la figure **3**, complète la table de valeurs suivante.

| Trajectoire d'un boulet de canon | | | |
|---|---|---|---|
| **Distance** (m) | | | |
| **Hauteur** (m) | | | |

**3** Trace l'allure générale du graphique montrant la relation entre le temps et la hauteur du projectile selon la théorie affirmant que les projectiles se déplaçaient en ligne droite. Associe le temps à l'axe des abscisses.

**4** La tour de Pise fut achevée en 1372. À l'époque, la tour avait déjà une inclinaison, son sommet s'écartait de 1,4 m de sa base. Jusqu'en 1993, cet écart augmentait en moyenne de 0,006 m par année. Détermine la règle permettant de calculer la distance horizontale $d$ entre le sommet et la base selon le nombre d'années $n$ écoulées depuis 1372.

## À TOI DE CHERCHER

**5** Détermine le nom d'un scientifique prédécesseur de Galilée :
a) défenseur de la théorie géocentrique ;
b) défenseur de la théorie héliocentrique.

**6** Galilée a vécu dans plusieurs villes d'Italie, mentionnées dans le texte. À l'aide d'une carte de l'Italie à l'échelle, détermine les distances réelles entre ces villes.

## La pédiatrie

Le domaine de la médecine est divisé en plusieurs spécialités, dont la pédiatrie. Cette spécialité date du début du XXe siècle et on doit en grande partie son développement au médecin français Robert Debré, qui, en 1946, a participé activement à la création de l'UNICEF. La pédiatrie étudie et traite les maladies des enfants de la naissance à l'adolescence.

Robert Debré
(1882-1978)

## Que font les pédiatres ?

Les pédiatres peuvent travailler dans une clinique auprès des enfants afin de prévenir et de soigner la maladie, et faire un suivi de leur croissance physique ainsi que de leur développement moteur et psychique. Les pédiatres peuvent également travailler au laboratoire et faire de la recherche afin de trouver un moyen de guérir les différentes maladies infantiles.

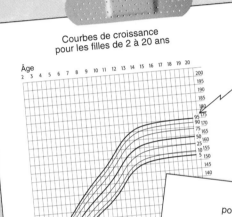

Courbes de croissance
pour les filles de 2 à 20 ans

Âge

Le nombre inscrit à l'extrémité droite de la courbe indique le pourcentage des enfants du même âge qui ont une taille égale ou inférieure à celle indiquée.

Courbes de croissance
pour les garçons de 2 à 20 ans

Âge

Taille (cm)

## Les courbes de croissance

Les pédiatres utilisent des courbes de croissance pour évaluer le développement physique d'un enfant. Il arrive que des enfants ne grandissent ou ne grossissent pas normalement. Ces anomalies peuvent parfois être le symptôme de troubles de la santé plus ou moins graves.

# Pédiatre

## Les pédiatres au Québec

Le Collège des médecins du Québec recense depuis 1973 les pédiatres dans la province. En 1973, il y en avait 351. En 1983, ce nombre était passé à 522, puis à 688 en 1993. Enfin, en 2004, on comptait 775 pédiatres au Québec.

Gloria Jéliu, d'origine française, s'installe à Montréal dès 1950 pour pratiquer la pédiatrie à l'Hôpital Sainte-Justine. À cette époque, les femmes sont très rares dans les facultés de médecine. La docteure Jéliu fonde en 1975 l'une des premières cliniques de protection de l'enfance. Elle est, aujourd'hui encore, pédiatre, professeure ainsi que chercheuse dévouée et reconnue dans le monde entier.

## Le rythme cardiaque

Les pédiatres utilisent des tableaux pour vérifier si le rythme cardiaque d'un ou d'une enfant est normal.

| Rythme cardiaque normal | |
|---|---|
| Âge | Nombre de battements par minute |
| Nouveau-né ou nouveau-née | De 100 à 170 |
| 1 an | De 80 à 160 |
| 2 ans | De 80 à 130 |
| 4 ans | De 80 à 120 |
| 6 ans | De 75 à 115 |
| 8 ans et plus | De 70 à 110 |

## À TOI DE JOUER

**1** D'après les courbes de croissance de la page 38, quelle taille devrait avoir :
   a) un garçon de 8 ans ?
   b) une fille de 10 ans ?

**2** Un garçon de 10,5 ans mesure 150 cm.
   a) Est-il plus grand ou plus petit que la moitié des garçons de son âge ? De combien de centimètres ?
   b) Quel est le pourcentage des garçons de son âge qui ont une taille supérieure à la sienne ?
   c) Quel devrait être l'âge d'un garçon de cette taille pour que 50 % des garçons de son âge soient plus petits que lui ?

**3** À l'aide du tableau du rythme cardiaque, représente graphiquement le nombre de battements par minute, minimal et maximal, selon l'âge de l'enfant. Associe l'âge à l'axe des abscisses.

**4** Construis un tableau montrant l'évolution du nombre de pédiatres au Québec de 1973 à 2004.

## À TOI DE CHERCHER

**5** Trace ta courbe de croissance et compare-la à celles présentées à la page 38.

**6** Nomme deux autres spécialités de la médecine et décris-les brièvement.

**7** Explique en quelques lignes ce que fait l'UNICEF.

1. **POSTE** La représentation graphique ci-contre montre les tarifs de Postes Canada en vigueur en 2005 pour l'envoi d'une lettre n'importe où au Canada selon la masse de l'enveloppe.

   a) Explique dans tes mots comment fonctionne la tarification de Postes Canada.

   b) S'il en coûte 1,70 $ pour envoyer une enveloppe, quelles en sont les masses possibles?

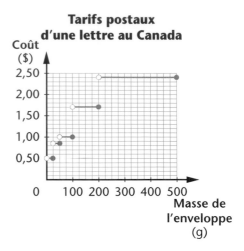

**Tarifs postaux d'une lettre au Canada**

2. Trace l'allure générale du graphique représentant chacune des situations suivantes.

   a) L'altitude d'un avion qui fait la liaison entre Montréal et Toronto selon le temps écoulé depuis la mise en marche des moteurs. Associe la variable temps à l'axe des abscisses.

   b) La plus petite distance à laquelle une personne peut lire un texte d'après son degré d'hypermétropie. Associe le degré d'hypermétropie à l'axe des abscisses.

   > L'hypermétropie est un trouble de la vue qui affecte la vision de près. Plus une personne est hypermétrope, moins elle voit bien de près.

3. Associe chacune des situations de la colonne de gauche au graphique de la colonne de droite qui la représente le mieux.

   **A** Marc-André fait du patin à roues alignées. Il patine bien, mais il éprouve des difficultés pour freiner. Il décide donc de se retenir à un arbre et réussit à s'arrêter brusquement.

   **B** Jason fait également du patin à roues alignées. Il s'arrête progressivement afin de se désaltérer à une fontaine publique. Il repart ensuite tout aussi doucement et retrouve la même vitesse qu'avant son arrêt.

   **C** Mélanie est une excellente patineuse. Elle accélère légèrement pour dépasser Marc-André, puis reprend sa vitesse initiale.

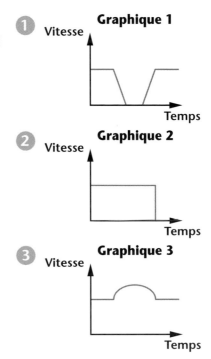

**4.** SOMMEIL  Le sommeil se divise en deux étapes principales :

- le sommeil à ondes lentes, un sommeil profond pendant lequel le corps bouge beaucoup ;
- le sommeil paradoxal, un sommeil léger, pendant lequel le corps est immobile et les rêves ou cauchemars, intenses.

Au cours d'une nuit, on passe plusieurs fois du sommeil à ondes lentes au sommeil paradoxal.

La représentation graphique ci-dessous illustre le sommeil de Jonathan au cours d'une nuit.

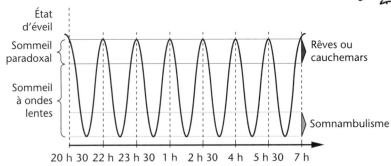

a) Combien de temps s'écoule-t-il entre deux sommets consécutifs de sommeil paradoxal ?

b) Pour un adolescent ou une adolescente de 12 ans, il est recommandé de dormir 9 h 15 min par nuit. Combien de minutes de plus ou de moins, Jonathan a-t-il dormi au cours de cette nuit par rapport à ce qui est recommandé ?

c) Cette nuit-là, le père de Jonathan s'est réveillé à 2 h 30 et a entendu des pas dans le corridor. Cela pouvait-il être Jonathan en état de somnambulisme ? Explique ta réponse.

**5.** D'après la représentation graphique ci-contre :

a) de quelle hauteur a-t-on laissé tomber le ballon ?

b) combien de fois le ballon a-t-il touché le sol ?

c) quel est le pourcentage de rebondissement de ce ballon ?

d) dans quelle direction le ballon s'est-il déplacé en rebondissant ?

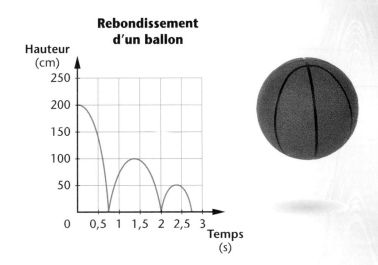

Le pourcentage de rebondissement d'un ballon correspond au quotient $\dfrac{\text{hauteur d'un rebond}}{\text{hauteur du rebond précédent}}$.

**6.** Un agriculteur note chaque année sa production de carottes. Ci-contre, on a représenté sa production en tonnes des 10 dernières années.

a) Décris en mots ce graphique.

b) De 1995 à 2004, en quelle année cet agriculteur a-t-il produit :

   1) le moins de carottes ?

   2) le plus de carottes ?

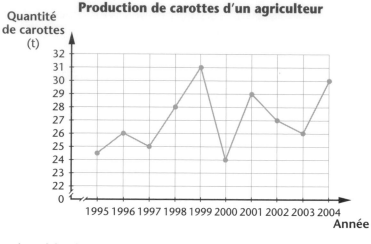

**Production de carottes d'un agriculteur**

c) À l'aide du graphique, complète la table de valeurs suivante.

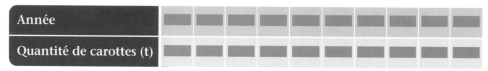

**Production de carottes d'un agriculteur**

| Année | | | | | | | | | | |
|---|---|---|---|---|---|---|---|---|---|---|
| Quantité de carottes (t) | | | | | | | | | | |

d) Quelle est la production annuelle moyenne de cet agriculteur de 1995 à 2004 ?

**7.** Noha est en voyage au Portugal. On a représenté graphiquement ses déplacements de la journée. En fait, il a marché toute la journée, sauf pour rentrer à l'hôtel.

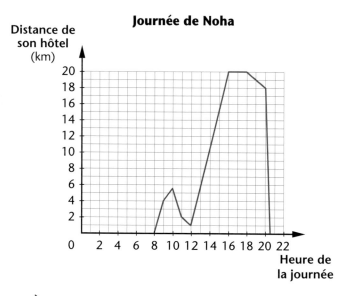

L'université de Coimbra, au Portugal, fut fondée en 1307. Il s'agit d'une des universités les plus prestigieuses d'Europe.

a) À quelle heure Noha s'est-il arrêté pour boire un café sur une terrasse ?

b) Noha a pris un taxi pour rentrer à l'hôtel. À quelle heure est-il monté dans le véhicule ?

c) À quelle heure est-il arrivé à l'hôtel ?

d) Quelle fut la vitesse maximale de marche de Noha au cours de cette journée ?

8. On installe deux pompes pour vider une piscine. La piscine contient 80 000 L d'eau. La pompe **1** a un débit de 95 L/min et la pompe **2,** un débit de 60 L/min.

a) Complète les tables de valeurs suivantes et inscris, dans la dernière case de chacune, l'expression algébrique permettant de calculer la quantité d'eau pompée selon le temps écoulé depuis la mise en fonction des pompes.

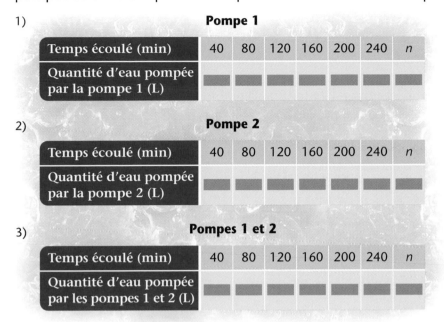

1) **Pompe 1**

| Temps écoulé (min) | 40 | 80 | 120 | 160 | 200 | 240 | n |
|---|---|---|---|---|---|---|---|
| Quantité d'eau pompée par la pompe 1 (L) | | | | | | | |

2) **Pompe 2**

| Temps écoulé (min) | 40 | 80 | 120 | 160 | 200 | 240 | n |
|---|---|---|---|---|---|---|---|
| Quantité d'eau pompée par la pompe 2 (L) | | | | | | | |

3) **Pompes 1 et 2**

| Temps écoulé (min) | 40 | 80 | 120 | 160 | 200 | 240 | n |
|---|---|---|---|---|---|---|---|
| Quantité d'eau pompée par les pompes 1 et 2 (L) | | | | | | | |

Tu peux construire les tables de valeurs dans un tableur.

b) Les valeurs des variables varient-elles dans le même sens ou dans le sens contraire? Explique ta réponse.

c) À l'aide des données de l'énoncé du problème, représente graphiquement une situation où l'on pourrait observer des valeurs des variables qui varient dans le sens contraire. Associe la variable temps écoulé à l'axe des abscisses.

9. Si l'un des angles aigus d'un triangle rectangle mesure 30°, alors il existe une relation entre la mesure du côté opposé à l'angle de 30° et la mesure du côté opposé à l'angle droit, appelé l'*hypoténuse*. Cette relation est donnée par la règle $h = 2a$, où $h$ représente la mesure de l'hypoténuse (cm) et $a$, la mesure du côté opposé à l'angle de 30° (cm).

a) Complète la table de valeurs suivante.

**Triangle rectangle**

| Mesure du côté opposé à l'angle de 30° (cm) | 5 | 10 | 15 | 20 | 25 |
|---|---|---|---|---|---|
| Mesure de l'hypoténuse (cm) | | | | | |

b) Les valeurs des variables de cette relation varient-elles dans le même sens ou dans le sens contraire? Explique ta réponse.

c) Quelle est la mesure de l'hypoténuse si le côté opposé à l'angle de 30° mesure 52 mm?

d) Dessine un triangle rectangle ayant un angle de 30° et dont l'hypoténuse mesure 4 cm.

**10.** Détermine le rang $n$ qui donne le même terme $t$ dans les trois règles suivantes.

$$t_1 = -\frac{1}{2}n + 72 \qquad t_2 = 2,5n - 9 \qquad t_3 = 5,5n - 90$$

Tu peux utiliser un tableur afin de générer plusieurs couples de nombres rapidement.

**11.** SIROP D'ÉRABLE  L'eau d'érable qui s'écoule des érables à sucre est constituée de 97 % d'eau. Pour obtenir du sirop d'érable, il faut la faire bouillir afin qu'une partie de l'eau s'évapore. Ainsi, il faut 40 L d'eau d'érable pour fabriquer 1 L de sirop d'érable. Une entaille dans un érable permet de recueillir, en moyenne, 1,25 L d'eau d'érable.

**Nombre d'entailles maximal en fonction du diamètre de l'érable faites à 1,3 m du sol**

| Diamètre $d$ de l'arbre (cm) | Nombre d'entailles maximal |
|:---:|:---:|
| $d < 20$ | 0 |
| $20 \leq d < 40$ | 1 |
| $40 \leq d < 60$ | 2 |
| $60 \leq d < 80$ | 3 |
| $d \geq 80$ | 4 |

La production des érablières du Québec représente 75 % de la production mondiale de sirop d'érable.

Donne la règle qui permet de déterminer la quantité de sirop d'érable $q$ que l'on pourra produire, selon le nombre d'entailles $n$ dans l'érablière.

**12.** COURBES DE NIVEAU  Les courbes de niveau sont utilisées sur les cartes topographiques afin de représenter le relief du territoire. Une courbe relie tous les points de même altitude. Des courbes de niveau rapprochées indiquent une pente raide. Une personne parcourt le sentier marqué en rouge, en trois heures.

Représente graphiquement l'altitude atteinte par cette personne selon le temps écoulé. Associe le temps à l'axe des abscisses.

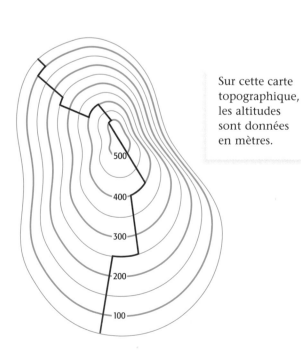

Sur cette carte topographique, les altitudes sont données en mètres.

# Panorama 10

# Des formules d'aire à l'algèbre

Combien de litres de peinture seront nécessaires pour repeindre ta chambre? Combien faut-il de carreaux insonorisants pour recouvrir le plafond d'un sous-sol? Quel est le rendement d'une terre agricole à l'acre? Dans chaque cas, il faut calculer l'aire d'une surface. Comment s'y prend-on? Quelles unités de mesure servent à exprimer une aire? Dans ce panorama, tu découvriras des formules et des stratégies pour calculer l'aire d'un triangle ou d'un quadrilatère quelconque. Tu exploreras les liens entre le périmètre d'une figure et son aire, et tu utiliseras des expressions algébriques pour les calculer.

PROJET

> Un œuf à bord!

## Société des maths

> Histoire de l'algèbre

## À qui ça sert ?

> Éleveur ou éleveuse de bovins

# Un œuf à bord !

## Présentation

L'être humain a longtemps rêvé de voler comme un oiseau. Au cours des derniers siècles, plusieurs personnes ont d'ailleurs consacré leur vie à la mise au point de « machines volantes ». De nos jours, il existe plusieurs appareils de locomotion aérienne, avec ou sans moteur.

L'hélicoptère imaginé par Léonard de Vinci.

### Mandat général proposé

Tu devras imaginer et construire un planeur pour assurer le vol d'un œuf à la coque sans que la coquille ne se brise à l'atterrissage. La construction d'un planeur se fait en plusieurs étapes.

■ **Partie 1** : Calcul de l'aire des ailes.

■ **Partie 2** : Construction de prototypes en papier.

■ **Partie 3** : Vol de l'œuf.

Amelia Earhart (1897-1937) est la première aviatrice à avoir effectué en solo la traversée de l'Atlantique, le 20 mai 1932.

## Mise en train

1. As-tu déjà voyagé en avion ? Si oui, quel genre d'avion était-ce ?

2. À quoi sert la queue d'un avion ?

3. Quelle est la différence entre un avion et un planeur ?

4. Explique brièvement comment les personnes suivantes ont marqué l'histoire de l'aviation.

    a) Otto Lilienthal.

    b) Les frères Wright.

    c) Charles Lindbergh.

**PROJET**

Conserve les réponses à ces questions. Elles t'aideront à réaliser les autres parties du projet.

5. Comment s'appelle chacune des « machines volantes » ci-dessous ?

a)

b)

 Tu peux utiliser des moteurs de recherche ou des annuaires dans Internet pour chercher diverses informations.

Les ailes permettent de maintenir un planeur ou un avion en l'air.
Selon la catégorie de planeur ou d'avion, la forme et l'aire des ailes varient.

### Mandat proposé

**Calculer l'aire des ailes d'appareils volants.**

À l'aide d'instruments de géométrie, calculer le plus
précisément possible l'aire des ailes sur chacune
des illustrations ci-dessous.

**PISTES D'EXPLORATION...**

■ As-tu calculé l'aire des ailes de chaque appareil
volant et, s'il y a lieu, l'aire des ailes de la queue ?

■ Un support visuel accompagne-t-il tes calculs ?

■ As-tu décomposé les figures complexes en figures
plus simples ?

■ Dans chaque cas, les ailes sont-elles symétriques ?

> **PROJET**
> Au besoin, consulte les unités
> 10.1 et 10.2, qui traitent de
> l'aire des triangles et
> des quadrilatères.

1) Planeur d'Otto Lilienthal

2) Deltaplane

3) Avion de brousse

4) Avion de chasse

5) Avion de ligne

6) Avion furtif

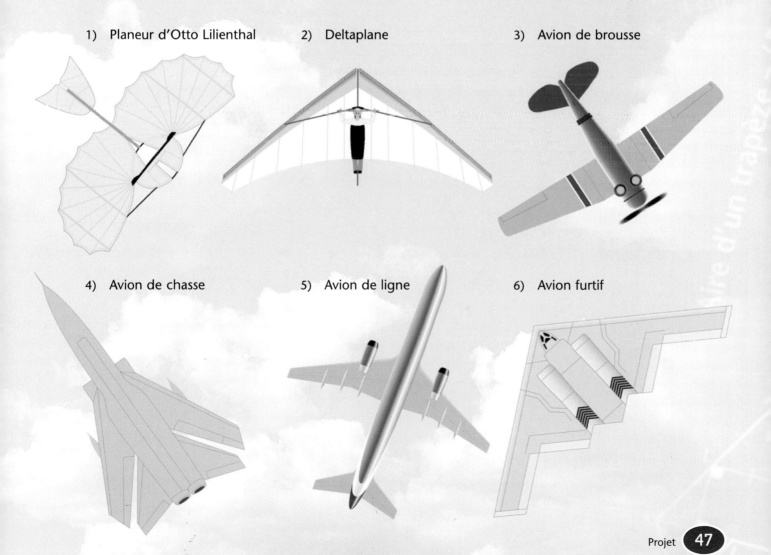

Avant de construire le planeur qui transportera l'œuf, il te faut faire plusieurs essais avec des planeurs en papier.

### Mandat proposé

**Construire différents prototypes de planeurs en papier afin de déterminer le modèle idéal.**

Chaque prototype doit respecter les contraintes suivantes :

- être constitué d'au plus 800 cm$^2$ de papier ;

- pouvoir transporter une charge de 10 g ;

- pouvoir franchir une distance de quelques mètres lorsqu'il est lancé d'une hauteur d'environ 2 m ;

- le quotient $\dfrac{\text{aire des ailes}}{\text{masse du planeur et de la charge}}$ doit être d'au moins 5 cm$^2$/g.

**PROJET**

Au besoin, consulte les unités 10.1 et 10.2, qui traitent de l'aire des triangles et des quadrilatères.

### Pistes d'exploration...

- ■ As-tu effectué des essais avec diverses formes d'ailes ?

- ■ D'un essai à l'autre, as-tu placé la charge de 10 g à différents endroits dans le planeur ?

- ■ As-tu calculé l'aire des ailes du planeur et, s'il y a lieu, l'aire des ailes de la queue ?

- ■ As-tu déterminé le meilleur endroit pour faire tes essais ?

As-tu pensé à utiliser du papier destiné au recyclage pour construire ton planeur ?

L'avion expérimental SpaceShip One.

En t'inspirant des formes et des dimensions du planeur idéal élaboré à la partie **2**, tu peux maintenant construire un planeur plus gros, plus solide et capable de transporter une charge plus lourde, soit un œuf à la coque.

## Mandat proposé

**PROJET**

Au besoin, consulte les unités 10.1 à 10.4, qui traitent de l'aire des triangles et des quadrilatères, de la résolution d'équations et de l'algèbre dans un contexte d'aire.

**Construire un planeur en carton capable de transporter un œuf.**

Le planeur doit respecter les contraintes suivantes :

- être constitué d'au plus 1 m² de carton;

- pouvoir transporter un œuf à la coque de calibre petit ou très petit;

- pouvoir franchir une distance de quelques mètres lorsqu'il est lancé d'une hauteur d'environ 2 m;

- pouvoir atterrir sans que la coquille de l'œuf ne se brise;

- le quotient $\dfrac{\text{aire des ailes}}{\text{masse du planeur et de l'œuf}}$ doit être d'au moins 5 cm²/g;

- être décoré d'un carré, d'un rectangle, d'un losange, d'un parallélogramme, d'un trapèze et d'un triangle isocèle ayant tous la même aire.

### Pistes d'exploration...

■ As-tu déterminé l'endroit idéal du planeur où placer ton œuf?

■ As-tu calculé l'aire des ailes de ton planeur et, s'il y a lieu, l'aire des ailes de la queue?

Au Canada, en vertu du *Règlement sur les œufs*, le calibre d'un œuf est déterminé d'après sa masse.

| Calibre | Masse *m* (g) |
|---|---|
| Jumbo | $m \geq 70$ |
| Extra gros | $64 \leq m < 70$ |
| Gros | $56 \leq m < 64$ |
| Moyen | $49 \leq m < 56$ |
| Petit | $42 \leq m < 49$ |
| Très petit | $m < 42$ |

## Bilan du projet : Un œuf à bord!

- Présente les résultats obtenus dans la partie **1**, accompagnés de dessins et des calculs d'aires.

- Présente tes prototypes en papier et ton planeur en carton. Accompagne-les d'explications, de dessins et de calculs qui montrent que toutes les contraintes de construction ont été respectées. Le vol de l'œuf a-t-il réussi?

**Une surface glissante**

PROJET — Cette unité t'aidera à réaliser les parties 1 à 3 de ton projet.

## SITUATION-PROBLÈME ① La nappe de pétrole

En 1999, le pétrolier *Erika* s'est brisé en deux à 65 km au large des côtes de la France. Plus de 10 000 tonnes de pétrole se sont répandues dans la mer, avec de graves répercussions tant sur la faune et la flore que sur la pêche et le tourisme. Voici une photographie aérienne de la catastrophe, sur laquelle on a superposé un quadrillage.

Pour empêcher une nappe de pétrole de s'étendre, on utilise des barrières de protection flottantes. Une seule goutte de pétrole suffit pour contaminer 25 L d'eau.

**Quelle fraction de la photographie la nappe de pétrole occupe-t-elle ?**

Le froid, la neige, la glace et l'accumulation d'eau peuvent endommager les verts d'un terrain de golf. Pour les protéger durant la saison hivernale, on les recouvre de paille sèche et d'une toile imperméable.

À l'automne, Gregory, responsable de l'entretien d'un terrain de golf, doit acheter de la paille pour recouvrir le vert dont la forme est illustrée ci-dessous. Il compte utiliser 3 kg de paille par mètre carré de surface gazonnée.

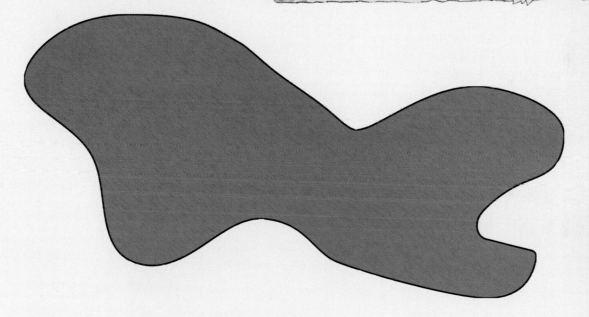

Pour déterminer la quantité de paille nécessaire, Gregory déroule une corde le long du pourtour du vert. Ensuite, à l'aide de la même longueur de corde, il forme un carré dont il calcule l'aire.

**Que penses-tu de la stratégie de Gregory ?**

**ACTIVITÉ 1** Maximiser la surface glacée

On dispose de 40 planches de bois, d'une longueur de 1 m chacune, pour construire la bande d'une patinoire. La patinoire doit être de forme rectangulaire et la surface de jeu, la plus grande possible.

**a.** Tony, Minh et Paule ont chacun leur avis quant à la façon de construire la plus grande patinoire possible. Que penses-tu de leurs points de vue?

**b.** Explique pourquoi la patinoire ne peut pas avoir une longueur ni une largeur supérieures à 19 m.

**c.** Pour déterminer toutes les dimensions possibles de la patinoire, complète le tableau ci-dessous.

Il faut construire la patinoire ayant les diagonales les plus longues possible.

Il faut construire la patinoire la plus longue possib...

Peu importe la forme de la patinoire, l'aire sera toujours la même puisque le périmètre sera aussi toujours le même.

**Dimensions de la patinoire**

| PÉRIMÈTRE (M) | LONGUEUR (M) | LARGEUR (M) | AIRE (M²) |
|---|---|---|---|
| 40 | 1 | | |
| 40 | 2 | | |
| 40 | 3 | | |
| --- | --- | --- | --- |
| 40 | 17 | | |
| 40 | 18 | | |
| 40 | 19 | | |

Tu peux utiliser un tableur pour reproduire et compléter ce tableau.

**d.** Construis le graphique qui montre la relation entre la longueur et l'aire de la patinoire. Associe la longueur à l'axe des abscisses et l'aire, à l'axe des ordonnées.

**e.** À l'aide du tableau ci-dessus et de ton graphique, détermine l'aire maximale de la patinoire et la mesure de ses côtés.

**f.** Peut-on dire que la forme de la patinoire ayant la surface de jeu maximale est rectangulaire? Explique ta réponse.

**ACTIVITÉ 2** À vos ciseaux, prêts, coupez !

Il existe un lien entre l'aire d'un rectangle et l'aire d'un parallélogramme.

**a.** 1) Sur une feuille quadrillée, découpe un rectangle de 20 carreaux sur 14 carreaux.

2) À l'aide de surligneurs, marque chaque paire de côtés parallèles d'une couleur différente.

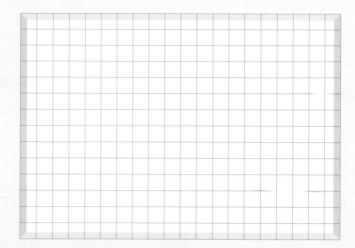

3) Avec un crayon à mine, trace un segment qui n'est parallèle à aucun des côtés du rectangle et dont les extrémités sont situées sur des côtés opposés du rectangle.

4) À l'aide de ciseaux, découpe le rectangle le long du segment tracé à la mine.

5) Dispose les deux morceaux de papier obtenus de manière à former un parallélogramme.

**b.** Compare ton parallélogramme à ceux d'autres élèves.

1) Sont-ils tous isométriques ? Explique ta réponse.

2) Ont-ils tous la même aire ? Explique ta réponse.

**c.** Qu'ont en commun :

1) l'une des bases du parallélogramme obtenu et l'une des bases du rectangle de départ ?

2) l'une des hauteurs du parallélogramme obtenu et l'une des hauteurs du rectangle de départ ?

**d.** Déduis la formule qui permet de calculer l'aire d'un parallélogramme.

### Périmètre et aire

Le **périmètre** est la longueur de la ligne fermée qui correspond à la frontière d'une figure plane. On exprime le périmètre d'une figure en **unités de longueur**.

L'**aire** ou la superficie est la mesure d'une surface délimitée par une figure. On exprime l'aire d'une figure en **unités carrées**.

Ex. : Le périmètre de cette figure est de 20 unités, noté 20 u, et son aire est de 16 unités carrées, notée 16 u².

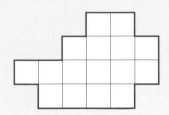

### Choix de l'unité de mesure pour les aires

On peut utiliser diverses unités d'aire pour mesurer une surface. C'est le **contexte** qui aide à déterminer l'unité la plus adaptée. Le tableau ci-dessous présente les **unités d'aire du système international d'unités** (SI).

| Nom de l'unité d'aire | Symbole | Exemple de contexte approprié |
|---|---|---|
| Kilomètre carré | km² | Superficie de 100 terrains de soccer |
| Hectomètre carré | hm² | Superficie d'un terrain de soccer |
| Décamètre carré | dam² | Superficie de la moitié d'un terrain de tennis |
| Mètre carré | m² | Superficie de la surface de travail d'un pupitre de classe |
| Décimètre carré | dm² | Superficie de la paume d'une main |
| Centimètre carré | cm² | Superficie de ce carré : |
| Millimètre carré | mm² | Superficie de ce carré : ▫ |

### Aire d'un rectangle

Chacun des côtés d'un rectangle peut être désigné comme base. La hauteur correspond à la mesure d'un côté perpendiculaire à la base.

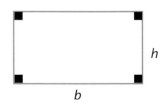

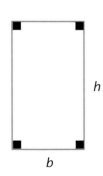

Aire d'un rectangle = (base) × (hauteur)
= $b \times h$

### Aire d'un carré

Chacun des côtés d'un carré peut être désigné comme base. La hauteur correspond à la mesure d'un côté perpendiculaire à la base.

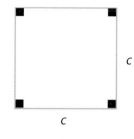

$$
\begin{aligned}
\text{Aire d'un carré} &= (\text{base}) \times (\text{hauteur}) \\
&= c \times c \\
&= c^2
\end{aligned}
$$

### Aire d'un parallélogramme

Chacun des côtés d'un parallélogramme peut être désigné comme base. La hauteur correspond à la distance entre la base ou son prolongement et le côté qui lui est parallèle.

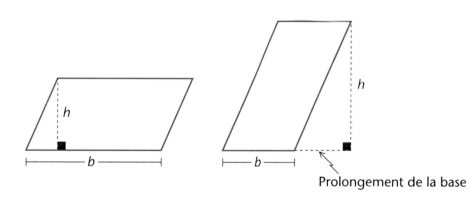

Prolongement de la base

$$
\begin{aligned}
\text{Aire d'un parallélogramme} &= (\text{base}) \times (\text{hauteur}) \\
&= b \times h
\end{aligned}
$$

1. Détermine mentalement le périmètre et l'aire d'un carré dont la mesure d'un côté est :

   a) 20 cm      b) 7 cm      c) 0,5 cm      d) 9 cm

2. Détermine mentalement le nombre de briques que compte un mur rectangulaire de :

   a) 7 rangées de 8 briques chacune ;      b) 9 rangées de 4 briques chacune ;

   c) 10 rangées de 15 briques chacune ;      d) 25 rangées de 8 briques chacune.

3. Combien de carreaux sont nécessaires pour recouvrir chacun de ces planchers ?

   a)

   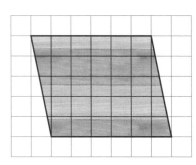

   b)

   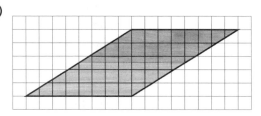

   c)

   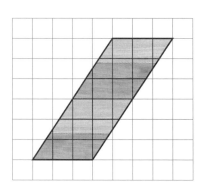

   d)

   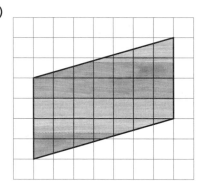

4. Associe chacun des éléments de la colonne de gauche à son aire dans la colonne de droite.

   **A** Une table de cuisine.             **1** 1 km²

   **B** La tête d'un clou.             **2** 100 cm²

   **C** Un billet de banque.             **3** 2 m²

   **D** Le parc de stationnement d'un centre commercial.    **4** 1 dam²

   **E** Le toit d'une maison.             **5** 25 mm²

5. Dans chaque cas, détermine la mesure de la surface colorée en jaune.

a)

b)

c)

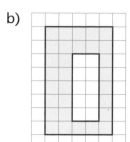

6. La mesure d'un côté du carré A est de 5,6 cm.

a) Que peux-tu dire du périmètre d'un carré dont la mesure d'un côté est :

1) le double de celle d'un côté du carré A?

2) le triple de celle d'un côté du carré A?

3) le quart de celle d'un côté du carré A?

b) Que peux-tu dire de l'aire d'un carré dont la mesure d'un côté est :

1) le double de celle d'un côté du carré A?

2) le triple de celle d'un côté du carré A?

3) le quart de celle d'un côté du carré A?

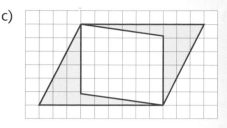

7. TENNIS  Le tennis est un sport qui se pratique
en simple ou en double. On ajoute deux
bandes rectangulaires de part et d'autre
du terrain en simple pour jouer en double.
Quel pourcentage de la surface du terrain
en double la surface du terrain en simple
représente-t-elle?

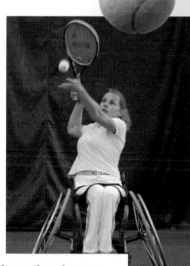

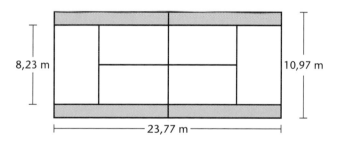

8,23 m          10,97 m

23,77 m

Le tennis en fauteuil roulant est
pratiqué par des personnes
souffrant d'un handicap physique.
La balle peut toutefois rebondir
deux fois sur le sol au lieu
d'une seule.

8. Alex affirme qu'il peut calculer l'aire d'un parallélogramme s'il ne connaît que
la mesure d'un côté et la distance entre deux côtés parallèles. A-t-il raison?
Explique ta réponse.

9. Dans chaque cas, que peux-tu dire des mesures des surfaces colorées en jaune?

a)

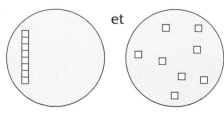

et

b)

et

**10.** À l'aide d'un logiciel de géométrie dynamique, on mène une exploration qui consiste à déplacer le segment AB le long de la droite $d_1$.

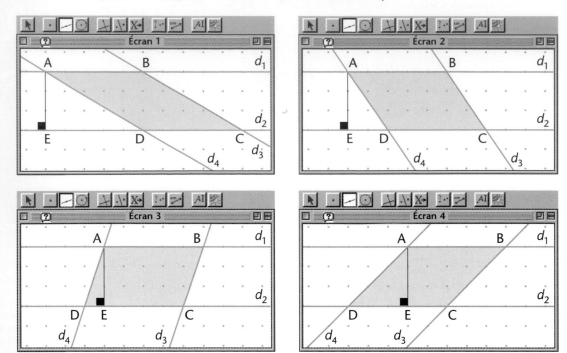

a) En comparant les quatre écrans ci-dessus, que peux-tu dire de la mesure :

1) de la hauteur du parallélogramme ABCD ?

2) de la base CD du parallélogramme ABCD ?

3) des côtés parallèles AD et BC du parallélogramme ABCD ?

b) Dans chaque cas, calcule l'aire du parallélogramme ABCD.

c) Dans un parallélogramme, la variation de la longueur des côtés non parallèles à la base a-t-elle un effet sur l'aire de la figure ? Explique ta réponse.

> **TIC**
>
> Tu peux utiliser un logiciel de géométrie dynamique pour mener cette exploration.

**11.** Calcule l'aire de chacun des quadrilatères ci-dessous.

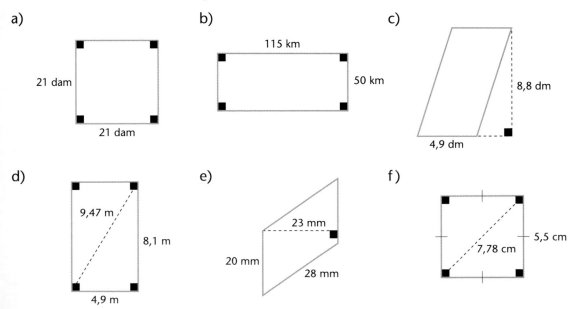

a)

21 dam

21 dam

b)

115 km

50 km

c)

8,8 dm

4,9 dm

d)

9,47 m

8,1 m

4,9 m

e)

23 mm

20 mm

28 mm

f)

5,5 cm

7,78 cm

**12.** La base du parallélogramme ABCD mesure 60 mm et sa hauteur, 40 mm.

   a) Trace ce parallélogramme sur une feuille.

   b) À l'aide d'une règle, détermine la mesure des côtés obliques à la base.

   c) Construis le parallélogramme EFGH ayant une base de 60 mm, une hauteur de 40 mm et des côtés obliques deux fois plus longs que ceux du parallélogramme ABCD.

   d) Que peux-tu dire des aires des deux parallélogrammes?

**13.** CARRÉ MAGIQUE  En 1990, l'Allemand Norbert Behnke a réalisé le plus grand carré magique jamais écrit à la main : 1111 lignes sur 1111 colonnes!

   a) Combien de nombres le carré magique de Norbert Behnke comporte-t-il?

   b) Si l'on inscrit chacun des nombres dans une case de 1,3 cm de côté, le plancher de ta classe serait-il assez grand pour contenir tout le carré magique de Norbert Behnke? Explique ta réponse.

Un carré magique est un ensemble de nombres disposés dans un carré dont la somme de chaque ligne, de chaque colonne et de chaque diagonale est toujours la même. Dans l'exemple illustré, la somme est 15.

**14.** Dans chaque cas, écris deux expressions différentes qui permettent de calculer l'aire du parallélogramme.

   a)
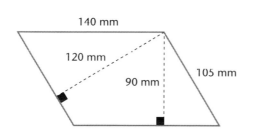
   140 mm, 120 mm, 90 mm, 105 mm

   b)
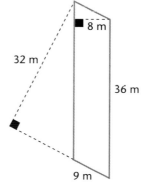
   8 m, 32 m, 36 m, 9 m

**15.** Une table rectangulaire mesure 25 dm sur 12 dm.

   a) On la recouvre d'une nappe rectangulaire de 30 dm sur 18,25 dm. Quelle est l'aire de la partie de la nappe qui dépasse de la surface de la table?

   b) On veut acheter du tissu et tailler une autre nappe pour couvrir cette table. La nappe devra déborder de 3 dm tout autour de la table. Pour utiliser un minimum de tissu, la nappe aura la forme illustrée ci-contre. Quel sera le coût de cette nappe si le tissu se vend 0,08 $/dm² ?

16. **PAPIER À LETTRES** Une feuille de papier à lettres mesure 215,9 mm sur 279,4 mm. Un enfant découpe cette feuille en morceaux, puis il les lance en l'air comme des confettis. Quelle est la superficie maximale du plancher qui sera recouverte de morceaux de papier?

17. On a représenté les trois premiers motifs d'une suite avec des cure-dents mesurant chacun 6,5 cm.

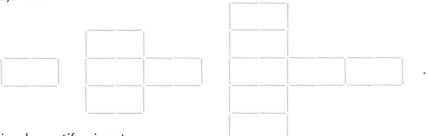

a) Dessine le motif suivant.

b) Complète la table de valeurs ci-dessous.

**Suite de motifs**

| Rang du motif | 1 | 2 | 3 | 4 |
|---|---|---|---|---|
| Nombre de cure-dents | | | | |
| Nombre de petits rectangles identiques | | | | |
| Aire du motif (cm²) | | | | |

c) Dans chaque cas, explique ce que la règle permet de calculer, *n* représentant le rang du motif.

1) $a = 13n - 7$    2) $b = 253,5n - 169$    3) $c = 3n - 2$

18. On a utilisé des dalles rectangulaires identiques pour construire les allées menant à l'entrée de trois maisons voisines. Les façades de ces maisons sont situées à égale distance de la rue. Quelle allée a la plus grande aire?

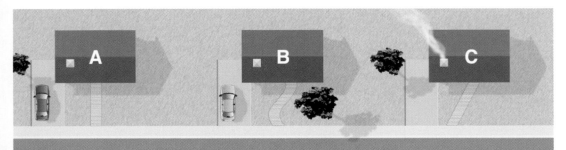

ZOOM

Dans le cas de certaines figures, les mesures nécessaires au calcul de l'aire sont suffisantes pour calculer le périmètre. Cela s'applique-t-il à :

a) un carré?          b) un rectangle?          c) un parallélogramme?

# Unité 10.2  Des surfaces qui respirent l'aire

Cette unité t'aidera à réaliser les parties 1 à 3 de ton projet.

**SITUATION-PROBLÈME**  **Le triangle du verglas**

En janvier 1998, le Québec a subi l'une des plus importantes catastrophes naturelles de son histoire : la crise du verglas. En quelques jours, il est tombé près de 100 mm de pluie verglaçante dans le sud du Québec, ce qui a brisé des centaines de pylônes qui servaient à la transmission du courant électrique.

La région la plus durement touchée, délimitée par les villes de Saint-Hyacinthe, Granby et Saint-Jean-sur-Richelieu, fut nommée le «triangle du verglas». Dans ce triangle, des milliers de résidences ont été privées d'électricité pendant près de un mois.

Au plus fort de la crise du verglas, environ la moitié de la population du Québec a été privée d'électricité.

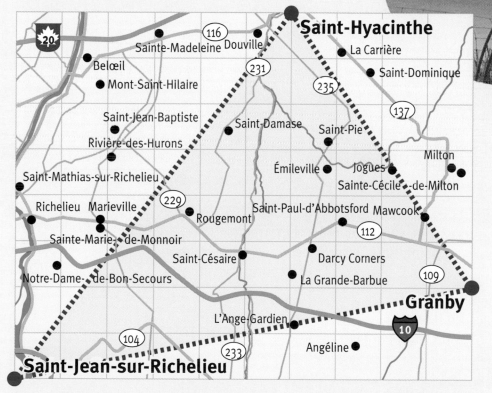

Quelle est l'aire de la région qui correspond au triangle du verglas ?

**ACTIVITÉ 1** **L'orthocentre**

Archimède est un savant grec qui s'intéressa
à plusieurs domaines de la mathématique, dont
la géométrie. Certains de ses travaux portèrent
sur les bases et les hauteurs des triangles.

**a.** Ci-dessous, on a illustré le triangle ABC en plaçant
successivement chacun des côtés à l'horizontale.
À l'époque d'Archimède, on décrivait la base
d'un triangle comme étant le côté sur lequel le triangle
reposait et la hauteur comme étant l'altitude du triangle.
À l'aide de ces renseignements, dans chaque cas, trace
la hauteur relative à la base.

Archimède (287 av. J.-C. – 212 av.
J.-C.) était à la fois mathématicien,
ingénieur et physicien. Certains
de ses travaux portèrent sur
le périmètre, l'aire et le volume.
On lui doit l'invention de la roue
dentée, ancêtre de l'engrenage.

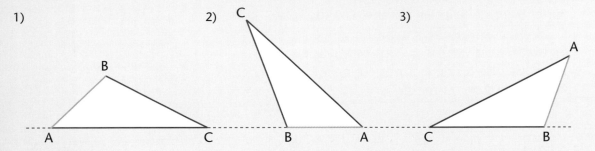

1)   2)   3)

**b.** On a tracé en vert les trois hauteurs de chacun des triangles ci-dessous.

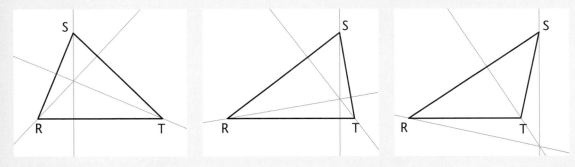

Archimède prouva que les trois hauteurs d'un triangle se rencontrent
toujours en un seul point, appelé l'*orthocentre*. À quelle condition
un triangle doit-il satisfaire pour que l'orthocentre soit situé :

1) à l'intérieur du triangle?

2) à l'extérieur du triangle?

3) sur l'un des côtés du triangle?

Tu peux utiliser
un logiciel
de géométrie
dynamique
pour visualiser tous
les cas possibles.

**c.** À l'intérieur du cadre ci-contre, les segments
rouges appartiennent aux côtés d'un triangle.
Sans dessiner la partie manquante du triangle,
trace les trois hauteurs dans l'espace délimité
par le cadre.

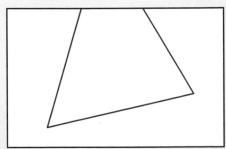

**La rotation pour découvrir**

Les transformations géométriques aident à visualiser certains résultats.

Dans le triangle ABC, *b* est la mesure de l'une des bases et *h* est la mesure de la hauteur relative à cette base.

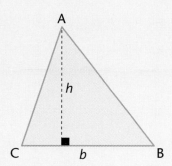

On applique la rotation *r* au triangle ABC.

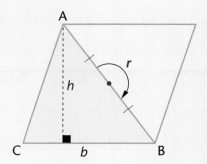

**a.** 1) Ensemble, le triangle ABC et son image forment une nouvelle figure. Comment s'appelle cette figure?

2) Quelle formule correspond à l'aire de cette figure?

**b.** D'après cette construction géométrique, déduis la formule qui correspond à l'aire du triangle ABC.

> Tu peux utiliser un logiciel de géométrie dynamique pour effectuer ces constructions, explorer plusieurs cas possibles et t'aider à faire des déductions.

Voici d'autres constructions géométriques.

Dans le losange EFGH, *D* est la mesure de la grande diagonale et *d* est celle de la petite diagonale.

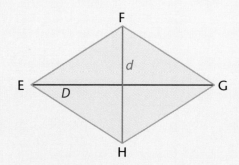

On applique respectivement les rotations $r_1$, $r_2$, $r_3$ et $r_4$ aux triangles ①, ②, ③ et ④.

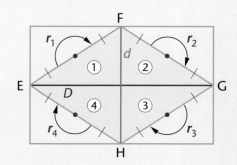

**c.** Quelles sont les caractéristiques des diagonales d'un losange?

**d.** 1) Ensemble, le losange EFGH et les images des triangles ①, ②, ③ et ④ forment une nouvelle figure. Comment s'appelle cette figure?

2) Quelle formule correspond à l'aire de cette figure?

**e.** D'après cette construction géométrique, déduis la formule qui correspond à l'aire du losange EFGH.

Observe les constructions suivantes.

Dans le trapèze JKLM, *B* est la mesure de la grande base, *b* est celle de la petite base, et *h* est celle de la hauteur.

On applique la rotation *r* au trapèze JKLM.

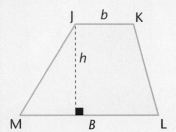

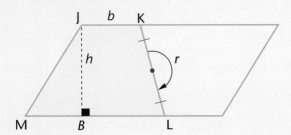

**f.** 1) Ensemble, le trapèze JKLM et son image forment une nouvelle figure. Comment s'appelle cette figure?

2) Quelle formule correspond à l'aire de cette figure?

**g.** D'après cette construction géométrique, déduis la formule qui correspond à l'aire du trapèze JKLM.

L'archéologie est la science qui étudie les civilisations anciennes. L'examen minutieux de ruines et de squelettes permet aux archéologues de mieux comprendre le mode de vie des civilisations disparues depuis des milliers d'années.

Sur un chantier de fouilles, Andréa, archéologue, découvre une partie d'un mur enfouie sous terre. Pour savoir à quoi servait ce mur sans déterrer complètement le site, elle prend une photographie aérienne du site par imagerie magnétique et elle y superpose un quadrillage.

Reconstitution à l'échelle d'une partie de la ville de Troie. Grâce à l'imagerie magnétique, Manfred Korfmann démontra en 2003 que la légendaire ville de Troie était bien plus vaste que ce que les archéologues pensaient auparavant.

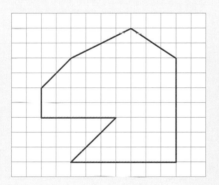

La photographie semble montrer que le mur est celui d'une petite forteresse. Pour calculer la superficie de la construction, Andréa décompose la surface de trois façons.

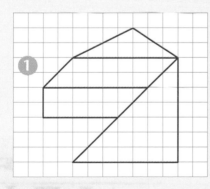
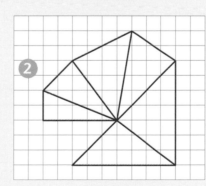
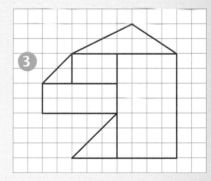

**a.** L'aire de la forteresse est-elle la même pour les trois décompositions illustrées ? Explique ta réponse.

**b.** Ces décompositions te permettent-elles toutes de calculer l'aire de la forteresse ? Explique ta réponse.

**c.** Calcule l'aire de la forteresse. Au besoin, effectue une décomposition différente de celles présentées.

### Aire d'un triangle

Chacun des côtés d'un triangle peut être désigné comme base. La hauteur correspond à la distance entre la base ou son prolongement et le sommet qui lui est opposé.

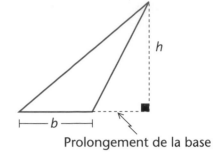

Prolongement de la base

$$\text{Aire d'un triangle} = \frac{(\text{base}) \times (\text{hauteur})}{2}$$
$$= \frac{b \times h}{2}$$

Ex. : Aire du triangle ABC $= \dfrac{6 \times 7,2}{2} = 21,6 \text{ cm}^2$

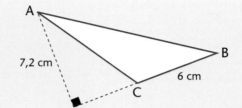

### Aire d'un losange

Dans un losange, la plus longue des deux diagonales s'appelle la **grande diagonale** et la plus courte s'appelle la **petite diagonale.**

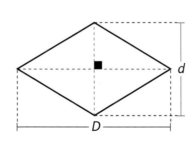

$$\text{Aire d'un losange} = \frac{(\text{grande diagonale}) \times (\text{petite diagonale})}{2}$$
$$= \frac{D \times d}{2}$$

Ex. : Aire du losange ABCD $= \dfrac{9 \times 4,7}{2} = 21,15 \text{ dm}^2$

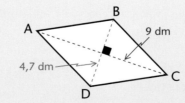

## Aire d'un trapèze

Dans un trapèze, le plus long des deux côtés parallèles s'appelle la **grande base** et le plus court s'appelle la **petite base**. La hauteur correspond à la distance entre la grande base ou son prolongement et la petite base.

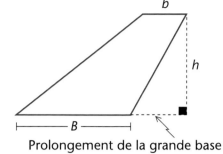

Prolongement de la grande base

$$\text{Aire d'un trapèze} = \frac{((\text{grande base}) + (\text{petite base})) \times (\text{hauteur})}{2}$$

$$= \frac{(B + b) \times h}{2}$$

Ex. : Aire du trapèze ABCD = $\frac{(17,4 + 8) \times 5,1}{2}$ = 64,77 m²

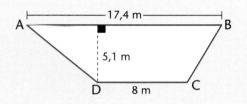

## Aire de polygones décomposables

Pour déterminer l'aire d'un polygone dont la forme est complexe, on peut le **décomposer en polygones plus simples.** Cette décomposition doit être faite de manière à ce que les mesures nécessaires au calcul de l'aire des polygones plus simples soient connues.

Ex. :        Polygone complexe                                    Décomposition

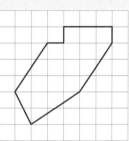

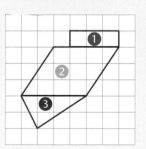

| Aire du polygone complexe | = | (aire de la figure ❶) + (aire de la figure ❷) + (aire de la figure ❸) |
|---|---|---|
| | = | (aire du rectangle) + (aire du parallélogramme) + (aire du triangle) |
| | = | $3 \times 1 + 4 \times 3 + \frac{4 \times 2}{2}$ |
| | = | $3 + 12 + 4$ |
| | = | 19 |

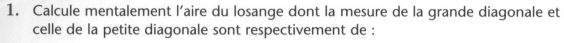

**1.** Calcule mentalement l'aire du losange dont la mesure de la grande diagonale et celle de la petite diagonale sont respectivement de :

a) 20 cm et 10 cm      b) 90 cm et 40 cm      c) 480 cm et 100 cm

d) 80 cm et 0,5 cm      e) 60 cm et 0,1 cm      f) 20 cm et 2,5 cm

**2.** Dans chaque cas, les deux mesures données sont respectivement celle de la base d'un triangle et celle de la hauteur relative à cette base. Détermine mentalement l'aire de chaque triangle.

a) 11 m et 6 m      b) 10 m et 14 m      c) 1 m et 10,4 m

d) 6 m et 0,5 m      e) 0,6 m et 0,8 m      f) 100 m et 0,1m

**3.** Dans chaque cas, détermine l'aire du polygone en tenant compte de l'échelle du quadrillage.

a)
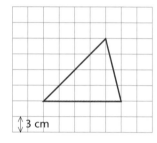
⭥ 3 cm

b)
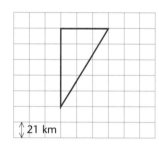
⭥ 21 km

c)
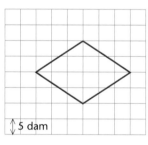
⭥ 5 dam

d)
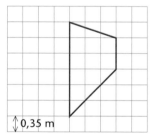
⭥ 0,35 m

e)
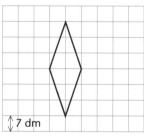
⭥ 7 dm

f)
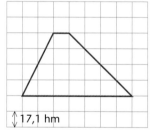
⭥ 17,1 hm

**4.** KOWEÏT  Le drapeau du Koweït a été inauguré en 1961.

a) Quelle sorte de trapèze est formée :

   1) par la partie verte ?

   2) par la partie noire ?

b) Quelle est l'aire :

   1) de la partie verte ?

   2) de la partie noire ?

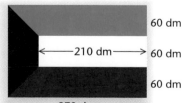

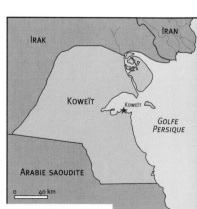

Situé sur la côte du golfe Persique, le Koweït est un grand producteur de pétrole. Sa superficie est d'environ 18 000 km².

**5.** À l'aide d'un logiciel de géométrie dynamique, on mène une exploration qui consiste à déplacer le point A le long de la droite $d_1$.

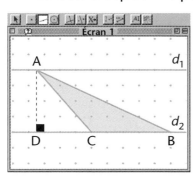 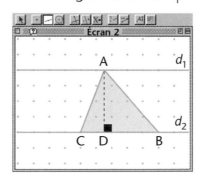 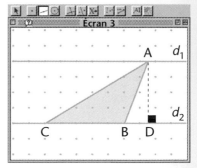

a) En comparant les trois écrans ci-dessus, que peux-tu dire de la mesure :

1) de la hauteur AD du triangle ABC ?

2) de la base BC du triangle ABC ?

3) des côtés AC et AB du triangle ABC ?

Tu peux utiliser un logiciel de géométrie dynamique pour mener cette exploration.

b) Dans chaque cas, calcule l'aire du triangle ABC.

c) Dans un triangle, la variation des mesures des côtés adjacents à la base a-t-elle un effet sur l'aire de la figure ? Explique ta réponse.

**6.** Pour chacun des polygones ci-dessous, indique la ou les mesures inutiles au calcul de l'aire et calcule ensuite cette aire.

a)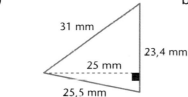

b)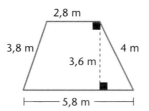

c)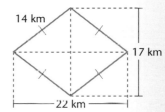

d)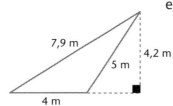

e)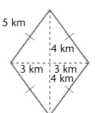

f)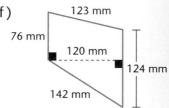

**7.** On a tracé quelques segments à l'intérieur du rectangle ACDF.

a) Quelle est l'aire du rectangle ACDF ?

b) Dans chacun des cas, détermine si les triangles ont la même aire.

1) ADF, BDF et CDF.

2) ADE et CDE.

3) ABF et AEC.

c) Que remarques-tu ?

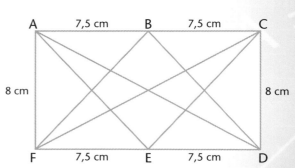

**8.** Dans chaque cas, écris deux expressions différentes qui permettent de calculer l'aire du triangle.

a)

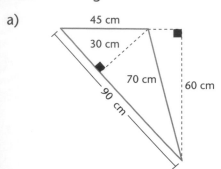

b)

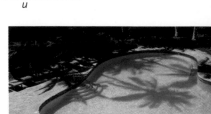

**9.** Voici trois plans de piscines creusées dont la forme est particulière. Ces piscines sont entourées d'un trottoir en dalles de béton antidérapant. Une dalle de béton carrée couvre 0,5 m² et coûte 8 $. Dans chaque cas, détermine :

a) l'aire du trottoir;

b) le coût du trottoir.

La technique du béton coulé utilisée dans la construction des piscines creusées permet de leur donner toutes sortes de formes.

**1**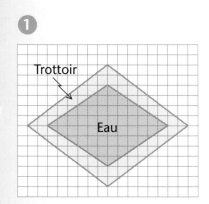

**2**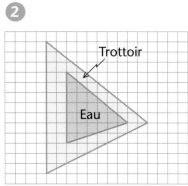

**3**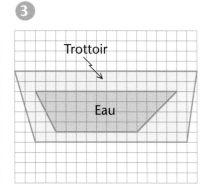

**10.** Une entreprise de location de tenues de gala accepte de commanditer le bal de fin d'année d'une école à condition que son logo couvre au moins 20 % de la surface d'un billet d'entrée. Voici le modèle du billet créé par les élèves et illustré en grandeur réelle. À l'aide d'une règle graduée en millimètres, détermine si le billet satisfait à l'exigence du commanditaire.

**11.** Les points R, S, T et U sont les points milieux des côtés du rectangle ABCD. Si l'aire du rectangle ABCD est de 80 cm², quelle est l'aire :

a) du triangle ① ?

b) du triangle ② ?

c) du triangle ③ ?

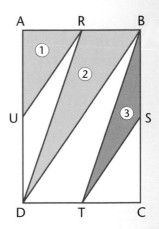

**12.** Dans ce carré de 10 unités sur 10 unités, les quatre segments tracés relient un sommet du carré au milieu de l'un de ses côtés. Quelle est l'aire de la figure ainsi formée à l'intérieur du carré ?

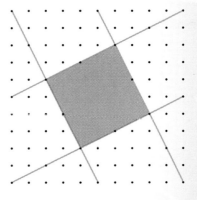

**13.** PERGÉLISOL  Certaines régions froides du Québec sont recouvertes de pergélisol, c'est-à-dire un sol gelé en permanence. En surface, une zone de pergélisol a parfois l'aspect d'un polygone. Dans chaque cas, calcule l'aire de la zone de pergélisol.

Dans un contexte de réchauffement climatique, les infrastructures qui reposent sur une zone de pergélisol subissant un dégel pourraient subir d'importants dommages.

a)
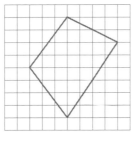

b)
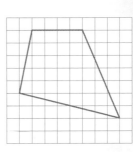

c)
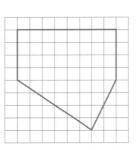

d)
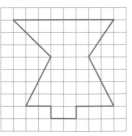

e)

f)
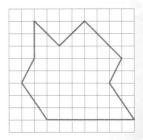

**14.** CERF-VOLANT  En géométrie, un quadrilatère convexe qui a deux paires de côtés adjacents isométriques est appelé *cerf-volant*. Les diagonales de ce type de polygone sont perpendiculaires.

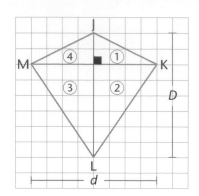

Dans le cerf-volant JKLM, *D* est la mesure de la grande diagonale et *d* est celle de la petite diagonale.

a) Soit les triangles ①, ②, ③ et ④. Dans chaque cas, traces-en l'image par une rotation de 180° par rapport au point milieu de son côté le plus long.

b) Ensemble, le cerf-volant JKLM et les images des triangles ①, ②, ③ et ④ forment une nouvelle figure. Comment s'appelle cette figure?

c) D'après cette construction géométrique, déduis la formule de l'aire d'un cerf-volant.

d) Cette formule d'aire correspond à celle d'un autre quadrilatère. Lequel?

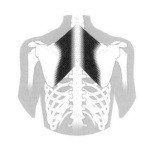

La figure géométrique associée au cerf-volant porte également le nom de *rhomboïde*. À cause de sa forme, le muscle illustré ci-contre porte d'ailleurs ce nom.

 **SP**

**15.** À l'aide d'un logiciel de géométrie dynamique, on construit le rectangle ABCD, dont les côtés mesurent 72 mm et 48 mm. À partir d'un point P situé sur la diagonale AC, on trace deux segments parallèles aux côtés. Comme les écrans ci-dessous le montrent, le déplacement du point P sur la diagonale fait varier les dimensions des rectangles ① et ②.

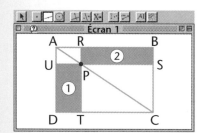 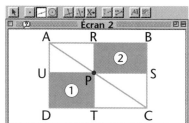 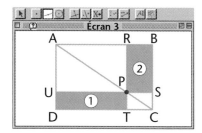

a) Les aires des rectangles ① et ② sont-elles identiques? Explique ta réponse.

b) Où doit-on placer le point P pour que la somme des aires des deux rectangles soit maximale? Explique ta réponse.

Tu peux utiliser un logiciel de géométrie dynamique pour mener cette exploration. Tu pourras ainsi visualiser de nombreux cas possibles en variant la position du point P, ce qui t'aidera à tirer des conclusions.

 ZOOM

Dans chaque cas, détermine la modification qui engendre l'aire la plus grande.

a) Quadrupler la base d'un triangle ou quadrupler sa hauteur?

b) Tripler la longueur de la grande diagonale d'un losange ou tripler la longueur de sa petite diagonale?

c) Doubler la grande base d'un trapèze ou doubler sa hauteur?

PROJET
Cette unité t'aidera à réaliser la partie 3 de ton projet.

# Unité 10.3 Des nombres déracinés

## SITUATION-PROBLÈME La gouttière

Francis vient de refaire la couverture de sa maison. Le toit, d'une superficie totale de 156 m², est formé de deux versants carrés dont l'inclinaison permet d'éviter l'accumulation d'eau ou de neige. Pour terminer son travail, Francis doit installer une gouttière à la base de chaque versant.

Au Québec, la couverture de la plupart des maisons dont le toit est pentu est faite de bardeaux d'asphalte. Il existe d'autres revêtements, tels que le bois, l'aluminium, le chaume, la terre cuite, ou encore le cuivre.

Quelle est, au millimètre près, la longueur de chaque gouttière ?

 **ACTIVITÉ ① Les portes de garages**

Les portes de garages industrielles doivent pouvoir accueillir des camions à la fois très larges et très hauts. C'est pourquoi elles sont souvent de forme carrée.

L'entreprise Maxiportes se spécialise dans la construction et l'installation de portes de garages carrées. Pour passer une commande, on doit fournir la mesure d'un côté de la porte ou l'aire de la porte.

> Les portes de garages industrielles sont souvent construites en aluminium et en acier. Elles sont parfois munies de fenêtres décoratives ou utilitaires. Leur vitesse d'ouverture automatique est d'environ 1 m/s.

**a.** Voici quelques portes de garages carrées que l'entreprise doit fabriquer. Dans chaque cas, calcule l'aire de la porte à l'aide de la mesure d'un de ses côtés.

1)

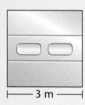

├── 3 m ──┤

2)

├────── 5 m ──────┤

3)

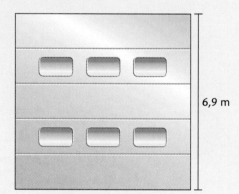

6,9 m

**b.** Voici d'autres portes carrées que l'entreprise doit construire. Dans chaque cas, détermine mentalement la mesure d'un côté de la porte à l'aide de son aire.

1)

4 m²

2)

36 m²

3)

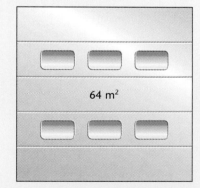

64 m²

**c.** L'entreprise doit construire une porte de garage carrée d'une aire de 30 m². Pour déterminer la mesure d'un côté de cette porte, il faut chercher le nombre positif qui, élevé au carré ou multiplié par lui-même, donne 30.

À l'aide de ta calculatrice, complète le tableau ci-dessous afin de déterminer, au millimètre près, la mesure d'un côté de la porte de garage carrée.

| $c$ : mesure d'un côté (m) | $c^2$ : aire du carré (m²) | Analyse |
|---|---|---|
| 5 | $5^2 = 5 \times 5 = 25$ | 25 < 30, donc $c > 5$ |
| 6 | $6^2 = 6 \times 6 = 36$ | 36 > 30, donc $c < 6$ |
| | | |
| | | |
| | | |

**d.** 1) À l'aide des calculs reproduits sur les écrans de calculatrices ci-dessous, détermine la signification du symbole $\sqrt{\phantom{x}}$.

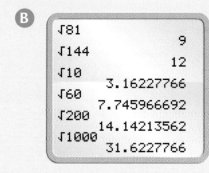

Tu peux utiliser un tableur pour extraire la racine carrée d'un nombre.

2) Après avoir repéré l'emplacement du symbole $\sqrt{\phantom{x}}$ sur ta calculatrice, refais les calculs des écrans **A** et **B**, et vérifie si tes résultats concordent avec ceux présentés.

3) Effectue l'opération $\sqrt{-4}$. Comment expliques-tu le résultat obtenu?

**Quelques modèles de cerfs-volants**

Le cerf-volant serait d'origine orientale et son invention remonterait à quelques siècles avant notre ère. Anciennement, le cerf-volant était souvent utilisé pour transmettre des signaux.

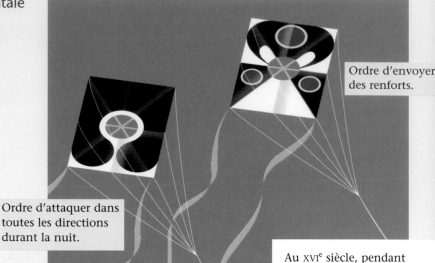

Ordre d'envoyer des renforts.

Ordre d'attaquer dans toutes les directions durant la nuit.

Au XVIe siècle, pendant l'invasion de son pays par les Japonais, le général coréen Chungnugong communiquait des ordres à ses troupes à l'aide de cerfs-volants dont les formes et les couleurs comportaient des messages codés.

De nos jours, on utilise surtout le cerf-volant dans les activités récréatives. La voilure d'un cerf-volant est généralement en nylon ou en polyester et son cadre est constitué de tiges de bois, d'aluminium ou de fibres de carbone.

Dans une boutique de jeux, le modèle Pique-vite existe en trois formats : débutant, intermédiaire et expert. Ce cerf-volant a des ailes symétriques, chacune en forme de trapèze, et son cadre est fait de quelques tiges qui en assurent la solidité.

**a.** Voici quelques dimensions du cerf-volant Pique-vite pour débutant.

Aire du cerf-volant = 39,6 dm²

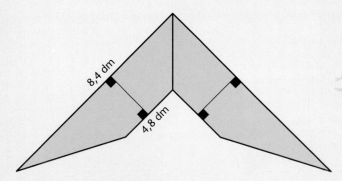

8,4 dm

4,8 dm

1) Quelle est l'aire d'une aile ?

2) Que représente la lettre $n$ dans l'équation suivante ?

$$19,8 = \frac{(8,4 + 4,8) \times n}{2}$$

3) Détermine la valeur de $n$ dans l'équation précédente.

**b.** Voici quelques dimensions du cerf-volant Pique-vite pour intermédiaire.

Aire du cerf-volant = 110 dm²

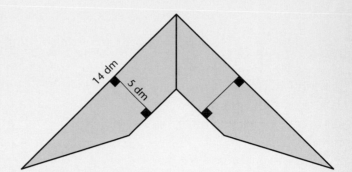

1) Quelle est l'aire d'une aile?

2) Que représente la lettre $n$ dans l'équation suivante?

$$55 = \frac{(14 + n) \times 5}{2}$$

3) Voici une démarche qui permet de déterminer la valeur de $n$. Observe cette démarche et explique comment on peut déduire le nombre associé à chaque partie recouverte.

| | | |
|---|---|---|
| L'équation à résoudre est : | $55 = \dfrac{(14 + n) \times 5}{2}$ | |
| Si l'on recouvre la partie de la division dont on ne connaît pas la valeur… | $55 = \dfrac{(14 + n) \times 5}{2}$ | … on peut déduire qu'elle vaut 110. |
| Si l'on recouvre la partie de la multiplication dont on ne connaît pas la valeur… | $(14 + n) \times 5 = 110$ | … on peut déduire qu'elle vaut 22. |
| Si l'on recouvre la partie de l'addition dont on ne connaît pas la valeur… | $14 + n = 22$ | … on peut déduire qu'elle vaut 8. |
| La solution est donc : | $n = 8$ | |

**c.** Voici quelques dimensions du cerf-volant Pique-vite pour expert. Détermine la mesure manquante.

Aire du cerf-volant = 158,4 dm²

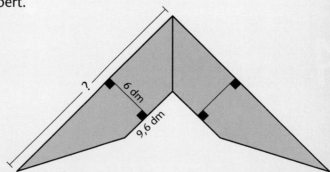

## Racine carrée

L'opération inverse de celle qui consiste à élever un nombre positif au carré est appelée l'**extraction de la racine carrée**. Le symbole de cette opération est $\sqrt{\ }$.

Soit le nombre positif $a$.
Le nombre positif qui, multiplié par lui-même ou élevé au carré, donne $a$ est appelé la **racine carrée** de $a$. La racine carrée de $a$ se note $\sqrt{a}$.

Ex. :

1) La racine carrée de 16, notée $\sqrt{16}$, est 4, car $4 \times 4 = 4^2 = 16$.

2) $\sqrt{17,64} = 4,2$, car $4,2 \times 4,2 = 4,2^2 = 17,64$.

En géométrie, la racine carrée de $a$ correspond à la mesure d'un côté d'un carré dont l'aire est $a$.

Ex. : Cette figure montre que $6 \times 6 = 36$ et que $\sqrt{36} = 6$.

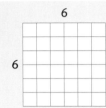

Le symbole $\sqrt{\ }$ est appelé le **radical**, le nombre sous le radical est appelé le **radicande** et le résultat est appelé la **racine carrée**. $\sqrt{a}$ se lit « racine carrée de $a$ » ou « radical $a$ ».

Ex. : L'expression $\sqrt{64} = 8$ se lit :
« La racine carrée de 64 est 8. »
ou
« Radical 64 égale 8. »

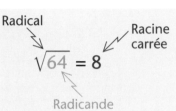

On convient d'appeler l'opposé de la racine carrée de $a$ la racine carrée négative de $a$. La racine carrée négative de $a$ est notée $-\sqrt{a}$.

Ex. : La racine carrée négative de 36, notée $-\sqrt{36}$, est $-6$.

## Résolution d'équations

Certaines équations sont décomposables en différentes parties. Pour résoudre de telles équations, on peut utiliser la méthode du **recouvrement**, qui consiste à recouvrir successivement chaque partie de l'équation afin d'en déduire sa valeur.

| Ex. : Résolution de l'équation $18 - \dfrac{4x}{3} = 10$ par recouvrements successifs. | | |
|---|---|---|
| En recouvrant la partie de la soustraction dont on ne connaît pas la valeur… | $18 - \dfrac{4x}{3} = 10$ | … on peut déduire qu'elle vaut **8**, car $18 - \textbf{8} = 10$. |
| En recouvrant la partie de la division dont on ne connaît pas la valeur… | $\dfrac{4x}{3} = 8$ | … on peut déduire qu'elle vaut **24**, car $\textbf{24} \div 3 = 8$. |
| En recouvrant la partie de la multiplication dont on ne connaît pas la valeur… | $4x = 24$ | … on peut déduire qu'elle vaut **6**, car $4 \times \textbf{6} = 24$. |
| La solution est donc : | $x = 6$ | |
| On valide la solution en substituant **6** à $x$ dans l'équation de départ : $18 - \dfrac{4 \times \textbf{6}}{3} = 10$. | | |

**1.** Dans chaque cas, détermine mentalement le nombre manquant.

a) $13 = 2,5 + \blacksquare$    b) $12 \times \blacksquare = 48$    c) $50 = \blacksquare - 37$    d) $\blacksquare \div 2 = 105$

**2.** Dans chaque cas, vérifie mentalement si 3 est une solution de l'équation.

a) $5w + 2,5 = 13,5$    b) $226 = 75w + 1$    c) $20 - 2,5w = 12,5$    d) $157 = w^2 + 148$

**3.** Dans chaque cas, calcule mentalement la racine carrée.

a) $\sqrt{9}$          b) $\sqrt{100}$          c) $\sqrt{64}$          d) $^-\sqrt{25}$

e) $\sqrt{0,04}$       f) $^-\sqrt{400}$        g) $\sqrt{\dfrac{1}{4}}$        h) $(\sqrt{121})^2$

**4.** Dans chaque cas, détermine mentalement les deux nombres naturels consécutifs entre lesquels la racine carrée se situe.

a) $\sqrt{40}$          b) $\sqrt{5}$          c) $\sqrt{91,3}$          d) $\sqrt{59,314}$

**5.** Un carré de sable est bordé par quatre planches de la même longueur. Détermine la longueur d'une planche si le sable couvre une surface mesurant :

a) $75\ 625\ dm^2$          b) $2,0164\ m^2$          c) $25\ 760,25\ cm^2$

**6.** HISTOIRE Les pythagoriciens et les pythagoriciennes étaient les disciples du célèbre mathématicien grec Pythagore. On leur doit la représentation de nombres à l'aide de points disposés en forme de polygone régulier. Voici la représentation de nombres carrés :

 1     4     9    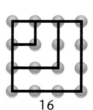 16

Parmi les nombres suivants, indique ceux qui étaient considérés comme des nombres carrés par les pythagoriciens et les pythagoriciennes.

a) 729          b) 2000

c) 3917          d) 662 596

> D'après les pythagoriciens et les pythagoriciennes, qui transmettaient la pensée de Pythagore, le fonctionnement de l'Univers pouvait être expliqué à l'aide de la mathématique et, plus particulièrement, des nombres entiers.

**7.** Dans chaque cas, détermine le radicande.

a) $\sqrt{a} = 13,75$          b) $111 = \sqrt{b}$          c) $^-\sqrt{c} = ^-18$

**8.** Le dallage d'une pièce rectangulaire est constitué de 32 carreaux de $22\ 500\ mm^2$ chacun. Quels sont les périmètres possibles de ce dallage ?

9. Dans chaque cas, détermine le ou les nombres qui satisfont à l'énoncé.

   a) Un nombre multiplié par lui-même donne 870,25.

   b) Un nombre élevé au carré donne 225.

   c) Le produit de deux nombres identiques égale 26,01.

   d) La deuxième puissance d'un nombre est 289.

   e) La racine carré négative de 441.

10. Résous ces équations en laissant les traces de ta démarche.

   a) $41,6a = 707,2$

   b) $47,5 = \dfrac{19a}{2}$

   c) $3 \times (2,24 + a) = 34,2$

   d) $\dfrac{7 \times (a + 50)}{2} = 217$

   e) $3069,16 = a^2$

   f) $a^2 + 1 = 901$

11. Pour chaque polygone, détermine la mesure manquante.

   a) Aire du rectangle = 118 m²

   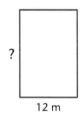

   b) Aire du triangle = 15,4 m²

   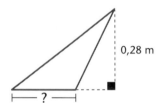

   c) Aire du parallélogramme = 356,4 m²

   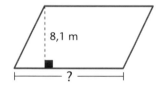

   d) Aire du trapèze = 36,21 m²

   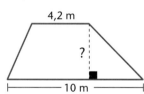

   e) Aire du losange = 1881 m²

   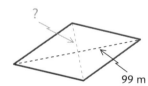

   f) Aire du trapèze = 5,125 m²

   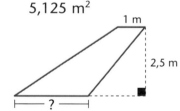

12. a) Complète la table de valeurs ci-dessous.
   Au besoin, arrondis les racines carrées au dixième près.

   **Racine carrée**

   | $n$ | 0 | 1 | 2 | 3 | 4 | 5 | 6 | 7 | 8 | 9 | 10 |
   |---|---|---|---|---|---|---|---|---|---|---|---|
   | $\sqrt{n}$ | | | | | | | | | | | |

   b) Représente les couples de la table de valeurs dans un plan cartésien, en associant $n$ à l'axe des abscisses et $\sqrt{n}$ à l'axe des ordonnées.

   c) Est-ce que $n$ et $\sqrt{n}$ varient dans le même sens ou dans le sens contraire ? Explique ta réponse.

C'est à l'Allemand Christoff Rudolff (1499-1545) que l'on doit l'utilisation du symbole $\sqrt{\phantom{x}}$. Dans un livre écrit en 1525, il utilisa un $r$ minuscule déformé, première lettre du mot latin *radix*, qui signifie «racine», pour symboliser la racine carrée d'un nombre.

**13.** En reliant les sommets d'un cube, on peut créer certaines figures.

a) Dans ce cube dont les arêtes mesurent 24 cm, on a construit un rectangle d'une superficie de 814,6 cm². Quelle est la longueur d'une diagonale d'une face du cube?

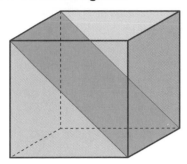

b) Dans ce cube où la diagonale d'une face mesure 60 cm, on a construit un triangle rectangle d'une superficie de 1272,8 cm². Quelle est la longueur d'une arête du cube?

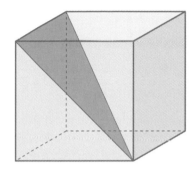

**14.** La racine carrée d'un nombre peut être supérieure au nombre lui-même. Quels sont les nombres ayant cette propriété?

**15.** Détermine le périmètre de chaque polygone.

a) Aire du triangle = 30 u²

b) Aire du parallélogramme = 720 u²

c) Aire du trapèze = 5730 u²

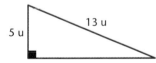

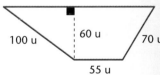

**16.** Les segments AE, BF et CD sont les trois hauteurs du triangle équilatéral ABC.

a) Quelle est l'aire des triangles isométriques ABO, BCO et ACO?

b) Détermine la longueur des segments isométriques OD, OE et OF.

c) Quelle est la longueur des segments isométriques AO, BO et CO?

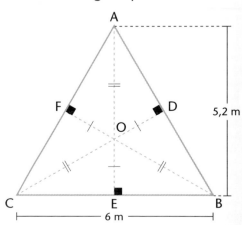

**17.** La figure ci-contre est constituée de trois carrés. La mesure d'un côté du carré ① est égale à la moitié de celle d'un côté du carré ②.

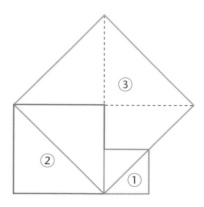

a) Si l'aire du carré ① est 228,01 cm², quelle est la mesure d'un côté du carré ③ ?

b) Si l'aire du carré ③ est 512 cm², quelle est la mesure d'un côté du carré ① ?

**18.** a) À l'aide de la touche [xʸ], [yˣ], [aˣ], [aⁿ] ou [∧] d'une calculatrice, calcule la valeur des expressions suivantes.

1) $4^{0,5}$      2) $25^{0,5}$      3) $100^{0,5}$      4) $20^{0,5}$

b) Que remarques-tu ?

**SP**

**19.** On a encadré une photographie avec un passe-partout formé de quatre triangles rectangles isométriques. La hauteur indiquée sur chaque triangle est de 19 cm et l'aire de chaque triangle est de 855 cm². Quelle est la mesure d'un côté du carré central où se trouve la photographie ?

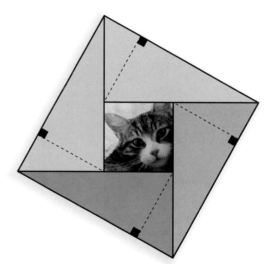

# ZOOM

**❶** Peut-on extraire la racine carrée d'un nombre négatif ? Explique ta réponse.

**❷** Détermine les deux seuls nombres pour lesquels $\sqrt{n} = n$.

**❸** Si $n$ est un nombre positif, alors que vaut l'expression $(\sqrt{n})^2$ ?

**❹** Soit les nombres positifs $a$ et $b$. Dans chaque cas, vérifie à l'aide d'exemples si l'expression est vraie ou fausse.

a) $\sqrt{a} + \sqrt{b} = \sqrt{a + b}$          b) $\sqrt{a} - \sqrt{b} = \sqrt{a - b}$

c) $\sqrt{a} \times \sqrt{b} = \sqrt{a \times b}$          d) $\sqrt{a} \div \sqrt{b} = \sqrt{a \div b}$

# Unité 10.4 Des lettres en action

Cette unité t'aidera à réaliser la partie 3 de ton projet.

**SITUATION-PROBLÈME** **Les boucliers romains**

L'équipement du soldat romain était constitué d'une armure, d'un casque, d'une épée, d'une lance et d'un bouclier rectangulaire. Sur les champs de bataille, les soldats romains se déplaçaient souvent en formation rectangulaire.

Lorsque des flèches étaient tirées dans leur direction, les soldats de la première rangée formaient un mur avec les boucliers, alors que les autres soldats plaçaient leur bouclier au-dessus de leur tête pour former un toit protecteur. Dans cette illustration, chaque bouclier a une largeur de 0,8 m et une longueur de 1,35 m.

En disposant ainsi les boucliers, les soldats formaient une sorte de carapace. Par analogie, on a donc donné le nom de *formation de la tortue* à ce moyen de protection.

**Écris une expression qui représente l'aire du toit de cette formation.**

# Des illustrations algébriques

Al-Khawarizmi (780-850), mathématicien, astronome et géographe arabe, a grandement contribué au développement de l'algèbre. Le mot *algèbre* vient d'ailleurs du mot *al-jabr* apparaissant dans le titre d'un livre que ce savant a écrit vers 830.

Pour déduire certains résultats algébriques, Al-Khawarizmi utilisait régulièrement des représentations géométriques.

**a.** Al-Khawarizmi représentait une variable ou un nombre par un segment d'une certaine longueur. Par exemple, on peut représenter la variable $x$ par ⊢ $x$ ⊣, la variable $y$ par ⊢ $y$ ⊣ et le nombre 1 par ⊢ 1 ⊣.

Al-Khawarizmi représentait une somme en mettant des segments bout à bout. Par exemple, on peut représenter $x + 3y + 4$ comme suit :

Voici des représentations géométriques de quelques sommes.

Écris l'expression réduite qui correspond à la longueur :

1) de ce segment;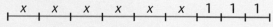

2) du segment qui est 5 fois plus long;

3) du segment qui est 3 fois plus court.

Écris l'expression réduite qui correspond à la longueur :

4) de ce segment;

5) du segment qui est 15 fois plus long;

6) du segment qui est 2 fois plus court.

Écris l'expression réduite qui correspond à la longueur :

7) de ce segment;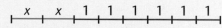

8) du segment qui est 2,5 fois plus long;

9) du segment qui est 4 fois plus court.

**b.** Al-Khawarizmi représentait le produit de deux facteurs par l'aire d'un rectangle.
Par exemple, on peut représenter $3x \times 6y$ par le rectangle suivant.
En déterminant l'aire de chacune des parties du rectangle, on peut déduire
que $3x \times 6y = 18xy$.

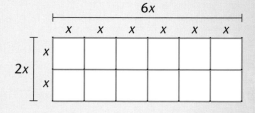

Voici des représentations géométriques de quelques produits.

Après avoir déterminé l'aire de chacune
des parties du rectangle ci-contre, écris
l'expression réduite qui correspond à
l'aire :

1) de ce rectangle;

2) du rectangle qui a une aire 5 fois plus grande;

3) du rectangle qui a une aire 3 fois plus petite.

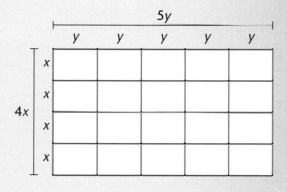

Après avoir déterminé l'aire de chacune
des parties du rectangle ci-contre, écris
l'expression réduite qui correspond à
l'aire :

4) de ce rectangle;

5) du rectangle qui a une aire 4 fois plus grande;

6) du rectangle qui a une aire 10 fois plus petite.

Après avoir déterminé l'aire de chacune
des parties du rectangle ci-contre, écris
l'expression réduite qui correspond à
l'aire :

7) de ce rectangle;

8) du rectangle qui a une aire 3,5 fois plus grande;

9) du rectangle qui a une aire 8 fois plus petite.

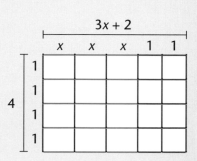

### Monôme et degré d'un monôme

Un monôme est une expression algébrique formée d'**un seul terme.**

Exemples de monômes : $4$ $-x$ $5x$ $16x^2$ $-4xy$

On peut caractériser un monôme par son degré. Le degré d'un monôme correspond à la **somme des exposants des variables** qui le composent.

Ex. : 1) Le degré du monôme 5, qui peut aussi s'écrire $5x^0$, est 0.

2) Le degré du monôme $-2a$, qui peut aussi s'écrire $-2a^1$, est 1.

3) Le degré du monôme $9xy$, qui peut aussi s'écrire $9x^1y^1$, est 2.

4) Le degré du monôme $-17n^2$ est 2.

### Réduction d'une expression algébrique : multiplication et division

On exprime généralement un produit ou un quotient sous sa forme réduite, c'est-à-dire à l'aide d'une expression algébrique dans laquelle toutes les opérations possibles ont été effectuées.

En utilisant les propriétés de la multiplication, on peut réduire l'expression algébrique correspondant à un produit.

Ex. :

1) $5a \times 6 = 5 \times 6 \times a = 30a$ (commutativité)

2) $2a \times 10a = 2 \times 10 \times a \times a = 20a^2$ (commutativité)

3) $-7a \times 3,5b = -7 \times 3,5 \times a \times b = -24,5ab$ (commutativité)

4) $3(4n + 25) = 3 \times 4n + 3 \times 25 = 12n + 75$ (distributivité de la multiplication sur l'addition)

5) $1,5(n - 40) = 1,5 \times n - 1,5 \times 40 = 1,5n - 60$ (distributivité de la multiplication sur la soustraction)

> Pour exprimer le produit d'un facteur par une expression algébrique comprise entre parenthèses, on convient d'éliminer le symbole de multiplication. Ex. : $4 \times (3n - 1)$ s'écrit $4(3n - 1)$.

En utilisant les propriétés des fractions, on peut réduire l'expression algébrique correspondant à un quotient.

Ex. :

1) $20a \div 5 = \frac{20a}{5} = 4a$

2) $-45b \div 3 = \frac{-45b}{3} = -15b$

3) $56a^2 \div 7 = \frac{56a^2}{7} = 8a^2$

4) $13ab \div 4 = \frac{13ab}{4} = 3,25ab$

5) $(8n + 12) \div 4 = \frac{8n + 12}{4} = \frac{8n}{4} + \frac{12}{4} = 2n + 3$

6) $(20s - 50) \div 8 = \frac{20s - 50}{8} = \frac{20s}{8} - \frac{50}{8} = 2,5s - 6,25$

Il est préférable d'exprimer un quotient sous la forme d'une fraction irréductible plutôt qu'à l'aide d'un nombre arrondi.

Ex. :

1) Il est préférable d'écrire $6a \div 14 = \frac{3a}{7}$ plutôt que $6a \div 14 \approx 0,43a$.

2) Il est préférable d'écrire $46n \div 30 = \frac{23n}{15}$ plutôt que $46n \div 30 \approx 1,53n$.

1. Dans chaque cas, détermine mentalement le résultat.

   a) $4 \times 11n$

   b) $7n \times 5n$

   c) $^-9n \times 9$

   d) $^-100n \div 20$

   e) $16n^2 \div 2$

   f) $6n \div 10$

2. Voici quatre monômes : $7x^2$   $^-3,2xy$   $6y$   $54,3$

   a) Quel est le degré du monôme ayant deux variables?

   b) Quel est le monôme de degré 1?

   c) Quel est le degré du monôme qui correspond à un terme constant?

   d) Écris un monôme de degré 3 ayant une seule variable.

3. Dans chaque cas, détermine l'aire du polygone si l'on double la mesure de tous les côtés.

   a)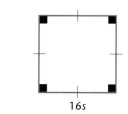

   b)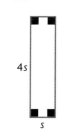

   c)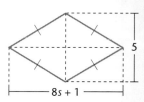

   d)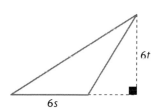

   e)

   f)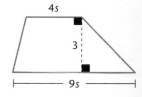

4. Un rectangle a une base mesurant 5 dm de plus que sa hauteur. Écris une expression qui représente :

   a) son périmètre;

   b) son aire.

5. **CROIX-ROUGE** En 1859, une terrible bataille eut lieu dans le nord de l'Italie. Henri Dunant (1828-1910), citoyen suisse, porta secours aux soldats blessés des deux camps. En 1863, il fonda la Croix-Rouge en ayant pour objectifs de prévenir et d'apaiser toutes les souffrances.

   Une entreprise doit construire un monument en forme de croix, tel qu'illustré ci-contre. Détermine l'aire de l'ensemble des faces de ce monument si toutes les arêtes mesurent $a$ dm.

C'est en 1901 que le prix Nobel de la paix fut décerné pour la première fois. Les deux lauréats furent le fondateur de la Croix-Rouge, Henri Dunant, et Frédéric Passy, un pacifiste français.

**6.** Réduis les expressions algébriques suivantes.

a) $12 \times 4a \times 7$

b) $-2a \times 10 \times 6a \times 0,5$

c) $4a \times 15b \div 20$

d) $3(22 - 5a) + 1$

e) $-a \times 0,6 \times 80b$

f) $(24a + 18) \div 3$

**7.** D'après les dimensions indiquées, détermine algébriquement si la croix blanche du drapeau du Québec, qu'on appelle aussi le *fleurdelisé*, occupe plus de la moitié de la surface totale du drapeau.

Elphège Filiatrault, curé du village de Saint-Jude, près de Saint-Hyacinthe, a confectionné en 1902 ce drapeau nommé *Carillon Sacré-Cœur*. Ce drapeau est l'ancêtre du drapeau actuel du Québec. C'est en 1948 que le fleurdelisé devient le drapeau officiel du Québec.

**8.** Pour chaque polygone, détermine la mesure manquante.

a) Aire du parallélogramme = $84x^2$

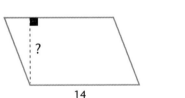

b) Aire du triangle = $50,25x$

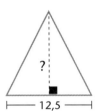

c) Aire du rectangle = $27x + 6$

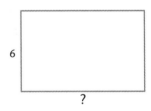

d) Aire du trapèze = $245x^2$

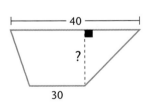

e) Aire du losange = $49x - 14$

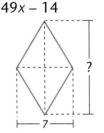

f) Aire du carré = $169x^2$

**9.** La mesure d'un côté du carré A est de $5x$.

a) Quel est le périmètre du carré dont la mesure d'un côté est 12,5 fois celle d'un côté du carré A?

b) Quelle est l'aire du carré dont la mesure d'un côté est la moitié de celle d'un côté du carré A?

c) Quel est le périmètre du carré dont l'aire est 9 fois celle du carré A?

d) Quel est le périmètre du carré dont la mesure d'un côté est $2b$ fois celle d'un côté du carré A?

**10.** Dans chaque cas, détermine l'aire de la partie colorée.

a)

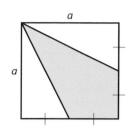

b)

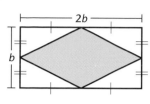

c)

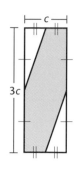

**11.** Démontre algébriquement chacun des énoncés suivants.

a) La mesure d'un côté d'un carré est *c*. Si l'on double cette mesure, l'aire du carré sera 4 fois plus grande.

b) La mesure de la base d'un rectangle est *b* et celle de sa hauteur est *h*. Si l'on double la mesure de sa base et que l'on triple celle de sa hauteur, l'aire du rectangle sera 6 fois plus grande.

c) La mesure de la grande diagonale d'un losange est *D* et celle de la petite diagonale est *d*. Si l'on triple la mesure de la grande diagonale et que l'on quadruple celle de la petite, l'aire du losange sera 12 fois plus élevée.

**12.** Les mesures des voiles de ce bateau sont données en mètres.

a) Quelle expression algébrique correspond à l'aire totale de la voilure?

b) Quelle est l'aire totale de la voilure si $a = 1,4$ m?

c) Si l'aire totale de la voilure est de 22,35 m², que vaut *a*?

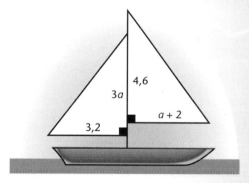

**13.** Soit *d*, la mesure d'une diagonale d'un carré. Écris une formule qui permet de calculer l'aire d'un carré d'après la mesure d'une de ses diagonales. Fais un dessin pour appuyer ta démarche et montre la validité de ta formule à l'aide de quelques exemples.

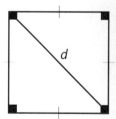

① Trois termes sont semblables. Que peux-tu dire du degré de ces termes?

② Si deux monômes ont le même degré, peut-on nécessairement les additionner? Explique ta réponse.

# Société des maths

## Des calculs algébriques avec des mots

Il y a environ 4000 ans, les scientifiques de l'Égypte, de la Mésopotamie et de l'Inde utilisaient l'algèbre pour résoudre des problèmes pratiques concernant :

- la superficie d'un champ ;
- la distribution de la nourriture à une armée ;
- la prédiction d'une éclipse de Soleil ;
- le débit d'un ruisseau.

On formulait alors en mots usuels les problèmes et les démarches de résolution. Sans même utiliser aucun symbole propre à l'algèbre, les mathématiciens et mathématiciennes de cette époque pouvaient résoudre des équations comportant des termes de degrés 1, 2 et 3.

### Al-Khawarizmi (780-850)

Al-Khawarizmi a écrit plusieurs ouvrages mathématiques et a grandement influencé l'évolution de l'algèbre : il est à l'origine du mot arabe *al-jabr*, devenu « algèbre », et de la notion d'équation. Il désignait une quantité inconnue par un symbole qu'il utilisait dans des opérations. Il a étudié des équations comportant des termes de degrés 0, 1 et 2. Il a souvent utilisé un support géométrique pour expliquer ses résultats algébriques.

Le papyrus de Rhind.

## La méthode de fausse position

Pour résoudre certaines équations, on a longtemps utilisé la méthode de « fausse position », apparue il y a près de 4000 ans. Elle était utilisée en Égypte ancienne, en Chine et en Inde. On trouve également l'attestation de cette méthode dans le papyrus de Rhind.

En utilisant la notation algébrique moderne, voici comment procéder pour résoudre l'équation $2x - \dfrac{x}{2} + \dfrac{x}{3} = 396$ à l'aide de la méthode de fausse position.

1) **Effectuer un test**

   Évaluer le membre de l'équation comportant la ou les variables, en attribuant à $x$ une valeur strictement positive et, de préférence, de manière à simplifier les calculs.

   À cette époque, les nombres négatifs n'étaient pas encore admis.

   - Si $x = 6$, on a $2 \times 6 - \dfrac{6}{2} + \dfrac{6}{3} = 12 - 3 + 2 = 11$

2) **Déduire la solution**

   En substituant 6 à $x$ dans l'équation, on a obtenu 11, ce qui correspond à un résultat 36 fois plus petit que celui attendu, car $396 \div 11 = 36$. On en déduit que la solution est donc 36 fois plus grande que la valeur de $x$ testée : $36 \times 6 = 216$.

3) **Valider la solution**

   - Si $x = 216$, on a $2 \times 216 - \dfrac{216}{2} + \dfrac{216}{3} = 432 - 108 + 72 = 396$, ce qui correspond au résultat recherché. La solution est donc $x = 216$.

# Histoire de l'algèbre

## François Viète (1540-1603)

Plusieurs considèrent François Viète comme le père de l'algèbre moderne. En 1591, il publia un ouvrage traitant de symboles algébriques. Viète est reconnu pour avoir proposé des règles d'écriture algébrique qui seront par la suite adoptées et popularisées par Descartes. Il relevait souvent des défis mathématiques, par exemple la résolution d'une équation comprenant un terme de degré 45 !

## L'écriture algébrique

À une certaine époque, l'utilisation d'une écriture algébrique simple, efficace et uniforme devient importante pour que l'algèbre puisse progresser. Les événements suivants ont contribué à l'évolution de l'algèbre.

- Avec l'Allemand Michael Stifel (1486-1567), le symbole d'addition « + » remplace la lettre P (plus) et le symbole de soustraction « − » remplace la lettre M (moins).

- Le Gallois Robert Recorde (1510-1558) utilise le symbole « = » pour indiquer une égalité.

- Le Français François Viète (1540-1603) introduit des lettres dans les calculs : des consonnes pour les quantités connues et des voyelles pour les quantités inconnues.

- Inspiré par Viète, le Français René Descartes (1596-1650) utilise des lettres telles que $x$, $y$ et $z$ pour représenter des inconnues dans la résolution d'équations. De plus, il emploie des exposants pour exprimer des puissances s'appliquant à des inconnues : par exemple, $y^3$ plutôt que $yyy$. La notation algébrique actuelle provient principalement de Descartes.

L'avènement de ces notations et de ces conventions a permis de passer d'une écriture telle que 144PYYM7Y *aequalis* 42P12YYYM2Y, où Y est l'inconnue, à son équivalent moderne :
$144 + Y^2 − 7Y = 42 + 12Y^3 − 2Y$.

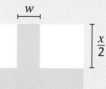

## Le rôle de l'éleveur ou de l'éleveuse de bovins

L'éleveur ou l'éleveuse de bovins doit prendre soin de son bétail, qui peut souvent compter plusieurs centaines d'animaux. Prendre soin des animaux veut dire les nourrir, les surveiller et s'assurer qu'ils sont en bonne santé. Il ou elle doit même parfois s'improviser vétérinaire lorsqu'une situation imprévue et urgente se manifeste, comme une maladie, une blessure ou même la naissance d'un veau.

L'espèce bovine comprend le taureau, le bœuf, la vache et le veau. Le taureau est le mâle reproducteur alors que le bœuf est un mâle non reproducteur, la vache est la femelle et le veau est le petit de la vache.

Starbuck est un taureau québécois qui a une réputation internationale.

## Les produits de l'élevage

En plus du lait et de la viande, l'élevage de bovins produit aussi le cuir servant à la fabrication de vêtements (tels les manteaux, les pantalons, les chaussures et les gants), de meubles et de divers articles (tels les valises et les portefeuilles).

Les revenus de l'élevage de bovins proviennent de la vente des bêtes dans un marché aux enchères. Le prix est calculé au kilogramme et peut varier selon la qualité de l'animal et son âge.

## La mathématique au service de l'élevage

L'éleveur ou l'éleveuse de bovins doit produire suffisamment d'herbe et de céréales pour son troupeau, sans quoi il lui faudra acheter de la nourriture supplémentaire. C'est pourquoi, dans l'aménagement de la ferme, il faut tenir compte de la surface consacrée à la production de nourriture. Voici un exemple d'aménagement d'une terre rectangulaire où l'on fait pousser divers végétaux pour nourrir les bovins.

L'unité d'aire utilisée en agriculture est l'hectare (ha). Un hectare équivaut à un hectomètre carré (hm²).

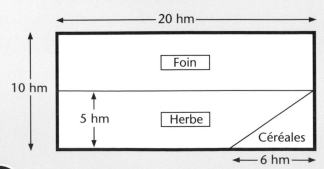

Les bovins sont des herbivores qui ont besoin d'une alimentation variée. En moyenne, pour nourrir pendant un an un troupeau de 200 bovins, il faut 100 ha de foin, 85 ha d'herbe et 10 ha de céréales.

Il faut également prévoir la quantité d'eau à fournir aux bêtes selon leur masse. En moyenne, il faut quotidiennement 4 L d'eau potable par 50 kg de bétail.

## Les dimensions de l'abri et des stalles

En été, dans les champs, il faut prévoir un abri pour éviter que le bétail souffre de la chaleur. Les dimensions du toit de cet abri sont basées sur la taille des bêtes et celle du troupeau. Un veau a besoin de 0,7 à 1,2 m² d'ombre, alors que le bovin adulte a besoin de 1,2 à 8,2 m².

Dans une étable, les stalles (compartiments individuels rectangulaires) doivent également respecter certaines normes liées à la masse des bêtes.

### La stalle d'un bovin

| Masse de l'animal (kg) | Dimensions de la stalle | |
|---|---|---|
| | Largeur (cm) | Longueur (cm) |
| 100 | 70 | 120 |
| 200 | 80 | 140 |
| 300 | 90 | 165 |
| 400 | 100 | 210 |
| 500 | 110 | 225 |
| 600 | 120 | 225 |

## À TOI DE JOUER

**1** Réfère-toi à l'illustration de l'aménagement d'une terre. Peut-on nourrir un troupeau de 200 bovins pendant un an avec les produits de cette terre? Justifie ta réponse.

**2** Quelle est la quantité d'eau qu'un troupeau de 217 bovins consomme quotidiennement si la masse moyenne d'une bête de ce troupeau est de 428,5 kg?

**3** Pour déterminer la consommation quotidienne d'eau d'un veau, un éleveur utilise la règle $q = 0,06m + 2$, où $q$ est la quantité d'eau (L) et $m$ est la masse du veau (kg). À l'aide de cette règle :

a) calcule la quantité d'eau consommée par un veau de 72,3 kg en une journée;

b) déduis la masse d'un veau qui consomme 10,4 L d'eau en une journée.

**4** Un troupeau de bovins est constitué de 97 veaux et de 120 bêtes adultes. Pour protéger ses bêtes, une éleveuse désire construire un abri à toiture carrée. Quelle est la mesure minimale que doit avoir le côté de la toiture pour que la construction puisse abriter toutes les bêtes?

**5** Pour des bovins n'excédant pas 600 kg, peut-on affirmer qu'une bête ayant une masse deux fois plus élevée qu'une autre a besoin d'une stalle ayant une superficie deux fois plus grande? Explique ta réponse.

## À TOI DE CHERCHER

**6** Combien de litres de lait une vache peut-elle produire annuellement?

**1.** On applique un vernis sur deux terrasses en bois pour les protéger contre les intempéries. Il en coûte 3,75 $ de vernis pour recouvrir 1 m². Dans chaque cas, en tenant compte de l'échelle du plan, détermine combien il en coûtera pour appliquer une couche de vernis sur toute la terrasse.

a)

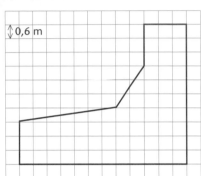

b)

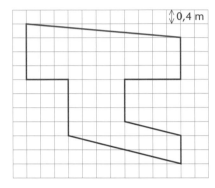

**2.** La Société de protection des forêts contre le feu (SOPFEU) effectue régulièrement des patrouilles aériennes pour détecter les incendies dans les régions forestières du territoire québécois. Pour survoler la région illustrée ci-dessous, un avion emprunte un couloir aérien reliant La Tuque à un village situé entre Maniwaki et Roberval. L'aire de cette région triangulaire est de 15 725 km². Quelle est la distance entre La Tuque et ce village?

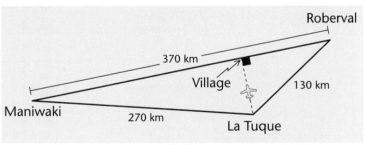

**3.** Le constructeur d'un immeuble en copropriété doit fournir des espaces de rangement à chacun des acheteurs et acheteuses. Voici une section comportant trois espaces de rangement. La répartition de l'espace est-elle équitable pour les trois copropriétaires? Explique ta réponse.

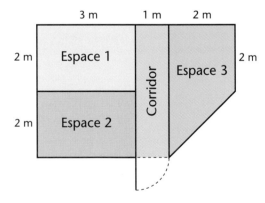

**4.** Au cours d'un tournoi provincial de hockey, les entreprises ont la possibilité d'afficher leur logo sur la bande de la patinoire au coût de 15 $/m². Sportmax désire afficher son logo, illustré ci-contre. Combien cela coûtera-t-il à l'entreprise?

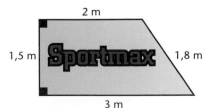

5. **ÉCHECS** Le jeu d'échecs serait apparu en Inde dans les années 500. Ce jeu se pratique sur un échiquier comportant des cases carrées sur lesquelles on déplace les pièces.

a) Quelle est l'aire de l'échiquier si :

    1) l'aire d'une case est de 2,25 cm² ?

    2) chaque côté d'une case mesure $a$ cm ?

b) Un échiquier mesure 70 cm de côté. Quelle est l'aire de l'ensemble des cases foncées inoccupées sur le plateau de jeu au début d'une partie ?

Position des pièces sur un échiquier au début d'une partie.

c) Quelle est la mesure d'un côté d'une case si l'aire de l'échiquier est de 615,04 cm² ?

6. **AVIATION** Dans un aéroport, l'une des pistes a une longueur de 2,25 km et une largeur de 20 m.

a) Quelle est l'aire de cette piste ?

b) Sur cette piste, 4 % de la surface est recouverte de bandes blanches qui servent de points de repère aux pilotes. Quelle est l'aire de l'ensemble des bandes blanches ?

Les avions ont besoin d'une piste plus longue pour décoller que pour atterrir.

7. La fenêtre ci-dessous a la forme d'un octogone régulier. Quelle est l'aire du cadre autour de la vitre ?

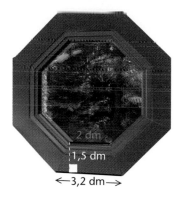

2 dm
1,5 dm
←3,2 dm→

8. **APPAREIL PHOTO NUMÉRIQUE** La résolution d'une photo numérique se calcule en pixels (px) par unité carrée. Plus la résolution d'une photo est élevée, plus elle est nette. Parmi les trois photos décrites ci-dessous, laquelle a la meilleure résolution ? Explique ta réponse.

Exemple d'une même photo comportant 1024 px et imprimée en deux formats d'agrandissement.

**A**

Photo comportant 768 lignes de 1024 px chacune développée dans un format rectangulaire de 12 cm sur 8 cm.

**B**

Photo comportant 1200 lignes de 1600 px chacune développée dans un format rectangulaire de 15 cm sur 10 cm.

**C**

Photo comportant 1536 lignes de 2048 px chacune développée dans un format rectangulaire de 30 cm sur 20 cm.

9. On a représenté les trois premiers motifs d'une suite avec des allumettes d'une longueur de 4,2 cm chacune.

   a) Dessine le motif suivant.

   b) Complète la table de valeurs ci-dessous.

   **Suite de motifs**

   | Rang du motif | 1 | 2 | 3 | 4 |
   |---|---|---|---|---|
   | Nombre de carrés | | | | |
   | Aire du motif (cm²) | | | | |

   c) Pour déterminer l'aire *a* du motif de rang *n* de cette suite, Marc utilise la règle $a = 17{,}64(2n - 1)$, alors que Jeanne utilise la règle $a = 35{,}28n - 17{,}64$. Démontre que ces deux règles sont équivalentes.

10. On agrandit une salle de spectacle en y ajoutant deux sections ayant le même nombre *n* de rangées derrière la section déjà existante. Toutes les rangées comptent 36 sièges. Combien de rangées doit-on ajouter dans chacune des nouvelles sections pour quadrupler la capacité de cette salle de spectacle?

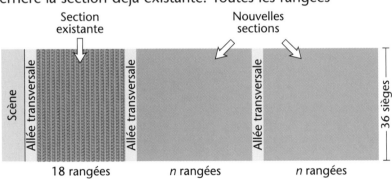

11. PLACE-VILLE-MARIE  La Place-Ville-Marie est l'un des plus hauts immeubles du Québec. Éric sait que la partie en forme de croix s'élève sur 180 m, mais il ne connaît pas les autres dimensions de l'immeuble. Voici une représentation aérienne de l'immeuble.

    Quelle expression algébrique correspond :

    a) au périmètre du toit?

    b) à l'aire du toit?

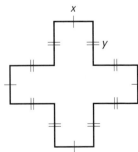

La Place-Ville-Marie, à Montréal, a été construite entre 1959 et 1962.

12. **MATHÉMATIQUE** Dans le premier volume d'un ouvrage intitulé *Éléments*, le mathématicien grec Euclide démontra la relation suivante :

> *Les carrés construits sur les côtés d'un triangle rectangle sont tels que l'aire du plus grand carré est égale à la somme des aires des deux autres carrés.*

a) En utilisant cette relation, détermine la mesure manquante dans chacun des triangles rectangles ci-dessous.

1)
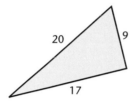

2)
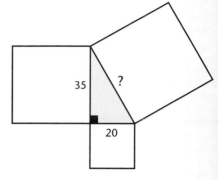

b) Les triangles ci-dessous sont-ils rectangles ? Explique ta réponse.

1)

2)

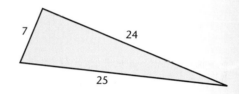

13. Voici la représentation aérienne d'une ferme où l'on cultive trois sortes de céréales. À l'aide d'une règle graduée en millimètres, détermine le pourcentage de la surface de la ferme que chaque sorte de céréale occupe.

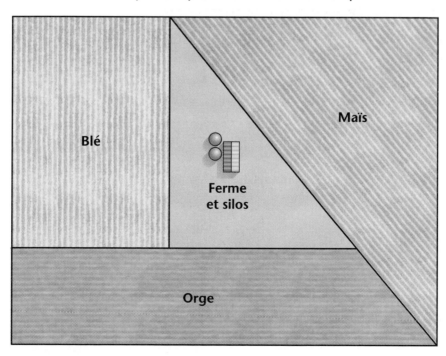

**14. FORMULE DE PICK** Georg Alexander Pick (1859 – v. 1943) est un mathématicien autrichien qui a conçu une formule pour calculer l'aire d'un polygone tracé sur un plan quadrillé : $A = B \div 2 + I - 1$, où $A$ est l'aire du polygone, $B$ est le nombre de points d'intersection du quadrillage et de la ligne polygonale, et $I$ est le nombre de points d'intersection à l'intérieur du polygone. À l'aide de la formule de Pick, détermine l'aire des polygones ci-dessous.

a)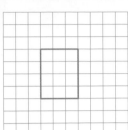

b)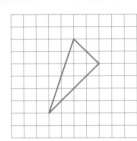

c)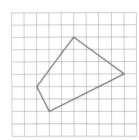

**15.** Un artiste peintre exécute une série de tableaux sur le thème de la lumière. Chaque tableau est peint sur une toile rectangulaire dont la longueur est le double de la largeur. Le cadre, d'une largeur de 3 cm, est recouvert d'une feuille d'or dont le coût est de 0,90 \$/cm². Écris une formule pour calculer le coût du recouvrement de l'encadrement avec la feuille d'or selon la largeur $x$ de la toile.

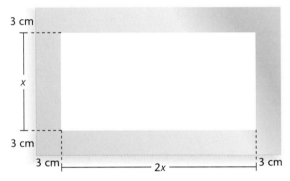

**16.** Un centre commercial vient d'ouvrir. Le parc de stationnement asphalté est rectangulaire. Chaque emplacement individuel doit avoir la même aire et doit permettre à la plupart des véhicules, qui ont généralement une longueur de 3 m et une largeur de 2 m, de s'y stationner. Le parc de stationnement sera traversé par une voie à sens unique, dont la largeur doit être d'au moins 5 m. Les véhicules devront entrer par un côté et sortir par l'autre. Complète le plan ci-dessous en délimitant les emplacements individuels de façon à optimiser l'espace disponible.

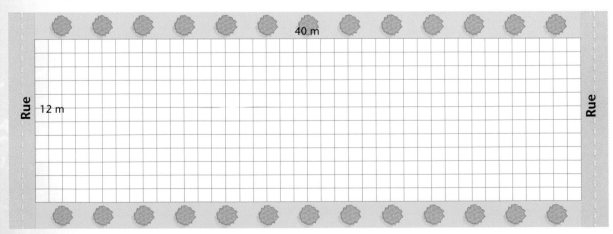

# Panorama 11

# Des rapports aux figures semblables

Comment compare-t-on les prix d'un même produit vendu dans des formats différents ? Comment détermine-t-on la distance réelle entre deux villes sur une carte routière ? Comment dessine-t-on le plan d'un salon en respectant les dimensions réelles des objets ? Dans toutes ces situations, on utilise des rapports, des taux et des proportions. Mais qu'est-ce qu'une proportion ? Comment reconnaît-on une situation de proportionnalité ? Dans ce panorama, tu apprendras à utiliser des rapports, des taux et des proportions, tant en arithmétique qu'en géométrie, afin de comparer, de mesurer et de représenter divers éléments.

## PROJET

> Des plans à l'échelle

## Société des maths

> Histoire des proportions

## À qui ça sert

> Coureur ou coureuse cycliste

# Des plans à l'échelle

## Présentation

La direction de ton école planifie de nouvelles installations pour favoriser l'activité physique chez les élèves. On compte agrandir l'école et construire un centre multisport qui comprendrait quelques terrains de jeux, une remise pour le matériel et deux vestiaires.

### Mandat général proposé

Tu devras réaliser les plans à l'échelle de ton école et du nouveau centre multisport. Ton travail permettra à la direction de bien planifier l'aménagement des nouvelles installations. Tu devras également évaluer certains coûts liés au projet. Ton dossier comprendra trois parties.

■ **Partie 1** : Le plan de ton école.

■ **Partie 2** : Le plan du centre multisport.

■ **Partie 3** : Le coût du revêtement de sol.

## Mise en train

1. Quels sports pratiques-tu ?

2. Quelles installations sportives trouve-t-on déjà à ton école ?

3. Qu'est-ce qu'un dessin ou un plan à l'échelle ?

4. As-tu déjà consulté des plans ou des cartes à l'échelle ? Si oui, de quoi s'agissait-il ?

5. Tu ouvres un atlas et tu lis, au bas d'une carte, « 1 : 300 ». Que signifie cette indication ?

**PROJET** Conserve les réponses à ces questions. Elles t'aideront à réaliser les autres parties de ce projet.

## Partie 1 : Le plan de ton école

Avant de faire le plan détaillé du nouveau centre multisport, tu dois d'abord en déterminer l'emplacement. L'aménagement actuel de ton école et l'espace disponible tout autour sont des éléments qui influeront sur le choix de l'emplacement.

### Mandat proposé

**Reproduire à l'échelle le plan en vue aérienne de ton école et de son terrain.**

Ton plan doit comprendre les éléments suivants :

- le pourtour de chaque bâtiment et du terrain de l'école ;

- les dimensions réelles de ces derniers ;

- l'indication sur le plan de l'endroit où tu proposes de construire le nouveau centre multisport ;

- l'échelle du plan.

### Pistes d'exploration...

- As-tu fait une reconnaissance des lieux : bâtiments, terrain, emplacement du futur centre multisport ?

- As-tu dessiné le croquis des bâtiments et du terrain avant de réaliser ton plan ?

- Comment as-tu évalué les dimensions des bâtiments et du terrain ? Quels instruments de mesure as-tu utilisés ?

- As-tu vérifié si l'emplacement prévu pour le centre multisport est suffisamment grand ?

- Si le terrain de l'école est trop petit pour accueillir une nouvelle construction, as-tu déterminé la partie d'un bâtiment suffisamment grande pour y ajouter un étage ?

**PROJET**
Au besoin, consulte les unités 11.1, 11.4 et 11.5, qui traitent des rapports et des figures semblables.

Tu peux utiliser un logiciel de dessin pour réaliser ton plan.

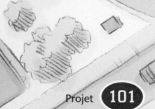

Maintenant que tu as déterminé l'emplacement du centre multisport, tu peux en dessiner le plan. En plus des terrains de jeux, le centre doit comprendre une remise pour le matériel et deux vestiaires, l'un pour les filles et l'autre pour les garçons.

## Mandat proposé

**Dessiner à l'échelle le plan en vue aérienne du nouveau centre multisport.**

Ton plan doit comprendre les éléments suivants :

- un terrain de soccer aux dimensions réduites mais proportionnelles aux dimensions officielles;

- un terrain de badminton et un terrain de volley-ball aux dimensions officielles;

- une remise et deux vestiaires;

- l'indication des principaux éléments du centre;

- l'emplacement des portes;

- les dimensions réelles de chaque partie du centre;

- l'échelle du plan.

### PISTES D'EXPLORATION...

- ■ As-tu fait un croquis du centre multisport avant de réaliser ton plan?

- ■ As-tu consulté différentes sources pour déterminer les dimensions des terrains de jeux? de la remise? des vestiaires?

- ■ L'espace qui sépare les terrains de jeux et les murs est-il sécuritaire?

- ■ Les dimensions du centre multisport respectent-elles l'emplacement initial prévu sur le plan de l'école?

PROJET
Au besoin, consulte les unités 11.3, 11.4 et 11.5, qui traitent des proportions et des figures semblables.

Tu peux utiliser un logiciel de dessin pour réaliser ton plan.

Le sol du centre multisport, y compris la remise, est recouvert d'un plancher en bois verni et antidérapant. Les terrains de soccer, de badminton et de volley-ball sont délimités par des bandes colorées d'une largeur de 5 cm. Le sol des deux vestiaires est recouvert de carreaux.

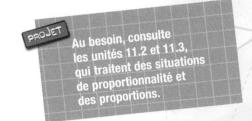

PROJET

Au besoin, consulte les unités 11.2 et 11.3, qui traitent des situations de proportionnalité et des proportions.

### Mandat proposé

**D'après les informations ci-contre, tu devras calculer les coûts :**

- du recouvrement en bois verni du sol du centre, y compris la remise ;

- des bandes colorées qui délimitent les trois terrains de jeux ;

- des carreaux qui couvrent le sol des deux vestiaires.

### PISTES D'EXPLORATION...

■ As-tu déterminé si le coût de chacun des matériaux est proportionnel à la quantité utilisée ?

■ As-tu utilisé ton plan du centre multisport pour déterminer certaines mesures ?

**Bande colorée de 5 cm de largeur**

| Longueur (m) | 5 | 30 | 110 |
|---|---|---|---|
| Coût ($) | 4,40 | 26,40 | 96,80 |

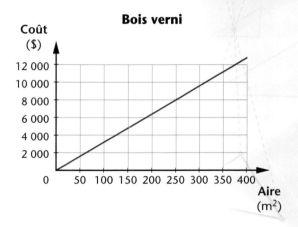

**Bois verni**

**Carreaux de 25 cm sur 25 cm**

| Nombre | 40 | 205 | 520 |
|---|---|---|---|
| Coût ($) | 48 | 246 | 624 |

Tu peux utiliser un tableur pour organiser les données et calculer le coût des matériaux.

## Bilan du projet : Des plans à l'échelle

Prépare un dossier dans lequel tu présenteras :

- ton plan des bâtiments et du terrain de ton école ainsi que de l'emplacement du nouveau centre multisport ;

- ton plan du centre multisport ;

- les coûts du revêtement de sol du centre multisport, y compris ceux de la remise et des vestiaires.

# Unité  11.1 Comparer pour décider

PROJET
Cette unité t'aidera à réaliser la partie 1 de ton projet.

## SITUATION-PROBLÈME  Les trains à grande vitesse

Des gens d'affaires veulent réaliser un projet ambitieux : relier Montréal et New York par un service ferroviaire quotidien de train à grande vitesse. Ainsi, une personne habitant à Montréal pourrait travailler à New York, et vice versa, malgré les 600 km qui séparent les deux métropoles ! Voici quatre catégories de trains à grande vitesse que le comité responsable du projet considère pour effectuer cette liaison.

Le *Transrapid* est un train à propulsion magnétique qui peut atteindre une vitesse de 500 km/h.

**Tableau comparatif des technologies ferroviaires**

| Caractéristique | Technologie | | | |
|---|---|---|---|---|
| | Express | Turbotrain | Rapido | Supertrain |
| Mode de propulsion | Électrique | Diesel | Magnétique | Diesel électrique |
| Vitesse de pointe | 400 km/h | 5 km/min | 500 km/h | 100 m/s |
| Nombre de wagons | 8 | 10 | 6 | 6 |
| Nombre de places | 60/wagon | 500 | 300/4 wagons | 100/wagon |
| Coût d'une locomotive | 15 000 000 $ | 10 000 000 $ | 25 000 000 $ | 12 000 000 $ |
| Durée de vie d'une locomotive | 20 ans | 20 ans | 25 ans | 20 ans |
| Coût des infrastructures | 10 000 $/m | 2 500 000 $/km | 25 000 000 $/km | 2 G$ |

**Lequel de ces trains à grande vitesse le comité devrait-il choisir ?**

# Les rapports entre les différentes parties de ton corps

L'artiste et ingénieur italien Léonard de Vinci (1452-1519) a proposé des règles pour peindre ou sculpter des personnages le plus près possible de la réalité. Ces règles établissent des liens entre les dimensions de certaines parties ou sections du corps humain.

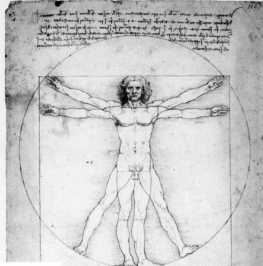

L'*Homme de Vitruve*, dessiné par Léonard de Vinci, montre un homme aux bras ouverts, inscrit à la fois dans un carré et dans un cercle. Le carré permet de constater que l'amplitude des bras correspond à la taille de l'humain. Le nombril est situé au centre du cercle.

Voici quelques-unes de ces règles :

**1** Le rapport $\dfrac{\text{taille}}{\text{distance des pieds au nombril}}$ est 8 : 5 ou $\frac{8}{5}$.

**2** Le rapport de la largeur de la tête à sa hauteur est 5 : 7 ou $\frac{5}{7}$.

**3** Le rapport $\dfrac{\text{amplitude des bras}}{\text{taille}}$ est 1 : 1 ou $\frac{1}{1}$.

**4** Le rapport de la longueur d'une main à la taille est 1 : 10 ou $\frac{1}{10}$.

**5** Le rapport $\dfrac{\text{hauteur de la tête}}{\text{distance des pieds à la base du menton}}$ est 1 : 7 ou $\frac{1}{7}$.

**6** Le rapport de la largeur des épaules à la largeur de la tête est 3 : 1 ou $\frac{3}{1}$.

**7** Le rapport de la largeur de la tête à la largeur d'un œil est 5 : 1 ou $\frac{5}{1}$.

**8** Le rapport $\dfrac{\text{distance de la base du menton à la base du nez}}{\text{distance de la base du nez aux sourcils}}$ est 1 : 1 ou $\frac{1}{1}$.

**a.** À l'aide d'un ruban à mesurer, prends les mesures nécessaires, puis complète
le tableau ci-dessous.

| Partie ou section du corps | Mesure arrondie au centimètre près |
|---|---|
| **A** Taille (des pieds au sommet de la tête) | ▬ |
| **B** Distance des pieds à la base du menton | ▬ |
| **C** Distance des pieds au nombril | ▬ |
| **D** Largeur du corps au niveau des épaules | ▬ |
| **E** Amplitude des bras placés parallèlement au sol | ▬ |
| **F** Longueur d'une main ouverte | ▬ |
| **G** Hauteur de la tête (de la base du menton au sommet de la tête) | ▬ |
| **H** Largeur de la tête (sans tenir compte des oreilles) | ▬ |
| **I** Distance de la base du nez aux sourcils | ▬ |
| **J** Distance de la base du menton à la base du nez | ▬ |
| **K** Largeur d'un œil | ▬ |

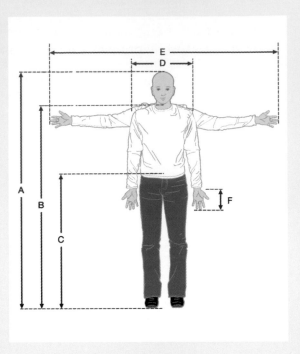

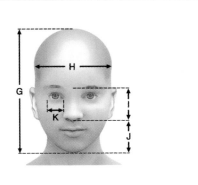

**b.** À l'aide des mesures du tableau ci-dessus, établis les rapports suivants.

1) $\dfrac{\text{taille}}{\text{distance des pieds au nombril}}$

2) $\dfrac{\text{largeur de la tête}}{\text{hauteur de la tête}}$

3) $\dfrac{\text{amplitude des bras}}{\text{taille}}$

4) $\dfrac{\text{longueur d'une main}}{\text{taille}}$

5) $\dfrac{\text{hauteur de la tête}}{\text{distance des pieds à la base du menton}}$

6) $\dfrac{\text{largeur des épaules}}{\text{largeur de la tête}}$

7) $\dfrac{\text{largeur de la tête}}{\text{largeur d'un œil}}$

8) $\dfrac{\text{distance de la base du menton à la base du nez}}{\text{distance de la base du nez aux sourcils}}$

**c.** Compare les rapports établis en **b** avec ceux de la page 105. Dans chacun des cas,
indique si ce rapport est **égal**, **supérieur** ou **inférieur** au rapport correspondant
établi par Léonard de Vinci.

## Rapport

Le **rapport** est un mode de **comparaison** entre deux quantités ou deux grandeurs de **même nature** exprimées dans les **mêmes unités** et qui fait intervenir la notion de **division**.

Les deux façons les plus courantes de noter un rapport sont le deux-points ou le trait de fraction. Ainsi, le rapport de $a$ à $b$ se note $a : b$ ou $\frac{a}{b}$, où $b \neq 0$.

> Ex. : Christine a 3 ans et pèse 20 kg. Roger a 50 ans et pèse 77 kg.
>
> 1) Le rapport de l'âge de Christine à celui de Roger se note $3 : 50$ ou $\frac{3}{50}$.
>
> 2) Le rapport de la masse de Roger à celle de Christine se note $77 : 20$ ou $\frac{77}{20}$.

## Taux

Le **taux** est un mode de **comparaison** entre deux quantités ou deux grandeurs, généralement de nature différente, exprimées à l'aide d'**unités différentes** et qui fait intervenir la notion de **division**.

On note un taux à l'aide d'un trait de fraction. Exprimés en mots, les taux font généralement intervenir des mots tels que *en*, *pour*, *par* et *chacun*.

Ex. :

| Taux exprimé en mots | Notation |
|---|---|
| 525 \$ en 6 jours | $\frac{525\ \$}{6\ \text{jours}}$ |
| 20 ballons pour 37 élèves | $\frac{20\ \text{ballons}}{37\ \text{élèves}}$ |
| 13 L par 100 km | $\frac{13\ \text{L}}{100\ \text{km}}$ |

## Taux unitaire

Lorsque le dénominateur d'un taux est 1, on parle alors de **taux unitaire** et on omet le 1 dans la notation.

Ex. :

| Taux exprimé en mots | Notation |
|---|---|
| 40 crayons par boîte | 40 crayons/1 boîte ou plus simplement 40 crayons/boîte |
| 79 km par heure | 79 km/1 h ou plus simplement 79 km/h |
| 8,25 \$ par personne | 8,25 \$/1 personne ou plus simplement 8,25\$/personne |

## Rapports et taux équivalents

Si deux rapports ou deux taux correspondent au même quotient, on dit qu'ils sont équivalents.

> Ex. : 1) Les rapports $\frac{8}{5}$ et $\frac{24}{15}$ sont équivalents, car $\frac{8}{5} = 1{,}6$ et $\frac{24}{15} = 1{,}6$.
>
> 2) Les taux $\frac{11\ \text{kg}}{20\ \text{min}}$ et $\frac{77\ \text{kg}}{140\ \text{min}}$ sont équivalents, car $\frac{11\ \text{kg}}{20\ \text{min}} = 0{,}55$ kg/min et $\frac{77\ \text{kg}}{140\ \text{min}} = 0{,}55$ kg/min.

On obtient des rapports ou des taux équivalents en multipliant ou en divisant le numérateur et le dénominateur par un même nombre, différent de 0.

Ex. : 1) $\overset{\times 3}{\frac{8}{5} = \frac{24}{15}}$ avec $\times 3$     2) $\overset{\div 7}{\frac{77\ \text{kg}}{140\ \text{min}} = \frac{11\ \text{kg}}{20\ \text{min}}}$ avec $\div 7$

**Comparaison de rapports ou de taux**

Il existe plusieurs stratégies pour comparer des rapports ou des taux. En voici deux :

• On les porte au même dénominateur ou à la même base de comparaison.

Ex. : 1)  $\frac{2}{3} < \frac{5}{7}$, car $\frac{14}{21} < \frac{15}{21}$.     2)  $\frac{70 \text{ mots}}{4 \text{ min}} > \frac{95 \text{ mots}}{6 \text{ min}}$, car $\frac{210 \text{ mots}}{12 \text{ min}} > \frac{190 \text{ mots}}{12 \text{ min}}$.

• On calcule leurs quotients.

Ex. : 1)  $\frac{50}{20} > \frac{60}{25}$, car $\frac{50}{20} = 2,5$ et $\frac{60}{25} = 2,4$.     2)  $\frac{600 \text{ m}}{5 \text{ s}} < \frac{500 \text{ m}}{4 \text{ s}}$, car 120 m/s < 125 m/s.

**Coup d'œil**

**1.** Dans chaque cas, réduis mentalement le rapport.

   a) 16 : 6             b) 15 : 45           c)  $\frac{21}{6}$             d)  $\frac{6}{33}$

   e)  $\frac{140}{180}$           f) 7 : 7             g)  $\frac{888}{555}$            h)  $\frac{28}{70}$

**2.** Dans chaque cas, détermine mentalement le plus grand rapport.

   a) 12 : 50 ou 12 : 60       b) 5 : 7 ou 7 : 5       c) 100 : 33 ou 90 : 33

   d) 2 : 1 ou 10 : 9          e) 9 : 25 ou 10 : 25       f) 18 : 30 ou 18 : 35

**3.** D'après les dimensions de la boîte illustrée ci-contre, détermine les rapports suivants.

   a)  $\frac{\text{largeur}}{\text{hauteur}}$       b)  $\frac{\text{profondeur}}{\text{largeur}}$

   c)  $\frac{\text{hauteur}}{\text{profondeur}}$       d)  $\frac{\text{hauteur}}{\text{largeur}}$

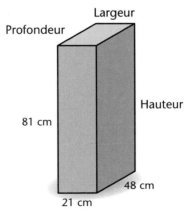

Largeur

Profondeur

Hauteur

81 cm

48 cm

21 cm

**4.** On mélange 5 mg de sel et 100 mL d'eau dans un verre. Détermine si le mélange deviendra plus salé ou moins salé si l'on y ajoute :

   a) de l'eau ;        b) du sel ;        c) 5 mg de sel et 70 mL d'eau.

5. Dans chaque cas, écris :

   a) le rapport du nombre de voyelles au nombre de consonnes dans le mot *heptagone*.

   b) le rapport de la durée d'une fin de semaine à celle du reste de la semaine.

   c) le rapport du nombre de doigts d'une main au nombre d'orteils d'un pied.

   d) le rapport du nombre de mois de 31 jours au nombre de mois de 30 jours.

6. La pente d'un toit correspond au rapport $\dfrac{\text{mesure du poinçon}}{\text{mesure de la solive}}$.

   Place dans l'ordre croissant les pentes des toits illustrés ci-dessous.

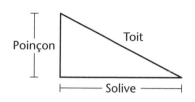

   **A**  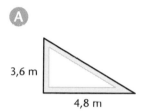  3,6 m  4,8 m

   **B**  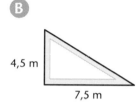  4,5 m  7,5 m

   **C**  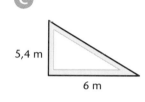  5,4 m  6 m

   **D**  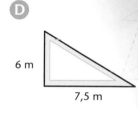  6 m  7,5 m

7. Dans chaque cas, écris le taux unitaire.

   a) Débourser 1851 $ pour 8 pneus.

   b) Frapper 141 coups de baguette sur un tambour en 47 s.

   c) Écrire 504 mots en 11,2 min.

   d) Parcourir 223,3 m en 31 s.

   e) Payer 153,90 $ pour 19 billets.

   f) Pomper 10,8 L d'eau en 4 min.

8. Jean-François est un triathlète inscrit au programme sport-études de son école. Il consacre 20 h par semaine à son entraînement : 4 h de natation, 9 h de vélo, 6 h de course et 1 h de musculation. Dans chaque cas, établis le rapport.

   a) $\dfrac{\text{temps consacré au vélo}}{\text{temps consacré à la natation}}$

   b) $\dfrac{\text{temps consacré à la natation}}{\text{temps consacré au vélo}}$

   c) $\dfrac{\text{temps consacré à la musculation}}{\text{temps consacré au vélo}}$

   d) $\dfrac{\text{temps consacré à la course}}{\text{temps consacré à la natation}}$

   e) $\dfrac{\text{temps consacré au vélo}}{\text{temps consacré à la course}}$

   f) $\dfrac{\text{temps consacré à l'entraînement}}{\text{temps consacré à d'autres activités}}$

Le triathlon est un sport qui comprend trois épreuves consécutives : natation, cyclisme et course à pied.

9. **PHOSPHORE** Le phosphore est une substance qui favorise le bon fonctionnement de notre corps. Les os et les dents sont en partie formés de phosphore. Plusieurs aliments, dont les œufs et le poisson, en contiennent.

Place dans l'ordre croissant les taux associés aux quantités recommandées dans le tableau ci-contre.

**Consommation de phosphore recommandée**

| Groupe d'âge | Quantité recommandée |
|---|---|
| Bébé (de 1 à 3 ans) | 720 mg/2 jours |
| Enfant (de 4 à 9 ans) | 520 mg/jour |
| Adolescent ou adolescente | 292 g/année |
| Adulte | 5250 mg/semaine |

10. On mélange 250 mL de lait et 100 g de farine dans un bol pour former une pâte. Dans chaque cas, détermine si la pâte aura la même consistance que la pâte initiale.

    a) 5 mL de lait et 2 g de farine.　　　　b) 50 mL de lait et 18 g de farine.

    c) 625 mL de lait et 250 g de farine.　　d) 31,25 mL de lait et 12,5 g de farine.

11. **ÉCRAN** Il existe certaines normes relatives aux dimensions des écrans de téléviseur ou d'ordinateur. Le tableau ci-dessous indique l'une des normes de fabrication des écrans rectangulaires.

**Norme des écrans rectangulaires**

| Type d'écran | Rapport $\dfrac{\text{longueur de l'écran}}{\text{hauteur de l'écran}}$ |
|---|---|
| Écran traditionnel | 4 : 3 |
| Écran numérique | 16 : 9 |

Les écrans numériques sont généralement constitués de cristaux liquides ou de plasma.

Dans chaque cas, détermine s'il s'agit d'un écran traditionnel ou d'un écran numérique.

a)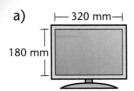

b)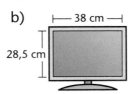

c)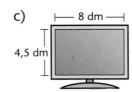

d)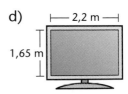

12. Pour obtenir de la peinture grise, un artiste mélange 20 mL de peinture blanche et 16 mL de peinture noire. Pour obtenir exactement la même couleur :

    a) quelle quantité de peinture blanche doit-il ajouter à 4 mL de peinture noire?

    b) quelle quantité de peinture noire doit-il ajouter à 48 mL de peinture blanche?

**13.** Soit $a$ et $b$, des nombres non nuls. Dans chacun des cas, compare les deux rapports en utilisant le symbole approprié : $<$, $>$ ou $=$.

a) $\dfrac{a}{b}$ ▪ $\dfrac{a+1}{b}$

b) $\dfrac{a}{b}$ ▪ $\dfrac{2a}{2b}$

c) $\dfrac{a}{7}$ ▪ $\dfrac{5a}{35}$

d) $\dfrac{a}{10}$ ▪ $\dfrac{4a}{15}$

e) $\dfrac{5}{a}$ ▪ $\dfrac{5a}{a^2}$

f) $\dfrac{6a}{a}$ ▪ $\dfrac{5a}{a}$

**14.** MASSE VOLUMIQUE  La masse volumique est l'une des caractéristiques qui permet de distinguer certaines substances. Comme l'indique son nom, la masse volumique correspond au taux masse/volume. Voici des données relatives à quatre substances :

**Données relatives à quatre substances**

|  | Détergent liquide pour vaisselle | Mélasse | Glycérine | Huile minérale |
|---|---|---|---|---|
| Masse (g) | 8,4 | 21 | 6,25 | ▪ |
| Volume (ml) | 7 | ▪ | 5 | 20 |
| Masse volumique (g/mL) | ▪ | 1,4 | ▪ | 0,92 |

a) Complète le tableau ci-dessus.

b) Place dans l'ordre décroissant les masses volumiques des quatre substances.

c) On mélange 2 mL de détergent liquide pour vaisselle, 5 mL de mélasse, 3 mL de glycérine et 7 mL d'huile minérale. Quelle est la masse de ce mélange ?

**15.** André et Bertrand élèvent des bisons. Dans le troupeau d'André, le rapport du nombre de mâles au nombre de femelles est 2 : 3. Dans le troupeau de Bertrand, ce rapport est 15 : 11.

a) Dans chaque cas, indique si tu es en accord ou en désaccord et explique ta réponse.

   1) Le troupeau d'André compte exactement 2 mâles et 3 femelles.

   2) Le troupeau de Bertrand compte plus de bêtes que celui d'André.

   3) Le nombre de bêtes du troupeau d'André correspond à un multiple de 5.

b) Quel est le nombre minimal de bêtes que possède Bertrand ?

c) Quel est le rapport du nombre de têtes au nombre de pattes dans chacun des troupeaux ?

d) Le troupeau de Bertrand peut-il compter 39 bêtes ? Explique ta réponse.

Le Québec compte environ une centaine de lieux d'élevage de bisons, pour un total d'environ 3000 bêtes. Le bison est surtout élevé pour sa viande, qui contient moins de gras que celle du bœuf ou du porc.

**16.** Dans chaque cas, récris l'expression sous la forme d'un rapport réduit.

a) $\dfrac{5 \text{ kg}}{600 \text{ g}}$

b) $\dfrac{77 \text{ cm}}{7 \text{ dm}}$

c) $\dfrac{4 \text{ min}}{4 \text{ h}}$

d) $\dfrac{145\ 500 \text{ L}}{2 \text{ kL}}$

**17.** BIOLOGIE Les biologistes peuvent exercer une influence sur la détermination du sexe d'une tortue en gardant son œuf à une température constante jusqu'à son éclosion.

**Influence sur la détermination du sexe d'une tortue de l'espèce Testudo**

| Température de l'œuf (°C) | Probabilité d'obtenir un mâle à l'éclosion |
|:---:|:---:|
| 28 | Supérieure à 75 % |
| 29 | Environ 60 % |
| 30 | 50 % |
| 31 | Environ 40 % |
| 32 | Inférieure à 25 % |

Une biologiste conserve 20 œufs de l'espèce Testudo à une température constante. Pour chacune des températures du tableau ci-dessus, détermine un rapport plausible du nombre de mâles au nombre de femelles à l'éclosion des œufs.

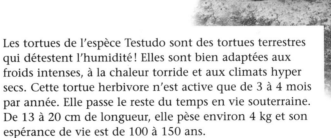

Les tortues de l'espèce Testudo sont des tortues terrestres qui détestent l'humidité! Elles sont bien adaptées aux froids intenses, à la chaleur torride et aux climats hyper secs. Cette tortue herbivore n'est active que de 3 à 4 mois par année. Elle passe le reste du temps en vie souterraine. De 13 à 20 cm de longueur, elle pèse environ 4 kg et son espérance de vie est de 100 à 150 ans.

ZOOM

**1** Le quart des élèves d'un groupe est constitué de garçons. Quel est le rapport du nombre de garçons au nombre de filles?

**2** Des billes bleues et des billes rouges sont déposées dans un sac. Si le rapport du nombre de billes bleues au nombre de billes rouges est 4 : 3, quelle est la probabilité de tirer au hasard une bille rouge?

**3** Soit *a*, *b* et *c*, les mesures de trois segments. Si le rapport de *a* à *b* est 1 : 4 et que le rapport de *b* à *c* est 1 : 5, quel est le rapport de *a* à *c*?

# Unité 11.2 Du pareil au même

## SITUATION-PROBLÈME Les câbles à haute tension

Les câbles à haute tension servent au transport de l'électricité sur de longues distances. Ces câbles peuvent être suspendus à des pylônes à plus de 50 m de hauteur ou enfouis à quelques mètres sous terre. Voici quelques informations concernant un câble à haute tension qu'une municipalité compte utiliser pour se raccorder à une centrale électrique.

$$P = 60\ 145L$$

où $P$ est le prix du câble ($) et $L$ sa longueur (km).

**Nombre de pylônes nécessaires pour supporter le câble**

| Masse du câble (kg) | 0 | 8640 | 21 600 | 28 080 | 54 000 |
|---|---|---|---|---|---|
| Nombre de pylônes | 0 | 4 | 10 | 13 | 25 |

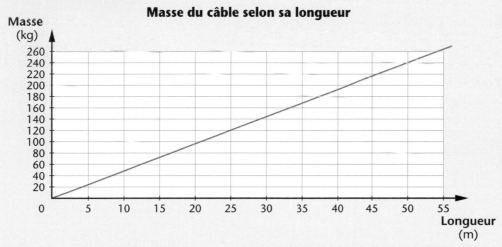

**Masse du câble selon sa longueur**

Masse (kg) / Longueur (m)

Pour acheminer l'électricité de la centrale à la municipalité, il faudra installer 155 pylônes qui supporteront le câble.

L'électricité voyage dans un câble à une vitesse d'environ 300 000 km/s. On fabrique généralement les câbles électriques avec du cuivre, de l'aluminium et du magnésium.

## Combien coûtera le câble ?

**Des fossiles dans les automobiles**

Les combustibles fossiles proviennent d'un mélange de plantes, d'animaux et de minéraux enfouis sous terre depuis des millénaires. Le pétrole est un combustible fossile. En le raffinant, on obtient l'essence nécessaire au fonctionnement de la plupart des voitures.

Le pétrole qu'on trouve dans les gisements contient d'autres matières, par exemple du gaz carbonique et du soufre. La teneur en soufre détermine la qualité du pétrole brut : moins il en contient, meilleure est sa qualité.

### Situation 1

Le graphique ci-dessous montre le coût d'un plein d'essence selon la quantité pompée dans le réservoir de l'automobile.

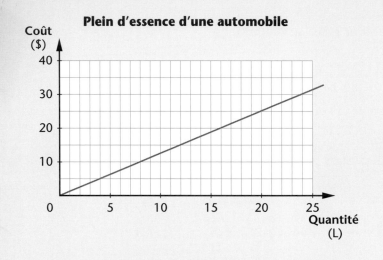

**a.** À quel endroit la droite croise-t-elle les axes ?

**b.** Complète cette table de valeurs.

**Plein d'essence d'une automobile**

| Quantité (L) | 0 | 5 | 10 | 15 | 20 | 25 |
|---|---|---|---|---|---|---|
| Coût ($) | | | | | | |

**c.** Compare les taux $\frac{\text{quantité}}{\text{coût}}$ formés par chacun des couples de la table de valeurs. Que remarques-tu ?

**d.** Si la quantité d'essence pompée dans le réservoir de l'automobile double, triple ou quadruple, qu'advient-il du coût du plein d'essence ?

Un camion-citerne approvisionne une station-service en essence. Le graphique ci-dessous montre la quantité d'essence dans le réservoir souterrain de la station-service en fonction du temps de remplissage.

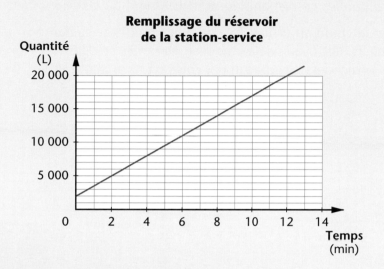

**Remplissage du réservoir de la station-service**

e. Quelle était la quantité d'essence dans le réservoir souterrain de la station-service avant le début du remplissage?

f. Complète cette table de valeurs.

**Remplissage du réservoir de la station-service**

| Temps (min) | 0 | 2 | 4 | 6 | 8 | 12 |
|---|---|---|---|---|---|---|
| Quantité (L) | | | | | | |

g. Compare les taux $\frac{temps}{quantité}$ formés par chacun des couples de la table de valeurs. Que remarques-tu?

h. Si le temps de remplissage du réservoir double, triple ou quadruple, peut-on en dire autant de la quantité d'essence contenue dans le réservoir?

Avant 1900, le pétrole était surtout utilisé dans les lampes pour l'éclairage. C'est au 20e siècle qu'il a pris toute son importance comme combustible pour produire de l'énergie et comme matière première.

# Voir à travers un tunnel

Il existe plusieurs troubles de la vue. Par exemple, certaines personnes ont de la difficulté à voir de près ou de loin. Une autre anomalie oculaire, appelée *vision en tunnel,* correspond au rétrécissement du champ visuel.

On peut simuler la vision en tunnel à l'aide de l'expérience suivante : on regarde à travers des tuyaux de même diamètre mais de différentes longueurs. Dans les illustrations ci-dessous, chacun des côtés d'un carreau mesure 10 cm.

**Tuyau 1**

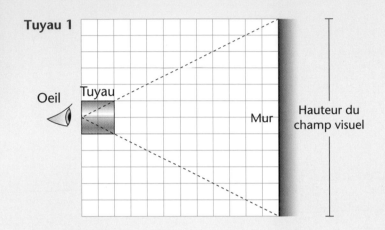

Oeil    Tuyau           Mur     Hauteur du champ visuel

**Tuyau 2**

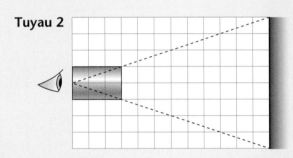

**Tuyau 3**

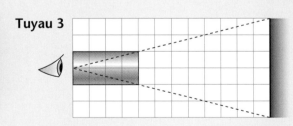

**Tuyau 4**

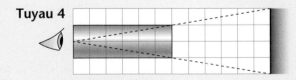

Vision normale

Vision en tunnel

**a.** 1) À l'aide des quatre illustrations de la page précédente, complète cette table de valeurs.

**Expérimentation de la vision en tunnel**

| Longueur du tuyau (cm) | | | | |
|---|---|---|---|---|
| Hauteur du champ visuel (cm) | | | | |

2) Pour chacun des couples de la table de valeurs, calcule le produit des valeurs associées. Que remarques-tu ?

3) Qu'advient-il de la hauteur du champ visuel si la longueur du tuyau :

a) double ?       b) triple ?       c) quadruple ?

**b.** Au cours de l'expérience, on a recueilli des données provenant de quatre autres tuyaux. Complète cette table de valeurs.

**Expérimentation de la vision en tunnel**

| Longueur du tuyau (cm) | 24 | 50 | | |
|---|---|---|---|---|
| Hauteur du champ visuel (cm) | | | 32 | 30 |

**c.** 1) À partir des deux tables de valeurs complétées, reporte à l'aide d'un point chacun des couples dans ce plan cartésien.

**Expérimentation de la vision en tunnel**

2) En reliant ces points, trace la courbe qui rend compte de la situation.

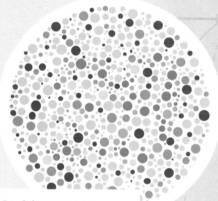

Le daltonisme est une anomalie de la vision qui affecte la perception des couleurs. Ce trouble touche environ 16 fois plus d'hommes que de femmes. Certaines personnes daltoniennes ne peuvent pas distinguer le nombre dans cette illustration.

## Proportion

Une proportion correspond à l'égalité entre deux rapports ou deux taux.

Si le rapport de $a$ à $b$, pour $b \neq 0$, est égal au rapport de $c$ à $d$, pour $d \neq 0$,

alors $a : b = c : d$ ou $\dfrac{a}{b} = \dfrac{c}{d}$ est une proportion.

Une proportion est formée de quatre termes. On donne le nom d'**extrêmes** aux premier et quatrième termes, et le nom de **moyens** aux deuxième et troisième termes.

Ex. : 1)

$$\underset{\text{Extrêmes}}{\overset{\text{Moyens}}{a : b = c : d}}$$

2) $\begin{array}{l} \text{Extrêmes} \\ \text{Moyens} \end{array} \quad \dfrac{a}{b} = \dfrac{c}{d}$

## Situation de proportionnalité

Des situations mettant en relation deux variables dont les valeurs associées donnent lieu à des **rapports équivalents** ou à des **taux équivalents** sont appelées des **situations de proportionnalité** ou **situations de variation directe**.

## Table de valeurs

Dans la table de valeurs d'une situation de proportionnalité où $x$ est la première variable et $y$ est la seconde variable :

- les valeurs de $y$ sont obtenues en multipliant les valeurs de $x$ par un même nombre appelé le **coefficient de proportionnalité**;

- pour $y \neq 0$, le rapport $\dfrac{x}{y}$ est constant et est appelé le **rapport de proportionnalité**;

- si l'une des variables est zéro, alors l'autre variable est aussi zéro.

Ex. :

**Table de valeurs d'une situation de proportionnalité**

| $x$ | 0 | 2 | 3 | 5 | 8 |
|---|---|---|---|---|---|
| $y$ | 0 | 8 | 12 | 20 | 32 |

$\times 4$  Coefficient de proportionnalité = 4

Rapport de proportionnalité = $\dfrac{2}{8} = \dfrac{3}{12} = \dfrac{5}{20} = \dfrac{8}{32} = \dfrac{1}{4}$

## Représentation graphique

La **représentation graphique** d'une situation de proportionnalité comporte soit une droite oblique passant par l'origine du plan cartésien, soit des points appartenant à une droite oblique passant par l'origine.

Ex. : 1) Représentation graphique d'une situation de proportionnalité à l'aide d'une droite

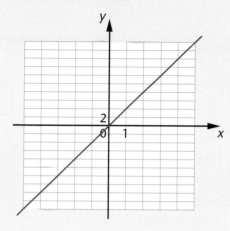

2) Représentation graphique d'une situation de proportionnalité à l'aide de points

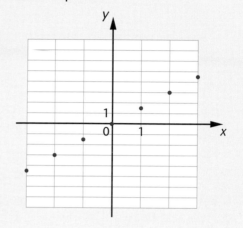

### Situation inversement proportionnelle

Des situations mettant en relation deux variables dont le produit des valeurs associées est constant sont appelées des **situations inversement proportionnelles** ou **situations de variation inverse**.

| TABLE DE VALEURS |
|---|
| Dans la table de valeurs d'une situation inversement proportionnelle où $x$ est la première variable et $y$ est la seconde variable, le produit $xy$ est constant. |

Ex. : Table de valeurs d'une situation inversement proportionnelle

| $x$ | $y$ | |
|---|---|---|
| 1 | 50 | → $1 \times 50 = 50$ |
| 2 | 25 | → $2 \times 25 = 50$ |
| 4 | 12,5 | → $4 \times 12,5 = 50$ |
| 5 | 10 | → $5 \times 10 = 50$ |
| 10 | 5 | → $10 \times 5 = 50$ |
| 20 | 2,5 | → $20 \times 2,5 = 50$ |
| 25 | 2 | → $25 \times 2 = 50$ |

| REPRÉSENTATION GRAPHIQUE |
|---|
| La représentation graphique d'une situation inversement proportionnelle montre une courbe ou des points appartenant à une courbe dont les extrémités tendent à s'approcher des axes sans y toucher. |

Ex. : Représentation graphique d'une situation inversement proportionnelle

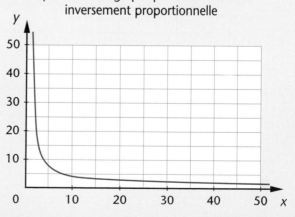

# Coup d'œil

1. Dans chaque cas, détermine mentalement s'il s'agit d'une proportion ou non.

a) $\dfrac{7}{6} = \dfrac{21}{18}$

b) $15 : 35 = 3 : 7$

c) $\dfrac{33}{2} = \dfrac{99}{7}$

d) $\dfrac{15}{5} = \dfrac{5}{1}$

e) $\dfrac{2}{3} = \dfrac{2^2}{3^2}$

f) $0,12 : 0,5 = 0,3 : 0,125$

2. Dans chaque cas, indique si la description représente une situation de proportionnalité. Justifie ta réponse à l'aide de calculs.

a) Les crayons d'une marque donnée se vendent 0,25 $/unité ou 2,75 $/douzaine.

b) Léa prend 45 min pour parcourir le sentier des Castors d'une longueur de 2 km et 2 h 15 min pour parcourir le sentier des Perdrix d'une longueur de 6 km.

c) La semaine dernière, la voiture de Jean a consommé 35 L d'essence. L'année dernière, elle en a consommé 1820 L.

d) À 1 an, la masse de Nicolas était de 9,25 kg. Aujourd'hui, il a 21 ans et pèse 89,25 kg.

e) Le coût de participation à un tournoi de hockey est de 17 $ par joueur ou joueuse pour une équipe de 22 et de 14,96 $ par joueur ou joueuse pour une équipe de 25.

f) Dans un cinéma, 3 billets d'entrée coûtent 26,25 $, alors que 7 billets d'entrée coûtent 61,25 $.

3. Dans chaque cas, détermine si le graphique est celui d'une situation de proportionnalité, d'une situation inversement proportionnelle ou d'un autre type de situation.

a) Graphique A
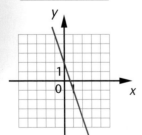

b) Graphique B
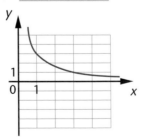

c) Graphique C
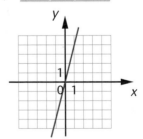

d) Graphique D
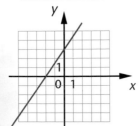

e) Graphique E
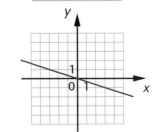

f) Graphique F
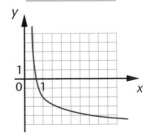

4. Voici la liste des ingrédients d'une recette pour 8 portions de pâtes alimentaires :
600 g de semoule de blé, 5 œufs, 40 mL d'huile d'olive et une pincée de sel.

   a) Quelle est la quantité de semoule de blé nécessaire pour une portion ?

   b) Complète la table de valeurs ci-dessous.

### Pâtes alimentaires

| Nombre de portions | 2 | 5 | 6 | 10 | 12 |
|---|---|---|---|---|---|
| Semoule de blé (g) |  |  |  |  |  |

   c) Représente graphiquement la relation entre le nombre de portions et la quantité de semoule de blé. Associe le nombre de portions à l'axe des abscisses.

5. Voici les tables de valeurs de diverses situations :

### Voyage en bateau

| Distance (km) | Temps (h) |
|---|---|
| 0 | 0 |
| 2 | 8 |
| 5 | 20 |
|  | 24 |
| 8 |  |
| 10 |  |
|  | 80 |

### Plongée sous-marine

| Temps (min) | Altitude (m) |
|---|---|
| 0 |  |
| 1 | -6 |
| 3 | -18 |
|  | -48 |
| 10 | -60 |
| 12 |  |
|  | -102 |

### Ralentissement

| Temps (s) | Vitesse (m/s) |
|---|---|
| 1 |  |
| 4 | 25 |
| 5 | 20 |
| 8 | 12,5 |
| 10 |  |
|  | 4 |
| 40 |  |

### Réchauffement

| Temps (h) | Température (°C) |
|---|---|
| 1 | 3 |
| 1,5 |  |
| 2,5 | 7,5 |
| 3,5 | 10,5 |
| 3 |  |
|  | 12 |
| 5 |  |

Dans chaque cas :

   a) indique si la situation correspond à une situation de proportionnalité ou à une situation inversement proportionnelle ;

   b) détermine les valeurs manquantes.

6. POIDS  Le poids d'un corps correspond à la force avec laquelle il est attiré vers un astre. Par exemple, tous les objets et les êtres vivants sur la Terre sont attirés vers le centre de la planète.

   a) Cette table de valeurs montre la relation entre la masse d'un objet et son poids sur la Terre. S'agit-il d'une situation de proportionnalité ? Explique ta réponse.

L'unité de mesure qui permet de quantifier une force est le newton (symbole : N). L'unité a ainsi été nommée en l'honneur d'Isaac Newton (1642-1727), penseur et scientifique anglais ayant travaillé sur l'attraction des planètes.

### Planète Terre

| Masse (kg) | 50 | 57 | 60 | 65 | 71 | 85,1 |
|---|---|---|---|---|---|---|
| Poids (N) | 490 | 558,6 | 588 | 637 | 695,8 | 833,98 |

   b) Sur Pluton, la force d'attraction d'un corps est moindre que sur la Terre. Sachant que le coefficient de proportionnalité de cette table de valeurs est 0,06, complète-la.

### Comparaison du poids d'un corps sur la Terre et sur Pluton

| Poids sur la Terre (N) | 0 | 50 | 400 | 1000 | 1225 | 2000 |
|---|---|---|---|---|---|---|
| Poids sur Pluton (N) |  |  |  |  |  |  |

**7.** La durée du téléchargement d'un fichier dans Internet est proportionnelle à la taille du fichier téléchargé. Voici les durées de téléchargement affichées sur un site qui vend des fichiers audio.

La vitesse de téléchargement dans Internet est très variable, car elle dépend de plusieurs facteurs, comme la vitesse de la connexion Internet, la fiabilité du fournisseur Internet, la vitesse du serveur où se trouve le fichier à télécharger, le trafic sur le réseau, etc.

**Téléchargement de fichiers audio**

| Taille (Mo) | 2 | 3 | 4 | 5 | 6 | 7 | 8 |
|---|---|---|---|---|---|---|---|
| Durée (s) | 4,096 | 6,144 | 8,192 | 10,24 | 12,288 | 14,336 | 16,384 |

a) Quel est le rapport de proportionnalité ?

b) Quel est le coefficient de proportionnalité ?

c) Quel lien mathématique y a-t-il entre le rapport de proportionnalité et le cœfficient de proportionnalité ?

**8.** Voici les résultats d'une course à pied qui s'est déroulée aux Jeux du Québec à l'été 2005 à Amos.

a) S'agit-il d'une situation de variation directe ou de variation inverse ? Explique ta réponse.

b) Quelle est la longueur du parcours ?

c) Mark Jackson détient le record du monde pour une épreuve similaire, avec une vitesse moyenne de 8,13 m/s. Quel aurait été son temps s'il avait participé à l'épreuve d'Amos en conservant cette vitesse moyenne ?

**Résultats d'une course à pied**

| Temps (s) | Vitesse moyenne (m/s) |
|---|---|
| 40,56 | 7,4 |
| 41,23 | 7,28 |
| 41,86 | 7,17 |
| 41,97 | 7,15 |
| 42,59 | 7,04 |
| 43,33 | 6,92 |
| 43,38 | 6,92 |
| 43,74 | 6,86 |
| 43,99 | 6,82 |
| 44,04 | 6,81 |

**9.** Fatima travaille dans un magasin de matériel électronique. Son objectif de ventes hebdomadaires est de 2000 $. En plus de son salaire de base, Fatima peut recevoir une prime de rendement qui varie selon le pourcentage d'atteinte de son objectif. Sa prime est calculée d'après le graphique ci-contre.

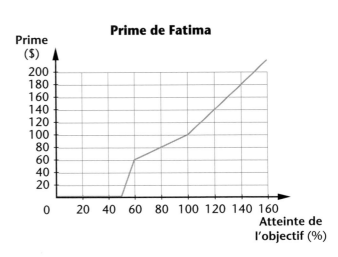

**Prime de Fatima**

a) Quelle sera la prime de rendement de Fatima :

1) si elle atteint 80 % de son objectif de ventes ?

2) si ses ventes totalisent 2400 $ ?

b) Explique s'il s'agit d'une situation de proportionnalité, si l'on considère la situation :

1) dans son ensemble ;  2) par partie.

**10.** À l'aide d'un logiciel de géométrie dynamique, on a tracé le triangle ci-dessous, dont l'aire est de 12 cm². On a ensuite fait varier les valeurs de $b$ et de $h$ tout en conservant la même aire.

a) Complète la table de valeurs ci-dessous.

**Triangle dont l'aire est 12 cm²**

| Base $b$ (cm) | 1 | 2 | 3 | ▨ | ▨ | 6 | 8 | ▨ | 12 |
|---|---|---|---|---|---|---|---|---|---|
| Hauteur $h$ (cm) | ▨ | ▨ | ▨ | 3 | 2,4 | ▨ | ▨ | 1,2 | ▨ |

b) De quel type de situation s'agit-il ?

c) Représente graphiquement cette situation. Associe la base à l'axe des abscisses.

**11.** Voici le panneau publicitaire d'un centre d'amusement. On s'intéresse à la relation entre le nombre d'accès aux manèges et le coût total de ces accès.

a) Explique comment transformer cette situation en une situation de proportionnalité.

b) Représente graphiquement cette nouvelle situation de proportionnalité. Associe le nombre d'accès aux manèges à l'axe des abscisses.

c) Quel est le coût total pour accéder à 15 manèges :

1) dans la situation initiale ?

2) dans la situation de proportionnalité ?

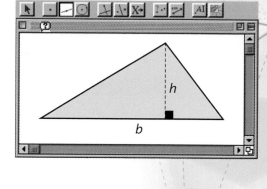

Entrée : 5 $/personne
Entrée aux manèges : 0,50 $/accès
Vaste choix de manèges !

**12.** MONNAIE Le système monétaire varie généralement d'un pays à l'autre. Il arrive aussi que certains pays s'entendent pour utiliser une monnaie commune. C'est le cas de plusieurs pays européens dont l'unité monétaire est l'euro (€). Le graphique ci-contre montre la relation entre le prix d'un objet en dollars canadiens et son prix en euros.

On utilise un tableur pour convertir en dollars canadiens un prix donné en euros et vice versa. Détermine les formules à entrer dans les cellules B2 et B5 pour convertir les prix entrés dans les cellules A2 et A5.

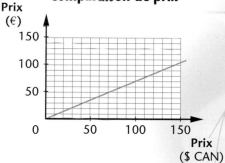

**Comparaison de prix**

|  | A | B |
|---|---|---|
| 1 | Prix d'un objet en euros | Prix équivalent en dollars canadiens |
| 2 | ▨ € | ▨ $ |
| 3 |  |  |
| 4 | Prix d'un objet en dollars canadiens | Prix équivalent en euros |
| 5 | ▨ $ | ▨ € |

Tu peux utiliser un tableur pour vérifier la validité de tes formules.

# Unité 11.3 Prendre les grands moyens

## SITUATION-PROBLÈME Une astuce vertigineuse

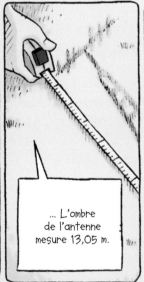

**Comment Simon peut-il déterminer la hauteur de l'antenne sans y monter ?**

À chaque inspiration, notre corps absorbe une certaine quantité d'oxygène contenu dans l'air. Le rythme respiratoire et les besoins en oxygène d'un individu varient selon l'activité pratiquée.

> L'air contient plusieurs gaz ; les deux principaux sont l'azote et l'oxygène.

### Situation 1

Cette table de valeurs indique la quantité d'air inspiré par une personne qui court selon le temps.

**Air inspiré par une personne qui court**

| Temps (min) | 4 | 7 | 9 | 11 |
|---|---|---|---|---|
| Quantité d'air (L) | 328 | 574 | 738 | 902 |

**a.** Quelle est la quantité d'air inspiré en 1 min par la personne qui court ?

**b.** Explique comment tu peux utiliser la quantité d'air inspiré en 1 min pour déterminer la quantité d'air inspiré :

1) en 3 min ;  2) en 17 min ;  3) en 13,5 min.

### Situation 2

Cette table de valeurs indique le nombre de respirations d'un enfant au repos selon le temps.

**Respiration d'un enfant au repos**

| Temps (min) | 3 | 5 | 7 | 13 |
|---|---|---|---|---|
| Nombre de respirations | 72 | 120 | 168 | 312 |

**c.** Dans cette table de valeurs, quel est le coefficient de proportionnalité ?

> Le spiromètre est un appareil utilisé pour mesurer les volumes d'air inspirés et expirés par une personne. Il permet un dépistage rapide des maladies respiratoires.

**d.** Explique comment tu peux compléter la table de valeurs ci-dessous à l'aide du coefficient de proportionnalité.

**Respiration d'un enfant au repos**

| Temps (min) | 2 | 9 | ▬ | ▬ |
|---|---|---|---|---|
| Nombre de respirations | ▬ | ▬ | 120 | 360 |

**Situation 3**

Le nombre de respirations effectuées par un adulte au repos est proportionnel au temps.

**e.** Si l'adulte effectue 114 respirations en 6 min, combien en fera-t-il au cours d'une période :

1) 6 fois plus longue ?   2) 2,5 fois plus longue ?

3) 3 fois plus courte ?   4) 1,9 fois plus courte ?

**Situation 4**

Ce graphique montre la quantité d'air inspiré par une personne au repos selon le temps.

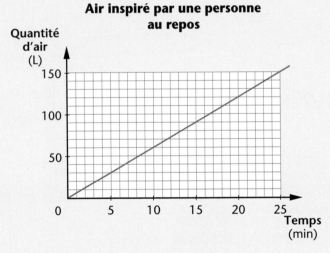

**Air inspiré par une personne au repos**

**f.** Quelle est la quantité d'air inspiré par une personne au repos en une minute ?

**g.** Combien de temps est nécessaire pour inspirer 1 L d'air ?

**h.** Détermine la quantité d'air inspiré par une personne au repos en :

1) 8 min

2) 12,5 min

ACTIVITÉ **2** Et roule la bille !

Le scientifique Galilée a consacré une partie de sa vie à l'étude du mouvement des corps en chute libre. Un jour, il réalisa l'expérience suivante : faire rouler une bille à une certaine vitesse sur une table et mesurer la distance entre la table et le point d'impact de la bille sur le sol. Il répéta cette expérience plusieurs fois en faisant varier la vitesse de la bille.

Galiléc
(1564-1642)

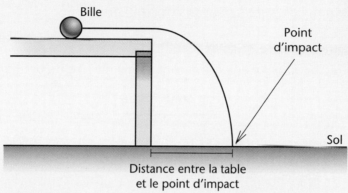

Bille

Point d'impact

Sol

Distance entre la table
et le point d'impact

En reproduisant l'expérience de Galilée, on a obtenu les données suivantes.

**Expérience de Galilée**

| Vitesse (cm/s) | 49,5 | 67,5 | 81 | 108 | 135 |
|---|---|---|---|---|---|
| Distance (cm) | 11 | 15 | 18 | 24 | 30 |

**a.** Explique pourquoi cette expérience est une situation de proportionnalité.

**b.** À l'aide des données de la table de valeurs, on a formé trois proportions. Formes-en trois autres. Dans les six cas, vérifie si le produit des extrêmes égale le produit des moyens.

1) $\dfrac{49,5}{11} = \dfrac{67,5}{15}$     2) $\dfrac{108}{24} = \dfrac{135}{30}$     3) $\dfrac{49,5}{11} = \dfrac{81}{18}$

**c.** Complète la table de valeurs ci-dessous d'après tes observations en **b.**

**Expérience de Galilée**

| Vitesse (cm/s) | 27 | 49,5 | 108 | | | 135 | 233,1 |
|---|---|---|---|---|---|---|---|
| Distance (cm) | | 11 | 24 | 25,5 | 27,4 | 30 | |

# Calepin des **savoirs**

### Résolution d'une situation de proportionnalité

Il existe plusieurs stratégies pour résoudre les problèmes qui comportent une situation de proportionnalité. En voici quatre :

## RETOUR À L'UNITÉ

Cette stratégie consiste à déterminer, à partir d'un rapport ou d'un taux déjà connu, le rapport ou le taux équivalent dont le numérateur ou le dénominateur est 1 qu'on utilise ensuite pour déduire les valeurs manquantes.

Ex. : On veut connaître le prix de 11 kg de bœuf haché, sachant que 4 kg coûtent 15,40 $.

On effectue le retour à l'unité en déterminant le prix de 1 kg de bœuf haché.

**Bœuf haché**

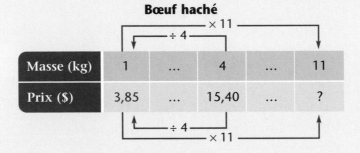

| Masse (kg) | 1 | ... | 4 | ... | 11 |
|---|---|---|---|---|---|
| Prix ($) | 3,85 | ... | 15,40 | ... | ? |

On détermine la valeur manquante comme suit : 11 × 3,85 = 42,35. Le prix de 11 kg de bœuf haché est donc de 42,35 $.

## COEFFICIENT DE PROPORTIONNALITÉ

Cette stratégie consiste à déterminer, à partir d'un rapport ou d'un taux déjà connu, le coefficient de proportionnalité qu'on utilise ensuite pour déduire les valeurs manquantes.

Ex. : On veut connaître le prix d'une dinde surgelée de 3,8 kg, sachant qu'une dinde surgelée de 5 kg coûte 23,25 $.

On détermine le coefficient de proportionnalité en cherchant le nombre par lequel il faut multiplier 5 pour obtenir 23,25.

**Dinde surgelée**

| Masse (kg) | ... | 3,8 | ... | 5 | ... | |
|---|---|---|---|---|---|---|
| Prix ($) | ... | ? | ... | 23,25 | ... | × 4,65 |

On détermine la valeur manquante comme suit : 3,8 × 4,65 = 17,67. Le prix d'une dinde surgelée de 3,8 kg est donc de 17,67 $.

## FACTEUR DE CHANGEMENT

Cette stratégie consiste à déterminer, à partir d'un rapport ou d'un taux déjà connu, un rapport ou un taux équivalent en multipliant son numérateur et son dénominateur par un même nombre différent de zéro.

> Ex. : On veut connaître le prix d'un jambon fumé de 7,5 kg, sachant qu'un jambon fumé de 2,5 kg coûte 6,45 $.
>
> On détermine le facteur de changement permettant de passer de 2,5 à 7,5.
>
> **Jambon fumé**
>
> | Masse (kg) | ... | 2,5 | ... | 7,5 | ... |
> |---|---|---|---|---|---|
> | Prix ($) | ... | 6,45 | ... | ? | ... |
>
> ×3 (Masse), ×3 (Prix)
>
> On détermine la valeur manquante comme suit : 6,45 × 3 = 19,35. Le prix d'un jambon fumé de 7,5 kg est donc de 19,35 $.

## PRODUIT DES EXTRÊMES ET PRODUIT DES MOYENS

Dans une proportion, le produit des extrêmes égale le produit des moyens.
On peut donc déterminer, à partir de trois des quatre termes d'une proportion, la valeur du terme manquant.

> Ex. : On veut connaître le prix d'un poulet de 3,7 kg, sachant qu'un poulet de 1,4 kg coûte 11,06 $.
>
> **Poulet**
>
> | Masse (kg) | ... | 1,4 | ... | 3,7 | ... |
> |---|---|---|---|---|---|
> | Prix ($) | ... | 11,06 | ... | ? | ... |
>
> On détermine la valeur manquante dans la proportion $\frac{1,4}{11,06} = \frac{3,7}{?}$ comme suit :
>
> $1,4 \times ? = 11,06 \times 3,7$
> $1,4 \times ? = 40,922$
> $? = 40,922 \div 1,4$
> $? = 29,23$
>
> Le prix d'un poulet de 3,7 kg est donc de 29,23 $.

1. Dans chaque cas, détermine la valeur qui permet de former une proportion.

a) $\dfrac{7}{3} = \dfrac{\blacksquare}{9}$

b) $\dfrac{200}{\blacksquare} = \dfrac{40}{3}$

c) $2 : 0{,}25 = 8 : \blacksquare$

d) $\dfrac{\blacksquare}{8} = \dfrac{33}{3}$

e) $\dfrac{250}{1000} = \dfrac{9}{\blacksquare}$

f) $3 : 5 = \blacksquare : 15$

2. Dans chaque cas, indique s'il est possible de répondre à la question à l'aide d'une proportion. Justifie ta réponse à l'aide de calculs.

a) À 24 ans, Henri mesure 1,85 m. Quelle sera sa taille à 48 ans?

b) Jérémie cueille 7 L de bleuets en 3 h. Quelle quantité de bleuets cueillera-t-il en 5 h?

c) Dans une course, il faut 30 s à un cycliste pour atteindre une vitesse de 40 km/h après le départ. Quelle sera sa vitesse 2 min après le départ?

d) Une marathonienne court à une vitesse moyenne de 8 km/h. En combien de temps terminera-t-elle le parcours de 42,195 km?

e) Un érable à sucre atteint sa pleine maturité en 40 ans. Si l'on plante cinq petits érables à sucre aujourd'hui, dans combien de temps atteindront-ils leur maturité?

L'érable à sucre est une espèce qui peut vivre jusqu'à 250 ans. À maturité, sa taille est d'environ 25 m. Il existe près de 200 espèces d'érables dans le monde.

3. Ces tables de valeurs sont associées à des situations de proportionnalité. Complète-les.

a) **Situation de proportionnalité A**

| $x$ | $y$ |
|---|---|
| 10 | 185 |
| 12 | ▆ |
| 25 | 462,5 |
| ▆ | 610,5 |

b) **Situation de proportionnalité B**

| $x$ | $y$ |
|---|---|
| 1 | 0,7 |
| 3 | 0,21 |
| 5,1 | ▆ |
| ▆ | 7,28 |

c) **Situation de proportionnalité C**

| $x$ | $y$ |
|---|---|
| 3 | ▆ |
| 4 | -52 |
| ▆ | -130 |
| 17 | ▆ |

d) **Situation de proportionnalité D**

| $x$ | $y$ |
|---|---|
| ▆ | 0 |
| 0,25 | ▆ |
| ▆ | 302,4 |
| 3,3 | 475,2 |

**4.** Sur l'étiquette d'une boîte de concentré de jus de raisin, on peut lire le mode d'emploi ci-dessous :

Jus de raisin
fait de concentré

> Mélanger 500 mL de concentré
> à 1,8 L d'eau et à 15 g de sucre.
> Conserver le mélange au réfrigérateur.

Dans chaque cas, complète la recette de façon à obtenir un mélange ayant la même concentration que celle du mode d'emploi.

a) **Mélange A**

Mélanger 350 mL de concentré à ▮ L d'eau et à ▮ g de sucre.

b) **Mélange B**

Mélanger ▮ mL de concentré à 2,4 L d'eau et à ▮ g de sucre.

c) **Mélange C**

Mélanger ▮ mL de concentré à ▮ L d'eau et à 48 g de sucre.

**5.** Une fromagerie est spécialisée dans les produits québécois.

a) Lequel de ces fromages coûte le plus cher par gramme ?

b) Une cliente achète 300 g de chaque fromage. Quelle somme déboursera-t-elle ?

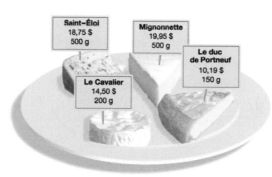

Saint-Éloi
18,75 $
500 g

Mignonnette
19,95 $
500 g

Le duc
de Portneuf
10,19 $
150 g

Le Cavalier
14,50 $
200 g

**6.** Dans chaque cas, détermine la valeur manquante de la situation de proportionnalité.

a) La distance entre Québec et Saguenay est de 207 km. Une motocycliste quitte Québec et roule à une vitesse moyenne de 90 km/h. Combien de temps lui faudra-t-il pour atteindre Saguenay ?

b) Une boîte de trois balles de tennis se vend 4,75 $. L'organisateur d'un tournoi doit se procurer 159 balles. Quelle somme doit-il prévoir dans son budget pour l'achat des balles ?

c) Du haut d'un hélicoptère, une biologiste doit estimer la population de phoques vivant sur une banquise d'une superficie de 9 555 000 m². À combien d'individus peut-elle estimer cette population si elle dénombre 27 phoques sur une superficie de 225 m² ?

d) Une personne lit 12 pages par jour d'un roman qui en compte 661. Combien de jours lui faudra-t-il pour lire le roman au complet ?

e) Dans un restaurant, on utilise 7 kg de sucre en 3 jours pour la préparation des desserts. Quelle quantité de sucre le cuisinier doit-il acheter s'il veut stocker la provision nécessaire aux 12 prochaines semaines ?

**7. FOURMIS** Malgré leur taille minuscule, les fourmis sont incroyablement fortes. En comparaison avec un être humain et compte tenu de leur masse, elles peuvent soulever des objets excessivement lourds.

**Force d'une fourmi**

| Masse de la fourmi (g) | 0,06 | 0,08 | 0,13 |
|---|---|---|---|
| Masse maximale soulevée (g) | 6,3 | 8,4 | 13,65 |

a) Détermine la masse minimale d'une fourmi qui pourrait soulever un objet de :

1) 4,2 g            2) 10,5 g            3) 17,85 g

b) Une fourmi dont la masse est de 0,075 g peut-elle soulever un objet de 7,7 g? Explique ta réponse.

c) Si la force d'un être humain était proportionnelle à celle d'une fourmi, quelle masse maximale pourrait soulever un homme ou une femme de 93,45 kg?

**8.** L'utilisation d'un dispositif de filtration et de certains produits chimiques permet de garder l'eau d'une piscine propre à la baignade. Une pompe assure la circulation de l'eau dans le dispositif. Le graphique ci-dessous illustre la quantité d'eau pompée selon le temps. Détermine le temps minimal nécessaire pour filtrer tout le contenu d'une piscine contenant 17 000 L d'eau.

En passant à travers des filtres comportant du sable ou des couches de tissus de fibres synthétiques, l'eau est débarrassée de ses impuretés.

**Filtre d'une piscine**

Quantité (L) / Temps (min)

**9. INTERNET** Les fichiers d'animation dans Internet sont constitués d'une série d'images souvent présentées à une vitesse de 15 images/s.

a) Représente graphiquement cette situation. Associe le temps à l'axe des abscisses.

b) Quel est le nombre d'images que comporte une animation d'une durée :

1) de 255 s?            2) de 12,5 min?

c) Complète cette série d'égalités formée de taux unitaires.

15 images/s = ▮ images/min = ▮ images/h = ▮ images/jour = ▮ images/année

**10.** ÉNERGIE  La pratique de chacune de ces activités pendant le temps indiqué nécessite la même dépense énergétique.

**Activités nécessitant la même dépense énergétique**

| Activité | Temps (min) | Activité | Temps (min) |
|---|---|---|---|
| Badminton | 20 | Quilles | 30 |
| Billard | 40 | Saut à la corde | 12 |
| Danse | 20 | Tennis de table | 22 |
| Natation | 15 | Yoga | 20 |

Complète les tableaux ci-dessous afin que la dépense énergétique soit la même pour les activités proposées.

a)

| Activité | Temps (min) |
|---|---|
| Billard | 170 |
| Yoga | |

b)

| Activité | Temps (min) |
|---|---|
| Natation | |
| Tennis de table | 93,5 |

c)

| Activité | Temps (min) |
|---|---|
| Badminton | |
| Natation | 72 |
| Saut à la corde | |

d)

| Activité | Temps (min) |
|---|---|
| Danse | |
| Quilles | |
| Yoga | 31,5 |

**11.** ÉRABLE À SUCRE  Un érable produit en moyenne 100 L d'eau d'érable par année. En faisant bouillir ce liquide, une partie de l'eau s'évapore pour former le sirop d'érable. En moyenne, il faut 40 L d'eau d'érable pour 1 L de sirop. Le Québec produit environ 80 000 000 L de sirop d'érable par année.

a)  Quelle quantité de sirop d'érable peut-on espérer produire avec 1250 érables?

b)  Estime le nombre d'érables servant à la production du sirop d'érable au Québec.

**12.** YEUX  Le clignement des yeux sert à hydrater l'œil afin d'en éviter le dessèchement. Un clignement dure un tiers de seconde. À l'état d'éveil, une personne cligne des yeux en moyenne 1200 fois/h. Détermine le nombre de clignements en un an pour un individu qui est à l'état d'éveil en moyenne 14 h par jour.

**13.** Quelles sont les valeurs de $a$ qui vérifient la proportion $3,75 : a = a : 21,6$?

**14.** Lorsqu'on suspend une masse de 21 g au bout d'un ressort, celui-ci s'allonge de 39 mm. Si l'on suspend une masse de 84 g au bout du même ressort, il s'allonge de 156 mm.

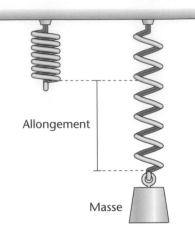

Allongement

Masse

a) L'allongement du ressort est-il proportionnel à la masse suspendue ? Explique ta réponse.

b) Détermine l'allongement du ressort si l'on y suspend une masse de 56 g.

c) Détermine la masse qui provoquera un allongement de 162,5 mm.

d) Si la longueur totale du ressort est de 220 mm lorsqu'une masse de 105 g y est suspendue, détermine la longueur du ressort lorsque aucune masse n'y est attachée.

**15.** LANCER DE POIDS  Le lancer de poids est une discipline olympique qui consiste à lancer le plus loin possible une boule de métal dont la masse est de 7,26 kg. Le tableau ci-contre montre le classement final des 12 athlètes ayant participé à une compétition olympique.

**Lancer de poids**

| Rang | Nom | Résultat (m) | Masse (kg) |
|------|-----|--------------|------------|
| 1 | BILONOG Yuriy | 6,45 | 135 |
| 2 | NELSON Adam | 6,45 | 120 |
| 3 | OLSEN Joachim | 6,42 | 130 |
| 4 | MARTINEZ Manuel | 6,35 | 132 |
| 5 | MIKHNEVICH Andrey | 6,28 | 127 |
| 6 | BELOV Yuriy | 6,20 | 120 |
| 7 | ANLEZARK Justin | 6,19 | 127 |
| 8 | BARTELS Ralf | 6,18 | 128 |
| 9 | GODINA John | 6,15 | 127 |
| 10 | KONOPKA Mikulas | 6,07 | 110 |
| 11 | VODOVNIK Miran | 5,90 | 160 |
| 12 | STEHLIK Petr | 5,86 | 120 |

Mirco affirme que le lancer de poids n'est pas une discipline équitable pour les athlètes. Il propose de convertir les distances des lancers à l'aide de la proportion suivante.

$$\frac{\text{distance du lancer}}{\text{masse de l'athlète}} = \frac{\text{distance convertie}}{\text{masse moyenne des athlètes}}$$

Que penses-tu de cette suggestion ?

ZOOM

Soit la proportion $\frac{a}{b} = \frac{c}{d}$, où $a$, $b$, $c$ et $d$ sont des nombres différents de zéro.
À l'aide d'exemples numériques, vérifie si l'on obtient une autre proportion :

a)  en intervertissant les moyens : $\frac{a}{c} = \frac{b}{d}$ ;     b)  en intervertissant les extrêmes : $\frac{d}{b} = \frac{c}{a}$ ;

c)  en inversant les deux rapports : $\frac{b}{a} = \frac{d}{c}$ ;     d)  en intervertissant les moyens et les extrêmes : $\frac{d}{c} = \frac{b}{a}$.

# Unité 11.4 Un point à l'horizon

PROJET

Cette unité t'aidera à réaliser les parties 1 et 2 de ton projet.

## SITUATION-PROBLÈME · L'ombre de la marionnette

Au cours d'un spectacle de marionnettes à fils, l'éclairage est assuré par un projecteur posé sur le sol à l'avant de la scène. On dirige d'abord le projecteur vers une marionnette d'une taille de 90 cm qui souhaite la bienvenue à l'auditoire. L'ombre de la marionnette est projetée à l'arrière de la scène, sur un mur rectangulaire de 6 m de haut sur 8 m de large.

Pour donner l'illusion que les marionnettes sont vivantes, les marionnettistes manipulent un système de tiges et de fils rattachés aux parties des figurines. Ils et elles peuvent ainsi faire bouger les différentes parties du corps du personnage.

Où doit-on placer le projecteur et la marionnette par rapport au mur de telle sorte que l'ombre de la marionnette occupe les trois quarts de la hauteur du mur ?

# Explorer l'homothétie

Le mathématicien Michel Chasles (1793-1880) était un spécialiste de la géométrie des transformations. Dans ses travaux, il utilisa régulièrement une transformation géométrique qu'il nomma «homothétie». Pour découvrir cette transformation et les éléments qui l'influencent, on a utilisé un logiciel de géométrie dynamique.

Michel Chasles publia en 1852 son œuvre la plus importante, *Traité de géométrie*.

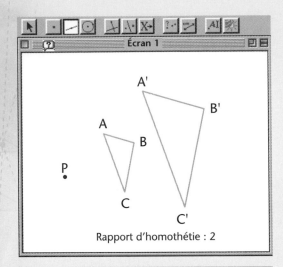

Écran 1

Rapport d'homothétie : 2

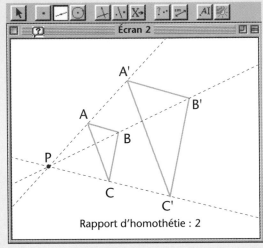

Écran 2

Rapport d'homothétie : 2

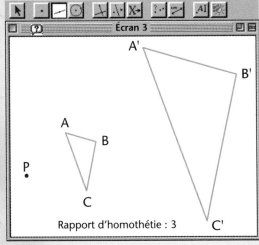

Écran 3

Rapport d'homothétie : 3

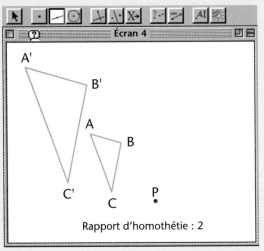

Écran 4

Rapport d'homothétie : 2

Tu peux utiliser un logiciel de géométrie dynamique pour visualiser ces transformations, explorer plusieurs cas possibles et faire des déductions.

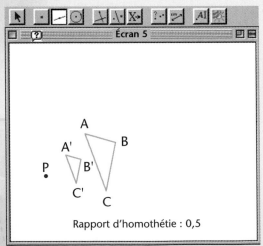

Écran 5

Rapport d'homothétie : 0,5

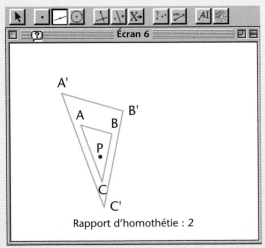

Écran 6

Rapport d'homothétie : 2

**a.** Sur l'écran **1**, détermine :

1) la figure initiale;    2) la figure image;    3) le centre d'homothétie.

**b.** Qu'ont de particulier les droites tracées sur l'écran **2**?

**c.** Par rapport à l'écran **1**, quel changement a-t-on apporté sur l'écran :

1) **3**?    2) **4**?    3) **5**?    4) **6**?

**d.** Observe les écrans.

1) Compare la forme de la figure initiale avec celle de la figure image. Que remarques-tu?

2) Compare l'inclinaison des côtés homologues des deux figures. Que remarques-tu?

3) Compare les mesures des angles homologues de la figure initiale et de la figure image. Que remarques-tu?

**e.** 1) Complète le tableau ci-contre. Utilise une règle graduée pour mesurer. Exprime les résultats en millimètres.

2) D'après ce tableau, quel lien existe-t-il entre le rapport d'homothétie et :

  i) le rapport des mesures des côtés homologues?

  ii) le rapport des distances des points homologues au centre d'homothétie?

| | Écran 3 | Écran 5 |
|---|---|---|
| Rapport d'homothétie | 3 | 0,5 |
| m $\overline{AB}$ | | |
| m $\overline{A'B'}$ | | |
| m $\overline{BC}$ | | |
| m $\overline{B'C'}$ | | |
| m $\overline{AC}$ | | |
| m $\overline{A'C'}$ | | |
| m $\overline{PA}$ | | |
| m $\overline{PA'}$ | | |
| m $\overline{PB}$ | | |
| m $\overline{PB'}$ | | |
| m $\overline{PC}$ | | |
| m $\overline{PC'}$ | | |

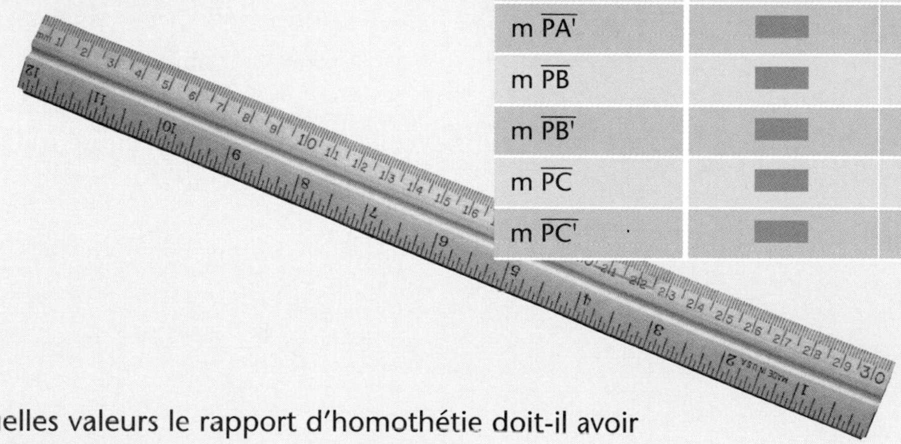

**f.** Quelles valeurs le rapport d'homothétie doit-il avoir pour que la figure image corresponde :

1) à une réduction de la figure initiale?

2) à un agrandissement de la figure initiale?

## Homothétie

L'**homothétie** est une **transformation géométrique** qui permet d'associer, à toute figure initiale, une figure image selon un **point fixe**, nommé **centre d'homothétie,** et un **rapport**, nommé **rapport d'homothétie.**

- On utilise le symbole $h$ pour désigner une homothétie.

- Dans une homothétie, l'image d'un point est située sur la droite passant par ce point et le centre d'homothétie.

- Lorsqu'un point A et son image A' sont situés du même côté du centre d'homothétie P, le rapport d'homothétie correspond à :

$$\frac{\text{distance du centre d'homothétie P au point image A'}}{\text{distance du centre d'homothétie P au point initial A}} = \frac{m\,\overline{PA'}}{m\,\overline{PA}}.$$

Ex. :

1) Le triangle A'B'C' est l'image du triangle ABC par l'homothétie $h_1$ de centre P et de rapport 0,5.

2) Le quadrilatère D'E'F'G' est l'image du quadrilatère DEFG par l'homothétie $h_2$ de centre Q et de rapport 3.

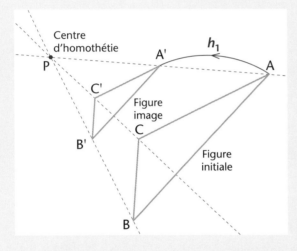

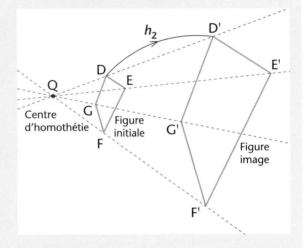

$$\frac{m\,\overline{PA'}}{m\,\overline{PA}} = \frac{m\,\overline{PB'}}{m\,\overline{PB}} = \frac{m\,\overline{PC'}}{m\,\overline{PC}} = 0,5$$

$$\frac{m\,\overline{QD'}}{m\,\overline{QD}} = \frac{m\,\overline{QE'}}{m\,\overline{QE}} = \frac{m\,\overline{QF'}}{m\,\overline{QF}} = \frac{m\,\overline{QG'}}{m\,\overline{QG}} = 3$$

Lorsque le **rapport d'homothétie** est :

- **compris entre 0 et 1,** la figure image correspond à une **réduction** de la figure initiale.

- **égal à 1,** la figure image est **isométrique** à la figure initiale.

- **supérieur à 1,** la figure image correspond à un **agrandissement** de la figure initiale.

L'homothétie est une transformation qui permet d'obtenir des figures ayant :

- des **angles homologues isométriques**;

- des **côtés homologues parallèles**;

- des **mesures de côtés homologues proportionnelles.**

Pour tracer l'image d'une figure par une homothétie, voir l'«Album», page 233.

1. Deux segments sont associés par une homothétie. Dans chacun des cas, détermine mentalement la donnée manquante.

a) **Homothétie de rapport 6**

| m $\overline{AB}$ | 9 cm |
|---|---|
| m $\overline{A'B'}$ | ▬ |

b) **Homothétie de rapport 0,25**

| m $\overline{AB}$ | 160 m |
|---|---|
| m $\overline{A'B'}$ | ▬ |

c) **Homothétie de rapport 3**

| m $\overline{AB}$ | ▬ |
|---|---|
| m $\overline{A'B'}$ | 90 mm |

d) **Homothétie de rapport ▬**

| m $\overline{AB}$ | 8 dm |
|---|---|
| m $\overline{A'B'}$ | 56 dm |

2. Dans chaque cas, explique pourquoi la figure ② ne peut pas être obtenue par une homothétie de la figure ①.

a)

① ②

b)

①

②

c)

①

②

3. Voici quatre homothéties de centre P effectuées à l'aide d'un logiciel de géométrie dynamique. Dans chaque cas, détermines-en le rapport.

a)

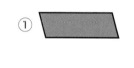

b)

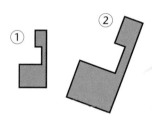

c)

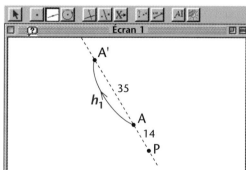

d)

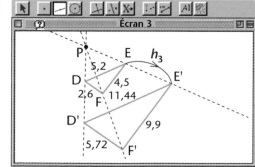

**4.** Détermine le point du quadrillage qui correspond :

a) à l'image du point M par une homothétie de centre R et de rapport 3 ;

b) au point dont l'image est le point F par une homothétie de centre J et de rapport 2 ;

c) à l'image du point A par une homothétie de centre S et de rapport $\frac{1}{3}$ ;

d) au point dont l'image est le point T par une homothétie de centre Y et de rapport $\frac{1}{4}$ ;

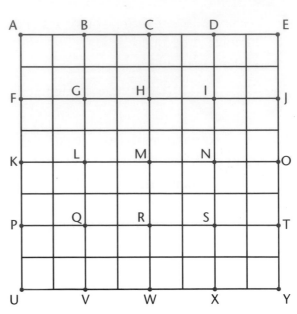

e) au centre de l'homothétie dont le point H est l'image du point K et dont le rapport est $\frac{1}{2}$.

**5.** Dans chaque cas, détermine le centre d'homothétie qui permet d'associer les deux figures.

a)

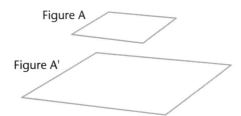

b)

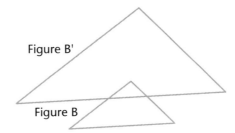

c)

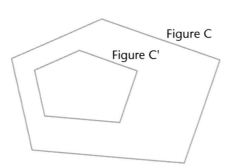

d)

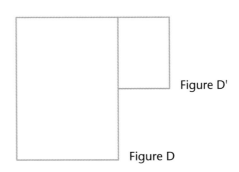

**6.** Le point F et son image F' sont situés du même côté du centre d'homothétie et le point F est à une distance de 20 cm de ce centre. Complète le tableau ci-dessous.

| Rapport d'homothétie | 7 | 4,5 | | | 0,35 | |
|---|---|---|---|---|---|---|
| Distance du point F' au centre d'homothétie (cm) | | | 16 | 50 | | 37 |

**7.** Ces tableaux présentent quelques informations concernant des homothéties de triangles et de quadrilatères. Complète chaque tableau en respectant le rapport d'homothétie indiqué.

a)

**Homothétie de rapport 7**

| | Mesures des côtés homologues | | |
|---|---|---|---|
| Figure initiale | 88 | 106 | |
| Figure image | | | 644,7 |

b)

**Homothétie de rapport $\frac{11}{2}$**

| | Mesures des côtés homologues | | | |
|---|---|---|---|---|
| Figure initiale | | 28 | | 20 |
| Figure image | 165 | | 210,1 | |

c)

**Homothétie de rapport $\frac{2}{3}$**

| | Mesures des côtés homologues | | |
|---|---|---|---|
| Figure initiale | | 9,6 | |
| Figure image | 7,4 | | 13 |

d)

**Homothétie de rapport 3,6**

| | Mesures des côtés homologues | | | |
|---|---|---|---|---|
| Figure initiale | 50 | 36 | | |
| Figure image | | | 198 | 219,6 |

**8.** Le triangle A'B'C' est l'image du triangle ABC par l'homothétie *h*.

Que peux-tu dire au sujet des quadrilatères AA'B'B, BB'C'C et AA'C'C ?

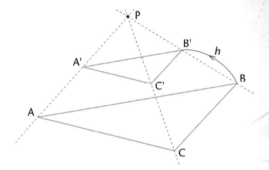

**9.** PERSPECTIVE LINÉAIRE  La perspective linéaire, découverte au 15ᵉ siècle, est une technique utilisée en peinture et en dessin. Elle permet de donner un effet de profondeur à des objets ou à des paysages. Les lignes donnent l'impression de profondeur en se rejoignant au point appelé *point de fuite,* situé sur une droite appelée *ligne d'horizon.* La perspective linéaire respecte les principes de l'homothétie.

Le peintre Masaccio (1401-1428) est l'un des premiers grands peintres à avoir exploité la perspective linéaire dans ses œuvres.

a) Sur ce paysage illustré en perspective linéaire, détermine :

1) m $\overline{BC}$;

2) m $\overline{TU}$.

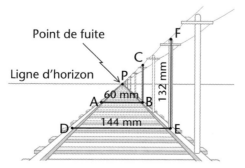

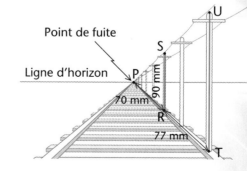

b) Dans la réalité, qu'en est-il :

1) de la largeur de la voie ferrée ?

2) de la hauteur des poteaux électriques ?

**10.** Le point A' est l'image du point A par une homothétie de centre P. Associe chacun des énoncés de la colonne de gauche à l'un des rapports d'homothétie de la colonne de droite.

**Énoncé**

**A** Le point A' est situé entre les points A et P tout en étant plus près du point A que du point P.

**B** La distance entre le point A' et le point P est supérieure à celle qui sépare le point A du point P.

**C** Le point A' est situé entre les points A et P tout en étant plus près du point P que du point A.

**Rapport d'homothétie**

**1** 0,35

**2** 2,1

**3** 0,8

**11.** LANCER DE JAVELOT  Le lancer de javelot est une discipline olympique qui consiste à lancer le plus loin possible un javelot. L'illustration ci-dessous montre la zone de chute du javelot au cours d'une compétition scolaire. À partir de 30 m, on y a tracé des arcs à intervalles de 5 m.

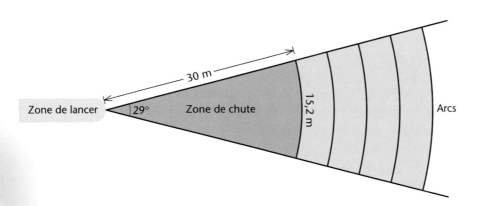

Zone de lancer · 29° · Zone de chute · 30 m · 15,2 m · Arcs

Alors qu'en 1988 le record du monde au lancer de javelot chez les femmes était de 80 m, il était de 71,70 m en 2005 ! Cette baisse de performance s'explique par les modifications apportées en 1999 aux normes de conception du javelot. Ainsi, les records établis avant 1999 ne comptent plus.

Détermine la mesure de l'arc associé à une distance de :

a)  35 m

b)  40 m

c)  50 m

**12.** Dans chaque cas, détermine la donnée manquante.

a)  Dans un plan, on définit une homothétie de rapport 6. Quelle est la mesure de chacun des côtés du carré image associée à un carré de 9,5 cm de côté ?

b)  Un rectangle de 3 cm sur 11 cm est l'image par homothétie d'un rectangle de 12 cm sur 44 cm. Quel est le rapport d'homothétie ?

c)  Dans un plan, on définit une homothétie de rapport 0,45. Quelle est la mesure du segment initial dont le segment image mesure 252 mm ?

d)  On applique une homothétie de rapport 15 à un losange de 3 cm de côté. Quel est le périmètre du losange image ?

**13. JUDO** Le judo est un sport de combat d'origine japonaise qui se pratique sur un tapis appelé *tatami*. Le tatami de compétition comporte trois zones ayant chacune la forme d'un carré. En appliquant une homothétie de centre C et de rapport 1,25 au carré bleu, on obtient le carré rouge. En appliquant une homothétie de centre C et de rapport 1,6 au carré rouge, on obtient le carré vert.

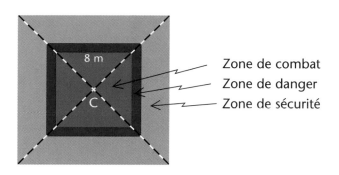

8 m

Zone de combat
Zone de danger
Zone de sécurité

C

Le judoka québécois Nicolas Gill, médaillé de bronze
aux Jeux olympiques de Barcelone en 1992 et médaillé d'argent
aux Jeux olympiques de Sydney en 2000.

a) Détermine le rapport de l'homothétie de centre C qui permet d'obtenir le carré vert à partir du carré bleu.

b) Détermine le périmètre du tatami.

c) Détermine l'aire de la zone de sécurité.

**14.** Dans l'illustration ci-contre, on a tracé en rouge l'image par homothétie d'un des côtés du pentagone ABCDE. Explique comment tu pourrais compléter la figure image sans effectuer de calculs ni utiliser de règle graduée.

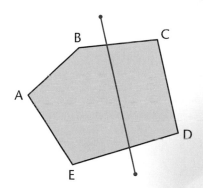

B    C

A

D

E

ZOOM

① Le point A' est l'image du point A par une homothétie de centre P. Quel doit être le rapport d'homothétie pour que le point A' coïncide avec :

a) le point A?          b) le centre P?

② a) Indique une caractéristique que l'homothétie ne partage pas avec la translation, la rotation et la réflexion.

b) Indique quelques caractéristiques que l'homothétie partage avec la translation, la rotation et la réflexion.

# Unité ‹11.5› Une ressemblance surprenante

PROJET

Cette unité t'aidera à réaliser les parties 1 et 2 de ton projet.

## SITUATION-PROBLÈME  Les poissons volants

Dans son œuvre *Limite carrée*, l'artiste néerlandais Maurits Cornelis Escher (1898-1972) a utilisé une technique de reproduction qui permet de recouvrir complètement une surface à l'aide de figures représentant des poissons volants. Chacun est un agrandissement, une réduction ou la reproduction exacte d'un autre poisson volant.

Un musée vend une affiche de l'œuvre dont les dimensions sont 17 fois plus grandes que les dimensions de la reproduction ci-dessous.

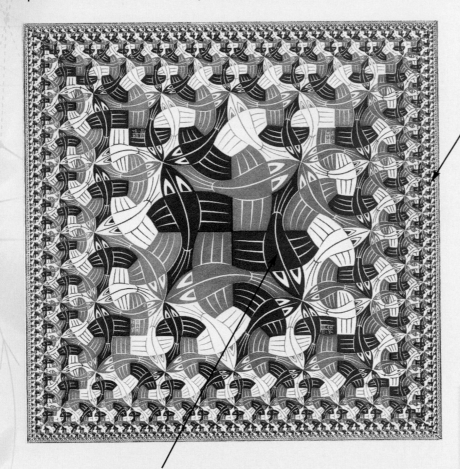

Poisson volant rouge B

Sur ce dessin, le périmètre du poisson volant rouge A est de 124 mm.

Les poissons volants ont de longues nageoires pectorales en forme d'ailes qui leur permettent d'effectuer des vols planés d'un peu plus d'une minute. En volant, ces poissons peuvent franchir une distance atteignant 1 km.

**Quel est le périmètre du poisson volant rouge B sur l'affiche vendue au musée ?**

## ACTIVITÉ 1 — La statue de la Liberté

La statue de la Liberté a été conçue en France dans les années 1870 par le sculpteur Frédéric Auguste Bartholdi et l'ingénieur Gustave Eiffel (1832-1923). L'œuvre a été offerte au peuple américain par la France pour célébrer le 100ᵉ anniversaire de l'indépendance des États-Unis. Depuis son inauguration en 1886, la statue de la Liberté se trouve à New York.

**a.** Avant de construire la statue de la Liberté, on a d'abord fait quelques modèles réduits. Sachant que les dimensions de la véritable statue de la Liberté sont 16 fois plus grandes que celles du modèle illustré ci-contre, complète le tableau ci-dessous.

**Statue de la Liberté**

| Partie | Mesure (m) |
|---|---|
| Hauteur des pieds à la torche | 46,05 |
| Hauteur des pieds à la tête | ▬ |
| Distance entre les yeux | ▬ |
| Longueur du nez | ▬ |
| Longueur du bras droit | ▬ |
| Largeur de la tablette | ▬ |

Hauteur des pieds à la torche : 287,8125 cm

Hauteur des pieds à la tête : 211,625 cm

Longueur du bras droit : 80 cm

Distance entre les yeux : 4,75 cm

Longueur du nez : 8,625 cm

Largeur de la tablette : 25,875 cm

**b.** Dans une boutique de souvenirs à New York, on vend des modèles réduits de la statue de la Liberté.

**1)** Cette statuette est combien de fois plus petite que la statue de la Liberté?

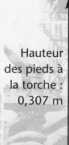

Hauteur des pieds à la torche : 0,307 m

**2)** Par quel facteur doit-on multiplier les dimensions de la statue de la Liberté pour déterminer celles de cette statuette?

Hauteur des pieds à la torche : 1,842 m

**3)** À quel pourcentage de celles de la statue de la Liberté les dimensions de cette statuette correspondent-elles?

Hauteur des pieds à la torche : 0,921 m

**C.** Voici quelques cartes comportant des éléments en lien avec la statue de la Liberté.
Dans chaque cas, réponds à la question en tenant compte de l'échelle de la carte.

1) On trouve à Paris
une réplique de la statue
de la Liberté quatre fois
plus petite que l'originale
à New York. Quelle est
la distance entre cette
réplique et la tour Eiffel ?

2) Un groupe d'élèves
d'une école de Val-d'Or
se rend à New York
pour visiter la statue de
la Liberté. Quelle est
la distance entre ces deux
villes ?

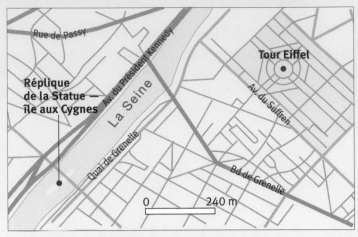

3) La statue de la Liberté
a été transportée par bateau
jusqu'à New York.
Quelle distance sépare
Paris de New York ?

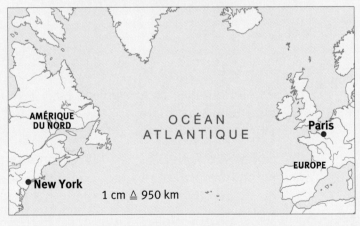

4) Le Musée des arts et métiers
à Paris et le Musée Bartholdi
à Colmar exposent chacun
une réplique de la statue
de la Liberté. Quelle est
la distance entre ces
deux villes ?

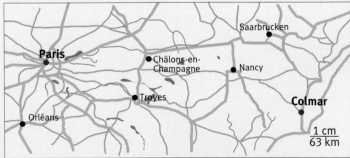

## ACTIVITÉ ② La pyramide Transamerica

D'une hauteur de 260 m, la pyramide Transamerica est le plus haut édifice de San Francisco. Elle a la forme d'une pyramide à base carrée. Ainsi, les étages sont carrés et leur aire est de plus en plus petite au fur et à mesure qu'on s'approche du sommet. Voici quelques données au sujet de trois étages de cet édifice.

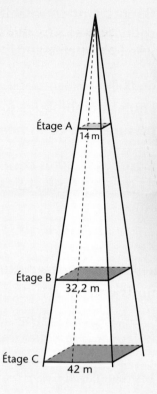

Étage A — 14 m

Étage B — 32,2 m

Étage C — 42 m

**a.** Complète le tableau ci-dessous.

**Pyramide Transamerica**

|  | Étage A | Étage B | Étage C |
|---|---|---|---|
| Mesure d'un côté (m) | ▬ | ▬ | ▬ |
| Périmètre (m) | ▬ | ▬ | ▬ |
| Aire (m²) | ▬ | ▬ | ▬ |

**b.** Quel lien existe-t-il entre les rapports ci-dessous?

1) $\dfrac{\text{mesure d'un côté de l'étage B}}{\text{mesure d'un côté de l'étage A}}$

2) $\dfrac{\text{périmètre de l'étage B}}{\text{périmètre de l'étage A}}$

3) $\dfrac{\text{aire de l'étage B}}{\text{aire de l'étage A}}$

**c.** Pour les étages A et C, quel lien existe-t-il entre le rapport de leurs mesures d'un côté, le rapport de leurs périmètres et le rapport de leurs aires?

**d.** Si le rapport des mesures d'un côté de deux étages donnés est $x$, donne l'expression qui indique :

1) le rapport de leurs périmètres;

2) le rapport de leurs aires.

La pyramide Transamerica compte 48 étages, dont le dernier est situé à 65 m du sommet. Des ascenseurs et des escaliers sont aménagés dans les deux sections qui ressortent de la structure à partir du 29ᵉ étage.

## Figures semblables

Deux **figures sont semblables** si l'une est un **agrandissement**, une **réduction** ou la **reproduction exacte** de l'autre. Par exemple, les homothéties et les reproductions à l'échelle font intervenir des figures semblables.

Dans deux figures semblables :

- les **angles homologues** sont **isométriques**;
- les **mesures des côtés homologues** sont **proportionnelles**.

Le rapport des mesures des côtés homologues de deux figures semblables est appelé **rapport de similitude** et s'exprime sous la forme suivante.

$$\text{Rapport de similitude} = \frac{\text{mesure d'un côté de la figure image}}{\text{mesure du côté homologue de la figure initiale}}$$

Lorsque le rapport de similitude est :

- **compris entre 0 et 1**, la figure image est une **réduction** de la figure initiale;
- **égal à 1**, la figure image est une **reproduction exacte** de la figure initiale;
- **supérieur à 1**, la figure image est un **agrandissement** de la figure initiale.

Ex. : Les triangles ABC, DEF et GHI sont semblables.

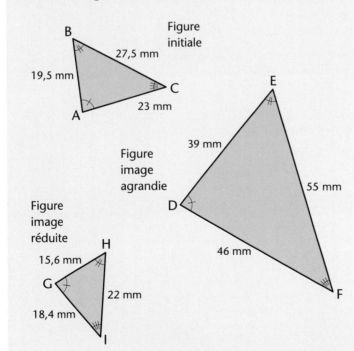

Le Δ DEF est un agrandissement du Δ ABC.

$$\text{Rapport de similitude} = \frac{m\,\overline{DE}}{m\,\overline{AB}} = \frac{m\,\overline{EF}}{m\,\overline{BC}} = \frac{m\,\overline{DF}}{m\,\overline{AC}}$$

$$= \frac{39}{19,5} = \frac{55}{27,5} = \frac{46}{23}$$

$$= 2$$

Le Δ GHI est une réduction du Δ ABC.

$$\text{Rapport de similitude} = \frac{m\,\overline{GH}}{m\,\overline{AB}} = \frac{m\,\overline{HI}}{m\,\overline{BC}} = \frac{m\,\overline{GI}}{m\,\overline{AC}}$$

$$= \frac{15,6}{19,5} = \frac{22}{27,5} = \frac{18,4}{23}$$

$$= 0,8$$

Le symbole « ~ » signifie « est semblable à ». Par exemple, pour indiquer que les triangles ABC et DEF sont semblables, on écrit Δ ABC ~ Δ DEF.

Dans deux figures semblables :

* le rapport de leurs périmètres est égal au rapport de similitude ;
* le rapport de leurs aires est égal au carré du rapport de similitude.

Ex. : Soit RSTU ~ R'S'T'U'.

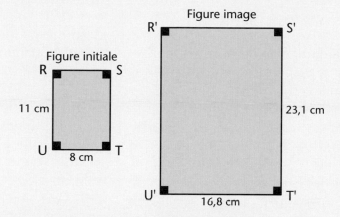

Figure image

Figure initiale

$$\text{Rapport de similitude} = \frac{\text{mesure d'un côté de la figure image}}{\text{mesure du côté homologue de la figure initiale}} = \frac{16,8}{8} = \frac{23,1}{11} = 2,1$$

$$\frac{\text{périmètre du rectangle R'S'T'U'}}{\text{périmètre du rectangle RSTU}} = \frac{2 \times 16,8 + 2 \times 23,1}{2 \times 8 + 2 \times 11} = \frac{79,8}{38} = 2,1$$

$$\frac{\text{aire du rectangle R'S'T'U'}}{\text{aire du rectangle RSTU}} = \frac{16,8 \times 23,1}{8 \times 11} = \frac{338,08}{88} = 4,41, \text{ ce qui correspond à } 2,1^2.$$

Les **reproductions à l'échelle**, comme les plans, les cartes et les modèles, font intervenir la notion d'agrandissement ou la notion de réduction. L'**échelle** permet de comparer les dimensions d'une reproduction avec les dimensions de la figure initiale. L'échelle s'exprime de différentes façons.

| Type d'échelle | Linéaire | Rapport | Correspondance | Taux |
|---|---|---|---|---|
| **Ex. :** | 0▭500 km | 1 : 150 | 2 cm ≜ 7 km | $\frac{3 \text{ cm}}{10 \text{ m}}$ |
| **Explication** | Une longueur de 2 cm sur le plan, la carte ou le modèle équivaut à 500 km dans la réalité. | Une unité de longueur sur le plan, la carte ou le modèle équivaut à 150 unités de la même longueur dans la réalité. | Une longueur de 2 cm sur le plan, la carte ou le modèle correspond à 7 km dans la réalité. Le symbole « ≜ » signifie « correspond à ». | Une longueur de 3 cm sur le plan, la carte ou le modèle équivaut à 10 m dans la réalité. |

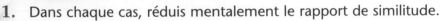

# Coup d'œil

1. Dans chaque cas, réduis mentalement le rapport de similitude.

   a) $\dfrac{8}{72}$   b) $\dfrac{150}{90}$   c) $\dfrac{4}{46}$   d) $\dfrac{60}{100}$

2. Sur le plan d'une usine, la distance entre deux appareils d'éclairage est de 3 cm. Détermine mentalement la distance réelle entre ces deux appareils si l'échelle du plan est :

   a) 1 : 15   b) 1 : 210   c) 3 : 1900   d) 6 : 5000

3. Dans chaque cas, estime la longueur réelle du trajet illustré en tenant compte de l'échelle de la carte.

   a)
   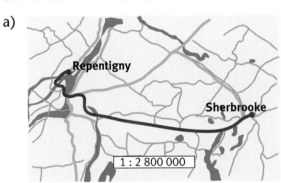

   b)
   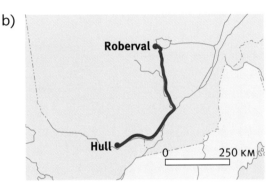

4. Voici quelques rapports de similitude.

   $$\dfrac{5}{4} \qquad 0{,}15 \qquad \dfrac{9}{10} \qquad 2{,}1 \qquad \dfrac{10}{3} \qquad \dfrac{18}{15}$$

   a) Lesquels ont pour effet d'agrandir une figure initiale donnée ?

   b) Lequel a pour effet d'agrandir le plus une figure initiale donnée ?

   c) Lesquels ont pour effet de réduire une figure initiale donnée ?

   d) Lequel a pour effet de réduire le plus une figure initiale donnée ?

5. Dans chaque cas, indique si les deux figures sont semblables et explique ta réponse.

   a)
   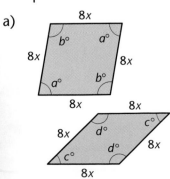

   b)
   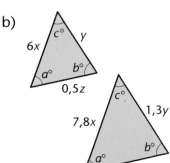

   c)

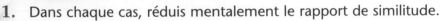

**6.** Dans chaque cas, détermine à l'aide d'une règle graduée le rapport de similitude des deux figures.

a)

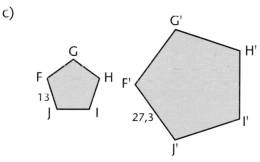

Figure initiale

Figure image

b)

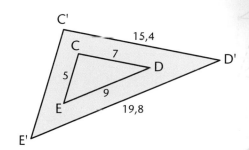

Figure initiale

Figure image

**7.** On a effectué la réduction ou l'agrandissement de quelques figures à l'aide d'un logiciel de dessin. Dans chaque cas, détermine le rapport de similitude des deux figures.

a)

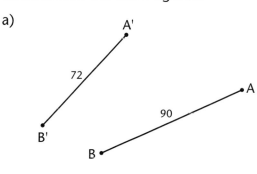

A'

72

B'

A

90

B

b)

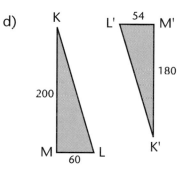

C'

15,4

C

7

D

D'

5

E

9

19,8

E'

c)

G'

H'

G

F

H

F'

13

J

I

27,3

I'

J'

d)

K

L'   54   M'

180

200

M   60   L

K'

**8.** IGUANODON  Afin de parfaire sa recherche sur les dinosaures, André visite un musée pour se renseigner et prendre quelques photos. De retour à la maison, il réalise qu'il a oublié de noter la hauteur du squelette de l'iguanodon. Cependant, il a rapporté une photo de lui-même, prise par un autre visiteur. Sachant que la taille d'André est de 1,45 m, déduis la hauteur du squelette.

L'iguanodon est un herbivore aujourd'hui disparu. On estime que sa masse adulte était d'environ 5 t et qu'il pouvait se déplacer à une vitesse de 35 km/h.

**9.** Dans chaque cas, complète le tableau en tenant compte du rapport de similitude.

a) **Rapport de similitude : 5**

| Mesures des côtés homologues | | |
|---|---|---|
| Figure initiale | | 7 | 18 |
| Figure image | 75 | | |

b) **Rapport de similitude : $\frac{2}{5}$**

| Mesures des côtés homologues | | | |
|---|---|---|---|
| Figure initiale | 14 | 31 | | |
| Figure image | | | 3,6 | 8 |

c) **Rapport de similitude : $\frac{6}{5}$**

| Mesures des côtés homologues | | |
|---|---|---|
| Figure initiale | 620 | | 380 |
| Figure image | | 600 | |

d) **Rapport de similitude : 0,15**

| Mesures des côtés homologues | | | |
|---|---|---|---|
| Figure initiale | | 112 | | 150 |
| Figure image | 13,5 | | 15 | |

**10.** Associe chacune des reproductions de la colonne de gauche à l'une des échelles de la colonne de droite.

| Reproduction | | Échelle | |
|---|---|---|---|
| **A** | Modèle réduit d'une voiture de course à assembler. | **1** | 1 : 50 |
| **B** | Dessin d'un globule rouge dans une revue scientifique. | **2** | 1 : 22 000 000 |
| **C** | Locomotive-jouet. | **3** | 10 000 : 1 |
| **D** | Carte géographique du Canada dans un atlas. | **4** | 1 : 8 |

**11.** Igor s'interroge sur la hauteur de la paroi de glace verticale qu'il vient d'escalader. À 0,6 m du bord de la paroi, il regarde vers le bas et aperçoit une tente située à 5 m du pied de la paroi. Les yeux de Igor sont à une hauteur de 1,5 m du sol. Détermine la hauteur de la paroi de glace en sachant que cette situation donne lieu à des triangles semblables.

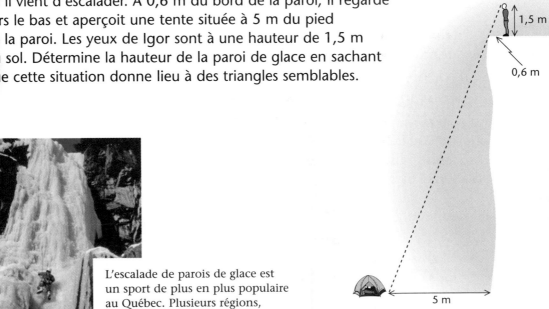

1,5 m

0,6 m

5 m

L'escalade de parois de glace est un sport de plus en plus populaire au Québec. Plusieurs régions, aussi bien les Laurentides que la Gaspésie, offrent de magnifiques sites aux adeptes de ce sport.

**12.** Dans chaque cas, détermine le rapport indiqué.

a) Le rapport de similitude qui associe deux figures semblables est 5,3. Quel est le rapport de leurs périmètres?

b) Le rapport de similitude qui associe deux figures semblables est 0,9. Quel est le rapport de leurs aires?

c) Le rapport des périmètres de deux figures semblables est 1,7. Quel est leur rapport de similitude?

**13.** À l'aide d'une règle graduée et d'un rapporteur, trace une figure semblable à celle illustrée ci-dessous selon un rapport de similitude de 0,7. Écris les mesures sur ta figure.

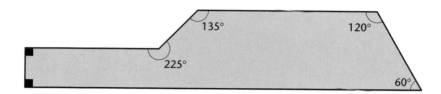

**14.** Dans chaque cas, trace la figure image sur le quadrillage.

a) Triple les dimensions de cette figure.

b) Réduis de moitié les dimensions de cette figure.

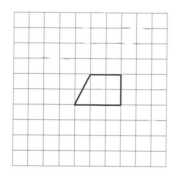
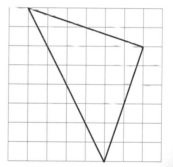

c) Agrandis cette figure selon un rapport de similitude de 2,5.

d) Réduis cette figure selon un rapport de similitude de 0,25.

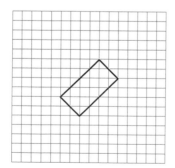
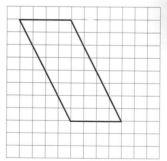

**15.** Un rectangle mesure 480 mm sur 360 mm. On réduit ce rectangle selon le rapport de similitude 0,6 et on agrandit ensuite l'image obtenue selon le rapport de similitude 7,5. Détermine les dimensions de la figure image finale.

**16. AVION** Une entreprise vend des modèles réduits à l'échelle 1 : 5 du Cessna 182. L'appareil est muni d'un moteur et on peut en contrôler le vol à l'aide d'une télécommande. Voici quelques données concernant cet avion :

**Cessna 182**

| | Données du modèle réduit | Données réelles |
|---|---|---|
| Envergure (m) | 2,19 | ▬ |
| Longueur (m) | 1,53 | ▬ |
| Hauteur (m) | 0,56 | ▬ |
| Superficie d'une aile (m²) | 0,648 | ▬ |
| Masse (kg) | 6 | 700 |

Modèle réduit du Cessna 182

a) Complète le tableau ci-dessus.

b) Le rapport des masses est-il équivalent à l'échelle de reproduction ? Explique ta réponse.

**17.** Dans chaque cas, écris l'expression algébrique correspondant à la mesure demandée.

a) La diagonale d'un quadrilatère mesure $x$ cm. On reproduit ce quadrilatère selon le rapport de similitude $k$. Quelle est la mesure de la diagonale homologue dans la figure image ?

b) L'un des côtés d'un carré mesure $x$ cm. On reproduit ce carré selon le rapport de similitude $k$. Quel est le périmètre de la figure image ?

c) Un rectangle mesure $x$ cm sur $y$ cm. On reproduit ce rectangle selon le rapport de similitude $k$. Quelle est l'aire de la figure image ?

**18. POUPÉES RUSSES** Un ensemble de poupées russes est constitué de plusieurs figurines semblables. Chaque poupée est creuse, sauf la plus petite, et s'emboîte dans une autre de plus grande taille. La plus grosse peut contenir toutes les autres. Voici l'illustration de trois poupées russes :

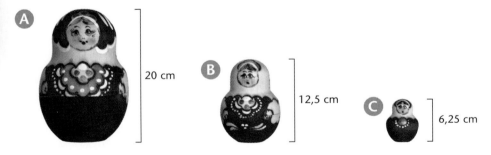

a) Quelle est la largeur de la figurine **A** si celle de la figurine **B** est de 5 cm ?

b) Quel est le périmètre de la figurine **B** si celui de la figurine **C** est de 17 cm ?

c) Quelle est l'aire de la figurine **C** si celle de la figurine **A** est de 102,4 cm² ?

Si l'enseignant n'avait pas décidé de passer à autre chose, qu'aurait-il dû faire pour répondre à la demande de Marie?

1. Vrai ou faux? Dans chaque cas, explique ta réponse.

   a) Les segments sont tous semblables.

   b) Les triangles isocèles sont tous semblables.

   c) Les triangles équilatéraux sont tous semblables.

   d) Les rectangles sont tous semblables.

   e) Les cercles sont tous semblables.

2. La mesure de chacun des côtés d'un quadrilatère est le triple de celle d'un côté d'un carré. De quel type de quadrilatère s'agit-il :

   a) si le quadrilatère est semblable au carré?

   b) si le quadrilatère n'est pas semblable au carré?

3. Explique la différence entre les deux opérations suivantes : «réduire les dimensions d'une figure à 60 %» et «réduire les dimensions d'une figure de 60 %».

# Société des maths

## Âryabhata (476-550)

L'une des plus anciennes traces écrites révélant la connaissance des proportions vient du mathématicien et astronome indien Âryabhata. Voici comment il notait les termes d'une proportion :

$$\frac{\text{mesure}}{\text{désir}} = \frac{\text{fruit}}{\text{fruit du désir}}$$

Déjà, à cette époque, Âryabhata savait que, dans une proportion, le produit des extrêmes est égal au produit des moyens. Il exprimait de façon plutôt poétique comment déterminer le terme manquant d'une proportion :

*Pour trouver le fruit du désir, il faut multiplier le fruit par le désir et diviser par la mesure.*

## Liber abbaci

Dans son livre intitulé *Liber abbaci* publié en 1202, Leonardo Fibonacci (v. 1175- v. 1240) montrait comment effectuer certaines opérations arithmétiques de base. Il y présentait également de nombreux problèmes, dont celui-ci :

### Problème 1

*Un roi envoie 30 hommes dans un verger. En 9 jours, ils y plantent 1000 arbres. Combien de jours aurait-il fallu à 36 hommes pour planter 4400 arbres ?*

Le *Liber abbaci* connut un très grand succès, car il permit à de nombreuses personnes du commerce, de la magistrature et de la noblesse de mieux gérer leurs affaires. La diffusion du livre fut cependant limitée : à l'époque, l'imprimerie n'avait pas encore été inventée et chaque exemplaire était copié à la main.

## Fra Luca Pacioli (v. 1445-1517)

L'invention de l'imprimerie par Gutenberg révolutionna la diffusion des livres. En 1494, le moine italien Fra Luca Pacioli publia, grâce au procédé de Gutenberg, un livre intitulé *Summa de arithmetica, geometria, proportioni et proportionalita*. Sans apporter de véritables nouvelles connaissances, ce livre avait cependant le grand mérite de résumer les connaissances mathématiques de l'époque, dont celles liées aux proportions dans certaines figures géométriques et constructions humaines. Pacioli y présenta pour la première fois les grands principes de la comptabilité. Pour cette raison, on le considère comme le père de la comptabilité moderne. Ce livre connut un si grand succès qu'il fut traduit en plusieurs langues.

# Histoire des proportions

## Les échanges commerciaux

Au Moyen Âge et à la Renaissance, les échanges commerciaux entre villes et pays devinrent de plus en plus importants. Un problème particulier est alors apparu : l'échange des monnaies. À cette époque, pratiquement chaque ville avait sa propre devise. Les gens d'affaires qui commerçaient devaient fréquemment convertir des monnaies. Par exemple, on utilisait la lire dans la région de Venise, mais elle n'avait pas la même valeur d'une ville à l'autre. C'est dans ce contexte que le mathématicien Tartaglia (1499-1557) a formulé le problème suivant.

### Problème 2

*100 lires de la ville de Modon valent 115 lires de Venise.*
*180 lires de Venise valent 150 lires de Corfou.*
*240 lires de Corfou valent 360 lires de Negroponte.*
*À combien de lires de Modon équivalent 666 lires de Negroponte ?*

## Une méthode, plusieurs appellations

On sait depuis fort longtemps comment déterminer le terme manquant d'une proportion dont on connaît les trois autres termes. Au fil des époques, cette méthode porta différentes appellations.

- Au 7ᵉ siècle, en Inde, c'était la *règle de trois*, en référence aux trois termes connus de la proportion.

- Au Moyen Âge, dans le commerce, on l'utilisait souvent; c'est pourquoi elle portait le nom de *règle des marchands* ou *clé des marchands*.

- En 1542, le mathématicien gallois Robert Recorde (1510-1567) lui donna le nom de *règle des proportions*.

- Grâce à sa grande commodité d'utilisation, on l'a ensuite appelée *règle d'or*, comme l'attestent certains dictionnaires.

## À TOI DE JOUER

**1** Dans une proportion, comment Âryabhata nommait-il :
  a) les extrêmes ?
  b) les moyens ?

**2** Dans les problèmes **1** et **2** énoncés précédemment, lequel correspond :
  a) à une situation de proportionnalité ?
  b) à une situation inversement proportionnelle ?

**3** a) Résous le problème **1** proposé par Fibonacci.
  b) Résous le problème **2** proposé par Tartaglia.

**4** Dans les écrits de Tartaglia, on trouve l'expression suivante :

$$\frac{2\frac{1}{2}}{\frac{3}{7}} = \frac{x}{9}.$$

Quelle est la valeur de $x$ dans cette proportion ?

## À TOI DE CHERCHER

**5** Quel est le nom de la monnaie utilisée :
  a) en France ?
  b) au Japon ?
  c) en Italie ?
  d) en Inde ?

**6** Fra Luca Pacioli eut comme élève et ami l'un des plus célèbres artistes de son époque. Qui est cet artiste qui illustra son livre *Divine proportion* ?

## Le cyclisme professionnel

Le vélo est généralement une activité récréative ou
un moyen de transport. Cependant, des athlètes pratiquent
le cyclisme professionnel. Que ce soit sur route, sur piste ou
en vélo de montagne, des athlètes, tels que Lyne Bessette,
Charles Dionne, Lori-Ann Muenzer et Marie-Hélène Prémont
ont su repousser les limites des performances cyclistes
grâce à des années d'entraînement et vivent aujourd'hui
de leurs coups de pédales.

Charles Dionne,
cycliste professionnel
sur route.

Marie-Hélène Prémont,
médaillée d'argent
en vélo de montagne
aux Jeux olympiques
d'Athènes de 2004.

## D'abord un sport d'endurance

Avant d'être un sport de force, le cyclisme
est d'abord un sport d'endurance. Tout
le long d'une course, l'athlète doit conserver
une partie de son énergie afin d'avoir la capacité,
au besoin, de faire un sprint de fin de parcours.
Pour optimiser sa vitesse, le ou la cycliste doit
tenir compte de deux éléments : le braquet
de son vélo et sa cadence de pédalage.

## Le braquet du vélo

Voici comment fonctionne le mécanisme de transmission
d'un vélo : en pédalant, le ou la cycliste active l'un des plateaux
fixés au pédalier ; ce plateau entraîne une chaîne qui transmet
le mouvement à l'un des pignons fixés à la roue arrière,
faisant tourner cette dernière.

Le braquet correspond au rapport suivant :

$$\frac{\text{nombre de dents du plateau avant utilisé}}{\text{nombre de dents du pignon arrière utilisé}}$$

Par exemple, un braquet 50 : 10 signifie que la chaîne du vélo
relie un plateau de 50 dents à un pignon de 10 dents.
Ainsi, à chaque tour complet de pédalier, la roue arrière
fait 5 tours complets.

L'utilisation d'un petit braquet requiert un plus grand nombre
de tours de pédalier qu'un grand braquet pour franchir la même distance.
Toutefois, l'utilisation d'un petit braquet requiert moins d'énergie,
alors que la force exigée par un grand braquet est plus importante.

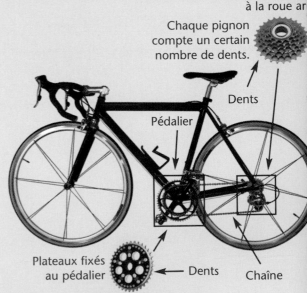

Pignons fixé
à la roue ar

Chaque pignon
compte un certain
nombre de dents.

Dents

Pédalier

Plateaux fixés
au pédalier

Dents

Chaîne

Chaque plateau
compte un certain
nombre de dents.

# Coureur ou coureuse cycliste

## La cadence de pédalage

La cadence d'un ou d'une cycliste correspond au taux suivant :

$$\frac{\text{nombre de tours de pédalier}}{\text{nombre de minutes}}$$

Alors que la plupart des cyclistes amateurs sont capables de maintenir une cadence d'environ 90 tours de pédalier par minute, les cyclistes professionnels peuvent en maintenir une dépassant les 110 tours de pédalier par minute. L'idéal est de maintenir une cadence à la fois rapide et confortable, tout en utilisant le plus gros braquet possible.

## Le Tour de France

Pour les cyclistes professionnels, le Tour de France est la compétition la plus importante de l'année. Cette course compte une vingtaine d'étapes ; à chacune, les cyclistes doivent franchir le parcours le plus rapidement possible. Le Tour de France existe depuis 1903.

Parcours de la cinquième étape du Tour de France 2005.

0 ▭▭▭▭ 20 km

## À TOI DE JOUER

**1** Place dans l'ordre croissant les braquets suivants : 39 : 8, 39 : 26, 53 : 26, 53 : 23, 39 : 14, 53 : 18, 53 : 13.

**2** Un cycliste roulant avec un braquet 39 : 24 fait deux tours complets de pédalier. Combien de tours la roue arrière fait-elle ?

**3** Exprime la vitesse 38 km/h en une vitesse équivalente en mètres par seconde.

**4** À l'aide de la carte de l'un des parcours du Tour de France 2005, réponds aux questions suivantes.

a) Estime la distance du parcours illustré.

b) Détermine la distance à vol d'oiseau entre la ville de départ et la ville d'arrivée.

c) Exprime l'échelle de la carte sous la forme d'un rapport.

d) Si l'on reproduit cette carte sur une affiche d'une largeur de 2 m, quelle sera la hauteur de cette dernière ?

## À TOI DE CHERCHER

**5** Détermine le braquet de ton vélo lorsque la chaîne est :

a) sur le plus gros plateau du pédalier et le plus petit pignon de la roue arrière ;

b) sur le plus petit plateau du pédalier et le plus gros pignon de la roue arrière.

**6** a) Explique comment déterminer le nombre de braquets d'un vélo.

b) Quel est le nombre de braquets sur ton vélo ?

1. Voici quelques situations décrites selon divers modes de représentation.
   Dans chaque cas, détermine s'il s'agit d'une situation de proportionnalité,
   d'une situation inversement proportionnelle ou d'une situation d'un autre type.

   a) Ariane prend sa douche.
      On s'intéresse à
      la relation entre
      la durée de la douche
      et la quantité d'eau
      utilisée.

   b) On s'intéresse à
      la relation entre la durée
      du vol d'un avion et
      la quantité de carburant
      qu'il reste dans le réservoir.

   c)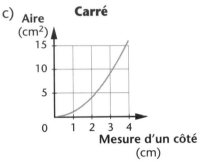

   **Carré**

   d) **Construction d'un mur de briques**

   | Nombre de personnes | Temps nécessaire (h) |
   |---|---|
   | 2 | 120 |
   | 3 | 80 |
   | 4 | 60 |
   | 5 | 48 |
   | 6 | 40 |

   e) La règle $s = 4,8e$ permet
      de calculer le nombre $s$
      de secondes qu'il faut
      à un ascenseur pour
      parcourir une distance
      selon le nombre $e$
      d'étages à monter.

   f) Bruno tond les pelouses
      pour gagner un peu
      d'argent de poche.
      Il demande 5 $ pour
      l'utilisation de sa tondeuse
      et 6 $/h pour ses services.
      On s'intéresse à la relation
      entre le temps nécessaire
      à Bruno pour tondre
      une pelouse et le revenu
      total qu'il en tire.

   g) Willy prend son bain.
      On s'intéresse
      à la relation entre
      la durée du bain et
      la quantité d'eau utilisée.

   h) **Refroidissement**

   | Temps (s) | Température (°C) |
   |---|---|
   | 5 | −15 |
   | 10 | −30 |
   | 12 | −36 |
   | 20 | −60 |
   | 25 | −75 |

   i) **Vol d'un insecte**

2. Le temps de cuisson d'un poisson dans une poêle dépend de l'épaisseur du
   poisson. Un chef cuisinier suggère d'utiliser comme référence le taux $\frac{600 \text{ s de cuisson}}{25 \text{ mm d'épaisseur}}$.

   a) Quel est le taux unitaire équivalent au taux suggéré?

   b) Complète la table de valeurs suivante.

   **Cuisson d'un poisson**

   | Épaisseur du poisson (mm) | 10 | 20 | 25 | | |
   |---|---|---|---|---|---|
   | Temps de cuisson (s) | | | | 768 | 1200 |

   c) Représente graphiquement la relation entre l'épaisseur d'un poisson et
      son temps de cuisson. Associe l'épaisseur du poisson à l'axe des abscisses.

**3.** En tondant le gazon, une personne brûle 100 cal/15 min. Un individu doit brûler 3500 calories pour perdre 450 g de masse corporelle. Représente graphiquement la relation entre le temps passé à tondre la pelouse et la masse corporelle perdue. Associe le temps à l'axe des abscisses.

**4.** Détermine la valeur recherchée dans chacune de ces situations.

a) Dans la préparation d'une fondue chinoise, on compte 300 g de viande pour 2 personnes. Quelle quantité de viande doit-on prévoir pour en servir à 11 personnes ?

b) L'écart entre l'âge d'Éric et celui de sa sœur Iza est de 5 ans. Lorsque l'âge d'Éric aura doublé, quel sera l'écart entre son âge et celui d'Iza ?

c) Une boisson énergétique contient 167 cal/375 mL. Combien de calories trouve-t-on dans 2,25 L de cette boisson ?

d) Un cheveu pousse à un rythme de 2,5 mm/10 jours. Au bout de combien de jours un cheveu de 5 cm mesurera-t-il 43 cm ?

**5.** NAVETTE SPATIALE  Le *Crawler* est la structure motorisée la plus massive du monde. Il sert à transporter une navette spatiale du bâtiment d'assemblage au site de lancement. Le *Crawler* fonctionne à l'essence et consomme 356 L/km.

Le *Crawler* transporte une navette spatiale à environ 1,6 km/h.

a) Combien de litres d'essence le *Crawler* consomme-t-il pour franchir :

1) 1,5 km ?

2) 2,88 km ?

3) 4,7 km ?

b) La consommation d'essence d'une voiture donnée est de 10 L/100 km. Détermine la distance que cette voiture doit parcourir pour consommer la même quantité d'essence que le *Crawler* en consomme pour franchir 450 m.

**6.** Les trois bols ci-dessous contiennent du chocolat chaud ayant la même concentration. Quel bol contiendra le mélange au goût de cacao le plus prononcé si l'on ajoute à chacun :

a) 80 mL de lait chaud ?

b) 10 mL de poudre de cacao ?

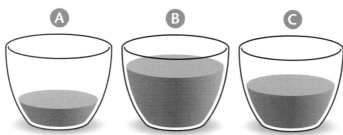

7. **JUS** Les jus sont souvent une excellente source de vitamines. Toutefois, les fabricants ajoutent parfois une grande quantité de sucre à leurs jus. Voici quelques éléments que l'on trouve dans une portion de 250 mL d'un jus vendu dans le commerce.

**Fiche nutritionnelle d'une portion de 250 mL de jus**

| Élément | Quantité |
|---|---|
| Calories | 154 |
| Protéines (g) | 0,3 |
| Sucres (g) | 32 |

a) Une barre de chocolat contient 72 g de sucre. Combien de portions de 250 mL de jus doit-on boire pour consommer autant de sucre que dans cette barre de chocolat?

b) Rédige une question en lien avec cette fiche nutritionnelle. Ta question doit faire appel à la résolution d'une situation de proportionnalité.

8. **TSUNAMI** Ce mot d'origine japonaise signifie «grande vague dans le port». Un tsunami peut être provoqué par un tremblement de terre sous la mer. Le graphique ci-dessous montre la distance parcourue en mer par un tsunami à partir de l'épicentre d'un tremblement de terre selon le temps.

**Déplacement d'un tsunami**

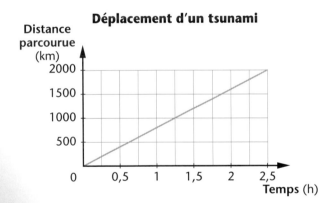

Le 26 décembre 2004, un tsunami a frappé les côtes de quelques pays asiatiques, faisant plus de 150 000 victimes. La communauté internationale s'est mobilisée pour venir en aide aux populations des zones dévastées.

a) Complète la table de valeurs ci-dessous.

**Déplacement d'un tsunami**

| Temps (h) | 0 | 1 | 2 | 3 | 4 |
|---|---|---|---|---|---|
| Distance parcourue (km) | | | | | |

b) À quelle vitesse se déplace ce tsunami?

c) En combien de temps ce tsunami parcourt-il 2600 km?

d) Écris la règle qui permet de calculer la distance parcourue par ce tsunami selon le nombre d'heures écoulées à partir du début du tremblement de terre sous la mer.

**9. ARTS** À partir de deux grandes spirales, l'artiste néerlandais Escher réalisa en 1957 cette gravure sur bois intitulée *Tourbillons.*

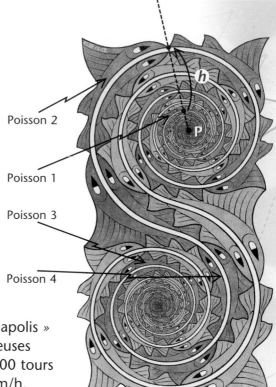

a) Certains éléments de cette œuvre peuvent être associés par homothétie. À l'aide d'une règle graduée, détermine le rapport de l'homothétie *h* de centre P qui permet d'obtenir le poisson **2** à partir du poisson **1**.

b) Certains poissons de cette œuvre sont semblables. Par exemple, le poisson **4** correspond à un agrandissement du poisson **3**. Détermine leur rapport de similitude.

**10. COURSE D'AUTOMOBILES** Les « 500 miles d'Indianapolis » est l'une des courses d'automobiles les plus prestigieuses du monde. Pendant cette course, les voitures font 200 tours de piste et roulent à une vitesse moyenne de 380 km/h.

a) Le *mile* est une unité de longueur qui équivaut à 1,609 km. Détermine le nombre de kilomètres parcourus par une voiture qui fait toute la course.

b) Si une voiture consomme 19,68 L d'essence en 4 tours de piste, détermine la quantité d'essence consommée durant toute la course.

c) La roue d'une voiture effectue 1290 tours/30 s. Détermine le nombre de tours que fait une roue durant toute la course.

**11. TRAMPOLINE** Le trampoline est une discipline olympique depuis l'an 2000. Les lignes rouges sur la surface de la toile servent de repères aux athlètes. Pour assurer la sécurité des athlètes, le trampoline est bordé de coussins bleus.

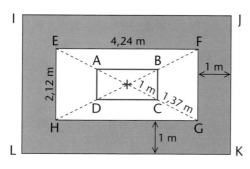

La Canadienne Karen Cockburn médaillée olympique au trampoline.

a) Pourquoi peut-on affirmer que les rectangles ABCD et EFGH sont semblables?

b) Quel est le périmètre du rectangle ABCD?

c) Le rectangle IJKL est-il semblable au rectangle EFGH? Explique ta réponse.

**12.** Sur une boîte de café moulu, on trouve la table de valeurs ci-dessous, indiquant les quantités de café à utiliser avec de l'eau bouillante.

**Préparation du café**

| Café moulu (g) | 2 | 8 | 10 | 15 | 40 |
|---|---|---|---|---|---|
| Eau bouillante (mL) | 64 | 256 | 320 | 480 | 1280 |

a) Cette table de valeurs présente-t-elle une situation de proportionnalité ? Explique ta réponse.

b) Pour déterminer la quantité d'eau à utiliser avec 18 g de café moulu, Jacob utilise la stratégie additive suivante : $\frac{8+10}{256+320} = \frac{18}{576}$. À l'aide d'une autre stratégie, vérifie l'exactitude du résultat obtenu, soit 576 mL.

c) En utilisant une stratégie additive et uniquement les données de la table de valeurs ci-dessus, détermine la quantité d'eau nécessaire pour préparer les quantités suivantes de café.

   1) 12 mL           2) 25 mL           3) 50 mL

**13.** Un microscope permet d'observer de très petits objets ou êtres vivants. Les biologistes en utilisent régulièrement dans leur travail. Voici l'image d'un acarien examiné au microscope électronique. Dans la réalité, la longueur de cet animal est de 0,1 mm.

**Acarien vu au microscope**

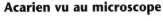
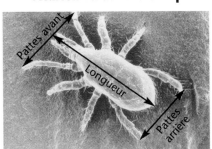

Les microscopes électroniques grossissent une image jusqu'à 100 000 fois.

a) À l'aide d'une règle graduée en millimètres, détermine le facteur de grossissement de l'acarien par rapport à la réalité.

b) Quelle est la distance réelle entre :

   1) les extrémités des pattes avant ?      2) les extrémités des pattes arrière ?

**14.** BIG NICKEL C'est à Sudbury, en Ontario, que se trouve la plus grosse réplique d'une pièce de 5 ¢ du monde. Le Big Nickel est une version géante de la pièce commémorative canadienne de 5 ¢ de 1951. La largeur du Big Nickel est 15 fois plus grande que son épaisseur. Détermine le nombre de pièces de 10 ¢ que l'on doit empiler pour obtenir l'épaisseur du Big Nickel.

Pièce commémorative canadienne de 5 ¢ de 1951

Big Nickel

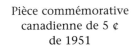

21,2 mm

Aire d'une face : 3,66 cm²

Aire d'une face : 660 000 cm²

**15.** Sur une feuille de papier quadrillé, trace à l'échelle 1 : 25 le plan en vue aérienne de ta chambre à coucher. Ton plan doit comprendre le pourtour de la chambre, du placard, du lit et des autres meubles ainsi que l'emplacement des portes et des fenêtres. Indique les dimensions réelles de chacun des éléments.

# Des polygones aux polyèdres

Les polygones réguliers et les différents solides fascinent les mathématiciens et les mathématiciennes depuis plus de 2000 ans. Platon, Euclide, Euler, Descartes se sont tous intéressés aux polygones réguliers ou aux solides. Quels solides connais-tu ? Si tu devais peindre un objet en forme de polygone régulier, serais-tu capable de calculer l'aire de la surface à couvrir ? Dans ce panorama, tu découvriras comment faire le développement d'un solide, comment reconnaître un solide et comment calculer l'aire d'un polygone régulier, d'un prisme droit ou d'une pyramide droite. Tu détermineras la mesure manquante d'un polygone ou d'un solide d'après son aire.

**PROJET**

→ Un refuge qui sauve des vies

## Société des maths

→ Platon

## À qui ça sert ?

→ Architecte

# PROJET

# Un refuge qui sauve des vies

## Présentation

Le manque de nourriture et la réduction de leur habitat naturel sont probablement les facteurs qui nuisent le plus à la survie des espèces animales. Les animaux blessés ou tués, que ce soit par des prédateurs ou par l'activité humaine, laissent des orphelins qui ne peuvent survivre seuls. Comment peux-tu améliorer la situation de ces animaux menacés?

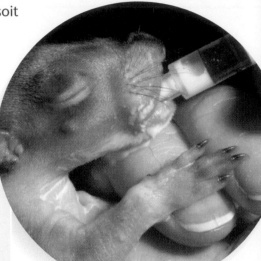

### Mandat général proposé

Dans ce projet, tu devras dessiner le plan d'un refuge destiné à protéger sept espèces animales habitant au Québec. Tu devras planifier les dimensions des enclos et des abris. Ce refuge devra aider des animaux à survivre en attendant de les réintégrer dans leur milieu naturel.

■ **Partie 1** : Recherche des espèces animales.

■ **Partie 2** : Plan du refuge.

■ **Partie 3** : Construction de la maquette de l'abri d'une espèce.

On doit parfois nourrir les nouveau-nés au biberon afin d'assurer leur survie.

## Mise en train

1. As-tu déjà soigné ou nourri un animal blessé ou abandonné?

2. As-tu déjà entendu parler de refuges pour animaux? Si oui, lesquels?

3. Connais-tu des organismes qui s'occupent de la protection des animaux? Lesquels?

4. Quel rôle le climat joue-t-il dans la survie des espèces animales?

5. Peut-on garder longtemps un animal sauvage en captivité, puis le réintégrer dans son milieu naturel? Explique ta réponse.

PROJET Conserve les réponses à ces questions. Elles t'aideront à réaliser les autres parties du projet.

Avant de construire un refuge, tu dois chercher et choisir les espèces animales que tu y accueilleras. Peut-être découvriras-tu des espèces dont tu ne soupçonnais même pas la présence au Québec!

## Mandat proposé

**Identifier sept espèces animales et les décrire. Pour chaque espèce, ta description devra comporter les informations suivantes :**

- le nom de l'espèce;

- la description de son milieu naturel;

- ses habitudes alimentaires;

- une brève description du refuge le plus adapté à cette espèce.

### PISTES D'EXPLORATION...

■ As-tu consulté plusieurs sources d'information?

■ Un tableau pourrait-il t'aider à organiser les données recueillies?

■ As-tu comparé tes choix d'espèces à ceux d'autres élèves?

Consulte des sources variées afin de rassembler le plus d'informations possibles et de te faire une bonne idée de l'ensemble des espèces vivant au Québec.

Le CIBRO (Centre d'interprétation des battures et de réhabilitation des oiseaux) est un centre faunique situé au Saguenay–Lac-Saint-Jean. Il a pour mission, entre autres, de réhabiliter les rapaces blessés ou malades et de les retourner à leur habitat naturel.

## Partie 2 : Plan du refuge

Maintenant que tu as déterminé les sept espèces animales à protéger, tu dois dessiner le plan de ton refuge. Ce plan te permettra de vérifier si les différentes espèces pourraient y vivre en harmonie et en sécurité.

### Mandat proposé

**Dessiner le plan des enclos du refuge à l'échelle et en vue aérienne.**

Sur ton plan, indique l'échelle utilisée, les mesures de chacun des côtés et l'aire de chaque enclos. Tu dois respecter les consignes suivantes.

- Le refuge doit pouvoir héberger les sept espèces animales choisies dans la partie **1** pendant environ une semaine.

- Chaque enclos doit permettre à un mâle adulte de l'espèce de circuler à son aise.

- Le refuge doit avoir la forme d'un carré dont la superficie est 81 dam$^2$.

- De 10 à 15 % de la superficie totale du refuge doit être utilisée pour les sentiers d'approvisionnement.

- Au moins deux enclos doivent avoir la forme d'un polygone régulier à plus de quatre côtés.

- Chaque enclos doit être suffisamment grand pour inclure un abri.

### PISTES D'EXPLORATION...

- ■ As-tu consulté plusieurs sources pour déterminer la taille des différentes espèces animales?

- ■ As-tu vérifié auprès d'autres personnes si ton plan est facile à comprendre?

- ■ As-tu indiqué clairement l'échelle du plan?

- ■ As-tu indiqué toutes les mesures sur ton plan?

PROJET
Au besoin, consulte l'unité 12.1 qui traite de l'aire des polygones.

Tom, Rachel et Billy, trois pensionnaires de la Fondation Fauna.

À Carignan, la Fondation Fauna offre un gîte à des chimpanzés ayant été utilisés comme cobayes.

## Partie 3 : Construction de la maquette de l'abri d'une espèce

Chaque espèce animale a besoin d'un abri construit à même son enclos. Tu devras construire une maquette en carton de l'un des abris.

### Mandat proposé

**Choisir une espèce animale du refuge et construire, à l'échelle, la maquette de l'abri qui lui est destiné.**

Tu dois respecter les conditions suivantes.

- L'abri doit avoir au moins une face ayant la forme d'un polygone régulier à plus de quatre côtés.

- Chaque ouverture de l'abri doit être en forme de polygone.

- Tu dois dessiner le développement à l'échelle de la maquette du solide représentant l'abri.

- Tu dois déterminer la quantité de carton nécessaire à la construction de ta maquette en calculant l'aire totale de celle-ci.

PROJET
Au besoin, consulte les unités 12.1 à 12.4, qui traitent de l'aire des polygones, du développement des solides et de l'aire des solides.

### PISTES D'EXPLORATION...

- ■ L'abri est-il suffisamment grand pour abriter l'espèce choisie ?

- ■ Une fois l'abri construit, l'enclos sera-t-il suffisamment grand pour permettre à l'animal de s'y déplacer ?

- ■ As-tu laissé les traces de ta démarche ?

## Bilan du projet : Un refuge qui sauve des vies

Ton bilan doit comprendre :

- la description des différentes espèces accueillies dans ton refuge ;

- le plan des enclos en vue aérienne ;

- la maquette de l'abri de l'une des espèces animales choisies ;

- le développement de cet abri ;

- l'aire totale de cet abri.

# Unité 12.1 Les polygones : une invention humaine ?

PROJET
Cette unité t'aidera à réaliser les parties 2 et 3 de ton projet.

## SITUATION-PROBLÈME Les abeilles sont-elles de bonnes mathématiciennes ?

Trois catégories d'abeilles cohabitent dans une ruche : les faux bourdons, les ouvrières et la reine. Ce sont les ouvrières qui sécrètent la quantité de cire nécessaire à la construction des alvéoles et qui transforment le nectar des fleurs en miel.

Les alvéoles de cire ont deux fonctions :

• contenir les œufs pondus par la reine ;

• recueillir le nectar, qui sera transformé en miel.

Observe les différents polygones réguliers que les abeilles pourraient utiliser pour construire leurs alvéoles.

Seule la reine peut pondre des œufs. Elle peut en pondre plus de 1500 par jour !

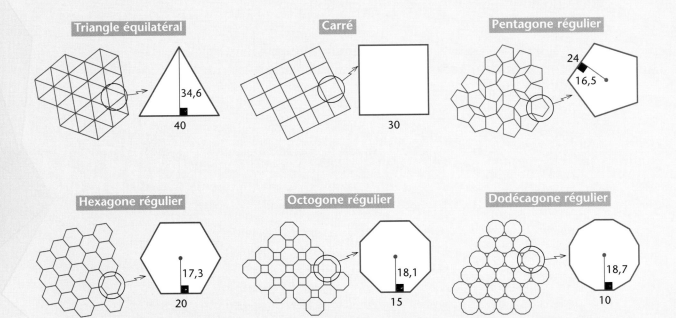

**Triangle équilatéral**

34,6

40

**Carré**

30

**Pentagone régulier**

24

16,5

**Hexagone régulier**

17,3

20

**Octogone régulier**

18,1

15

**Dodécagone régulier**

18,7

10

**Pourquoi les abeilles construisent-elles leurs alvéoles en forme d'hexagone régulier ?**

# Le château de Schönbrunn

Élisabeth de Wittelsbach (1837-1898), mieux connue sous le nom d'impératrice Sissi, avait sa résidence d'été à Vienne, dans le château de Schönbrunn comptant 1441 pièces!

On organise une soirée dans l'immense salle de bal de ce château. On veut recouvrir de carreaux en bois le plancher original de cette salle et du salon adjacent afin de le protéger.

Voici un des carreaux en bois utilisé et le plan des deux salles :

Achevé en 1750, ce château est aujourd'hui inscrit au patrimoine mondial de l'UNESCO (Organisation des Nations Unies pour l'éducation, la science et la culture).

1 m

1 m

3 dam — Salle de bal

Salon — 180 dm

5 dam — 200 dm

**a.** Dans la salle de bal, combien de carreaux devra-t-on utiliser pour couvrir :

1) une rangée sur la longueur?

2) une rangée sur la largeur?

3) tout le plancher?

**b.** Exprime l'aire de la salle de bal :

1) en décamètres carrés;

2) en mètres carrés.

**c.** Dans le salon adjacent, combien de carreaux devra-t-on utiliser pour couvrir :

1) une rangée sur la longueur?

2) une rangée sur la largeur?

3) tout le plancher?

**d.** Exprime l'aire du salon adjacent :

1) en décimètres carrés;

2) en mètres carrés.

**e.** Explique comment il faut s'y prendre pour exprimer la mesure d'une surface à l'aide d'une unité d'aire :

1) plus petite;

2) plus grande.

## ACTIVITÉ ② Kaléidoscope

Le kaléidoscope est un tube opaque dans lequel se trouvent des miroirs et de petits objets colorés. En regardant dans un kaléidoscope, on voit des dessins multicolores et isométriques.

**a.** En décomposant la figure ci-dessous en polygones plus simples, détermine l'aire de l'ensemble des régions :

1) jaunes;   2) vertes;   3) rouges;   4) bleues.

Le kaléidoscope a été inventé en 1816 par le physicien écossais sir David Brewster.

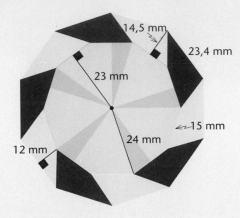

**b.** En procédant par soustraction d'aires, détermine l'aire de l'ensemble des régions bleues dans la figure ci-dessous.

Le nom donné à cet objet vient du grec *kalos* qui signifie « beau », *eîdos* qui signifie « aspect » et *skopein* qui signifie « regarder ».

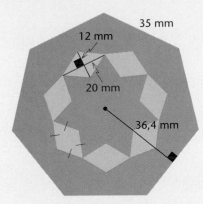

**c.** Détermine l'aire de l'ensemble des régions rouges dans la figure ci-dessous.

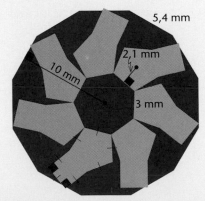

# Calepin des **savoirs**

## Relations entre les unités d'aire du système international d'unités

Une mesure est toujours formée d'un nombre et d'une unité. **Le mètre carré est l'unité d'aire de base du système international d'unités (SI).**

| Nom de l'unité d'aire | kilomètre carré | hectomètre carré | décamètre carré | mètre carré | décimètre carré | centimètre carré | millimètre carré |
|---|---|---|---|---|---|---|---|
| Symbole | km² | hm² | dam² | m² | dm² | cm² | mm² |
| Valeur exprimée en mètres carrés | 1 000 000 m² | 10 000 m² | 100 m² | 1 m² | 0,01 m² | 0,0001 m² | 0,000 001 m² |

Dans la représentation ci-dessous, chaque unité d'aire a une valeur qui est 100 fois plus élevée que la valeur de l'unité immédiatement à sa droite et 100 fois plus petite que la valeur de l'unité immédiatement à sa gauche.

On remplace parfois l'unité *hectomètre carré* (*hm²*) par *hectare* (*ha*).

$$\div 100 \quad \div 100 \quad \div 100 \quad \div 100 \quad \div 100 \quad \div 100$$

$$km^2 \quad hm^2 \quad dam^2 \quad m^2 \quad dm^2 \quad cm^2 \quad mm^2$$

$$\times 100 \quad \times 100 \quad \times 100 \quad \times 100 \quad \times 100 \quad \times 100$$

Exprimer l'aire d'une figure à l'aide de différentes unités de mesure, c'est écrire **la même aire** sous **différentes formes.** Le nombre qui exprime l'aire dépend de l'unité de mesure utilisée.

Ex. : 1)  12 m² = 1200 dm², car il y a 100 dm² dans 1 m².

2)  23,4 mm² = 0,234 cm², car il y a 0,01 cm² dans 1 mm².

3)  65,1 hm² = 65 100 000 dm², car il y a 1 000 000 dm² dans 1 hm².

## Apothème d'un polygone régulier

L'apothème d'un polygone régulier est le segment perpendiculaire ou la mesure du segment perpendiculaire mené du centre d'un polygone régulier au milieu d'un des côtés de ce polygone.

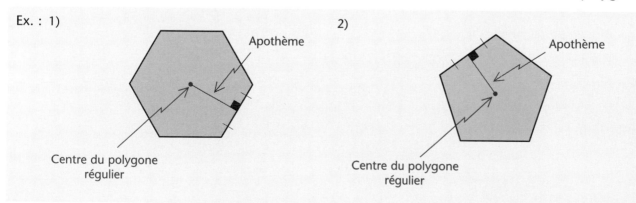

Ex. : 1)

Apothème

Centre du polygone régulier

2)

Apothème

Centre du polygone régulier

# Calepin des **savoirs**

### Aire d'un polygone régulier

Il existe plusieurs façons de calculer l'aire d'un polygone régulier. En voici deux :

**1) Première méthode**

$$\begin{pmatrix} \text{Aire d'un} \\ \text{polygone} \\ \text{régulier} \end{pmatrix} = \begin{pmatrix} \text{aire} \\ \text{d'un triangle} \end{pmatrix} \times \begin{pmatrix} \text{nombre de côtés} \\ \text{du polygone} \end{pmatrix}$$

$$= \frac{c \times a}{2} \times n$$

**2) Deuxième méthode**

$$\begin{pmatrix} \text{Aire d'un} \\ \text{polygone} \\ \text{régulier} \end{pmatrix} = \frac{(\text{périmètre du polygone}) \times (\text{apothème})}{2}$$

$$= \frac{c \times n \times a}{2}$$

où $c$ représente la mesure d'un des côtés du polygone, $a$, l'apothème du polygone, et $n$, le nombre de côtés du polygone.

Ex. :

On peut toujours décomposer un polygone régulier en un nombre de triangles isocèles isométriques égal au nombre de côtés de ce polygone.

$$\text{Aire d'un heptagone régulier} = \frac{4,8 \times 5}{2} \times 7 = 84 \text{ cm}^2$$

Ex. :

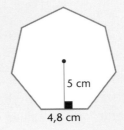

$$\text{Aire d'un heptagone régulier} = \frac{4,8 \times 7 \times 5}{2} = 84 \text{ cm}^2$$

### Aire d'un polygone décomposable

Pour calculer l'aire d'un polygone décomposable, on le décompose en polygones plus simples ou on procède par soustraction d'aires, selon les données du problème.

Ex. :

**1) Décomposition**

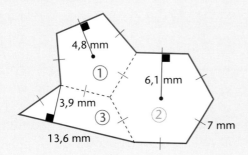

❶ Aire du pentagone régulier $= \dfrac{7 \times 4,8}{2} \times 5 = 84 \text{ mm}^2$

❷ Aire de l'hexagone régulier $= \dfrac{7 \times 6,1}{2} \times 6 = 128,1 \text{ mm}^2$

❸ Aire du trapèze isocèle $= \dfrac{(13,6 + 7) \times 3,9}{2} = 40,17 \text{ mm}^2$

Aire du polygone $= 84 + 128,1 + 40,17 = 252,27 \text{ mm}^2$

**2) Soustraction d'aires**

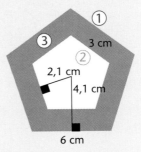

❶ Aire du grand pentagone régulier $= \dfrac{6 \times 4,1}{2} \times 5 = 61,5 \text{ cm}^2$

❷ Aire du petit pentagone régulier $= \dfrac{3 \times 2,1}{2} \times 5 = 15,75 \text{ cm}^2$

❸ Aire de la région colorée $= 61,5 - 15,75 = 45,75 \text{ cm}^2$

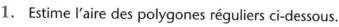

**1.** Estime l'aire des polygones réguliers ci-dessous.

a)

7,2 cm

b)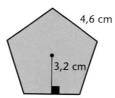

4,6 cm

3,2 cm

c)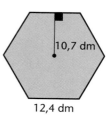

10,7 dm

12,4 dm

**2.** Détermine mentalement le périmètre des polygones réguliers suivants.

a) Un heptagone de 7 cm de côté.

b) Un dodécagone de 4 dm de côté.

**3.** Calcule l'aire des polygones réguliers ci-dessous.

a)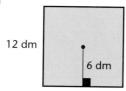

12 dm

6 dm

b)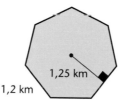

1,25 km

1,2 km

c)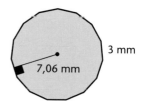

3 mm

7,06 mm

**4.** On a décomposé un pentagone régulier en cinq triangles isométriques, puis on a découpé chacun des triangles afin de former une bande.

a) Reproduis la bande ci-dessous et colorie les segments selon leur couleur correspondante dans le pentagone régulier ci-contre.

b) On a complété la bande ci-dessus afin de former un rectangle. À quoi correspond :

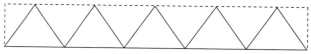

1) la base du rectangle dans le pentagone régulier ?

2) la hauteur du rectangle dans le pentagone régulier ?

c) Explique la formule : Aire d'un polygone régulier = $\dfrac{(\text{périmètre}) \times (\text{apothème})}{2}$ à l'aide de la bande.

**5.** Le périmètre d'un polygone régulier à 16 côtés est de 89,6 mm. L'apothème mesure 14,1 mm. Quelle est l'aire de ce polygone ?

**6.** Complète les égalités suivantes.

a) $12 \text{ dm}^2 = \rule{1cm}{0.4pt} \text{ cm}^2$

b) $615 \text{ m}^2 = \rule{1cm}{0.4pt} \text{ dam}^2$

c) $765,34 \text{ hm}^2 = \rule{1cm}{0.4pt} \text{ dm}^2$

d) $0,008 \text{ km}^2 = \rule{1cm}{0.4pt} \text{ dm}^2$

e) $87,98 \text{ cm}^2 = \rule{1cm}{0.4pt} \text{ m}^2$

f) $2 \text{ m}^2 = \rule{1cm}{0.4pt} \text{ km}^2$

**7.** Calcule l'aire de la figure suivante.

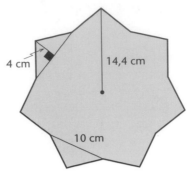

4 cm

14,4 cm

10 cm

**8.** **FRANCE** La France est surnommée l'Hexagone
à cause de la forme de la carte de ce pays.
Sur la carte ci-contre, on a superposé au territoire
français un hexagone régulier, dont chacun
des côtés mesure 2 cm. La distance entre le centre
de la France et le milieu d'un côté de l'hexagone
est de 1,74 cm. Selon ces données, quelle est
la superficie de ce pays?

• Paris
Strasbourg

FRANCE

Lyon •

• Bordeaux

Toulouse

1 cm ≙ 230 km

La population de la France
en 2004 était d'environ
60 millions de personnes.

**9.** SIGNALISATION La voirie d'une ville a installé des panneaux d'arrêt obligatoire
aux intersections où les accidents étaient fréquents. Ces panneaux ont tous
la forme et les dimensions de l'octogone régulier illustré ci-dessous. Pour peindre
en rouge une seule face de tous ces panneaux, il a fallu couvrir une aire totale de
51 340 cm². Combien de panneaux la voirie a-t-elle installés?

25 cm

ARRÊT

30,2 cm

Très commun en France, le carrefour giratoire
remplace le panneau d'arrêt. Celui-ci,
construit en Abitibi-Témiscamingue en 2001,
a été le premier du genre au Québec.

**10.** Des jeunes décident de pratiquer le volley-ball aquatique.
On installe un filet d'une longueur de 4,8 m qui relie le milieu
de deux côtés opposés d'une piscine dont la base est en forme
d'octogone régulier de 2 m de côté. De quelle superficie
dispose une équipe?

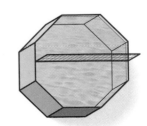

**11.** Calcule l'aire du polygone ci-contre.

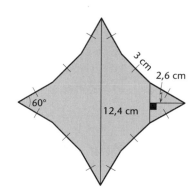

**12.** On fait varier la mesure des côtés d'un pentagone régulier.

a) Complète la table de valeurs ci-contre.

b) Construis le graphique montrant la relation entre la mesure d'un côté et l'aire. Associe la mesure du côté à l'axe des abscisses.

c) Quelle est la mesure de l'apothème du pentagone régulier dont un côté mesure 12 cm?

d) De quelle façon varie l'aire du pentagone régulier lorsque la mesure d'un côté est :

1) doublée?

2) triplée?

3) quintuplée?

**Pentagone régulier**

| Mesure du côté (cm) | Mesure de l'apothème (cm) | Aire (cm²) |
|---|---|---|
| 1 | 0,69 | 1,725 |
| 2 | 1,38 | ▬ |
| 3 | 2,07 | ▬ |
| 4 | 2,76 | ▬ |
| 5 | 3,45 | ▬ |
| … | … | … |

**13.** Voici les quatre premières figures d'une suite d'heptagones réguliers.

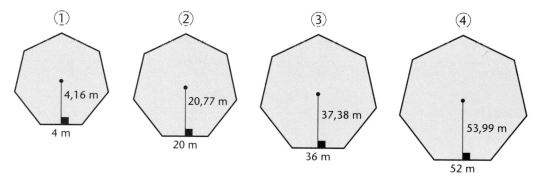

a) Quelle est la régularité dans la suite des mesures :

1) des côtés?                    2) des apothèmes?

b) Parmi les règles suivantes, laquelle permet de déterminer l'aire $a$ d'un heptagone régulier d'après son rang $n$ dans la suite?

1) $a = 1395,66n - 1337,42$          2) $a = 16n^2 + 16,61n + 58,24$

3) $a = 930,16n^2 - 1394,82n + 522,9$          4) $a = 32,61n + 16$

**14.** On a construit un hexagone régulier de 30 mm de côté à l'aide de deux trapèzes isocèles isométriques. Détermine le périmètre d'un trapèze.

**15.** Un cercle de 4 cm de rayon est inscrit dans un hexagone régulier de 4,6 cm de côté. L'aire du disque est de 0,503 dm². Calcule l'aire de l'ensemble des parties blanches à l'intérieur de l'hexagone.

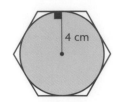

**16.** Le dessus d'une table de salle à manger a la forme d'un octogone régulier de 60 cm de côté. L'apothème de cet octogone mesure 72 cm. On peut agrandir cette table à l'aide d'une rallonge centrale rectangulaire dont la largeur est de 40 cm. Détermine l'aire de la table quand la rallonge est installée.

**17.** RIZIÈRES  Le riz est l'aliment de base de plus de la moitié de la population mondiale. On peut installer des rizières tant au niveau de la mer qu'à 2500 m d'altitude. En montagne, on aménage les rizières en terrasses.

Des personnes travaillant dans une rizière en terrasses habitent le plateau supérieur, qui a la forme d'un décagone régulier de 15 m de côté et dont l'apothème mesure 23,1 m. L'apothème de chacune des terrasses inférieures mesure 7,7 m de plus que celle de la terrasse du niveau juste au-dessus; le côté de chaque décagone mesure 5 m de plus que celui du décagone de la terrasse juste au-dessus. Détermine la règle permettant de calculer l'aire cultivable $a$ de chacune des terrasses selon son niveau $n$.

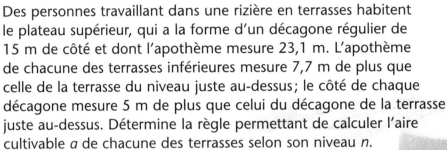

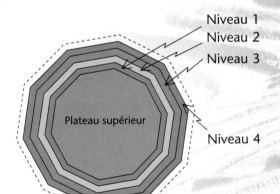

Niveau 1
Niveau 2
Niveau 3
Plateau supérieur
Niveau 4

**1** Est-il possible de dessiner deux polygones réguliers ayant le même nombre de côtés et la même mesure de côté, mais n'ayant pas la même mesure d'apothème?

**2** Quelles sont les informations minimales dont on a besoin pour :

a)  tracer un polygone régulier?      b)  calculer l'aire d'un polygone régulier?

**3** Deux polygones réguliers ayant le même périmètre ont-ils nécessairement la même aire? Explique ta réponse.

PROJET
Cette unité t'aidera à réaliser la partie 3 de ton projet.

## SITUATION-PROBLÈME — La relation d'Euler

Leonhard Euler fut l'un des plus grands mathématiciens du 18e siècle. Il obtint sa maîtrise à l'âge de 16 ans !

Euler étudia les solides géométriques et découvrit qu'il pouvait déterminer le nombre de sommets d'un polyèdre à partir du nombre de faces et d'arêtes.

Observe les polyèdres suivants.

**Leonhard Euler** (1707-1783), mathématicien, physicien, ingénieur et philosophe suisse.

① 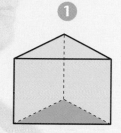 ② 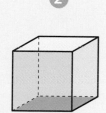 ③ 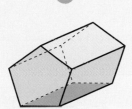 ④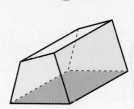

⑤ ⑥ 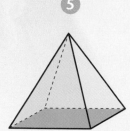 ⑦ 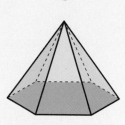 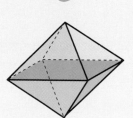 ⑧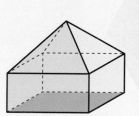

**Comment Euler a-t-il procédé ?**

En 2004, on a inauguré à Londres un pont piétonnier, appelé
le Rolling Bridge, qui a une longueur de 12 m et allie ingénierie
et art. Ce pont permet aux gens de traverser le canal
Grand Union, lorsqu'il est déroulé, et aux bateaux de passer
lorsqu'il est enroulé en forme de prisme régulier à base octogonale.

> Le Rolling Bridge
> est l'œuvre
> de Thomas
> Heatherwick.
> Le déroulement
> du pont évoque
> le déploiement
> de la queue
> d'un scorpion.

**a.** Quelle est la mesure d'un côté de l'octogone régulier
formé par le pont enroulé sur lui-même?

**b.** Une fois replié, le pont a la forme d'un prisme régulier
à base octogonale, comme celui illustré ci-contre.
Dessine le développement de ce prisme.

**c.** Sur une île, on a construit un bâtiment
en forme de pyramide dont la base est
un octogone régulier. Une face de cette
pyramide se déploie et permet aux
personnes de regagner la terre ferme.
Dessine le développement
de cette pyramide.

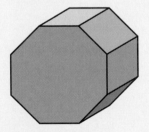

**d.** Observe les deux développements
que tu as dessinés en **b** et en **c**.
Relève les différences que tu y vois.

Les Mayas ont construit leurs premières pyramides environ 300 ans av. J.-C. Certaines avaient la particularité d'avoir un «sommet plat». En sectionnant ainsi la pyramide, on pouvait construire un temple au sommet.

La pyramide Kukulcán, dans la cité de Chichén Itzá au Mexique, fut construite par les Mayas au début de notre ère.

**a.** 1) Comment devrait-on couper la pyramide à base carrée ci-contre pour obtenir la base du temple construit sur la pyramide Kukulcán?

2) Quelle est la forme de la section ainsi obtenue?

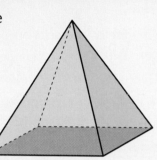

**b.** Quelle est la forme de la section obtenue en coupant, de la même façon qu'en **a**, une pyramide dont la base est :

1) un pentagone?      2) un triangle?      3) un polygone à 18 côtés?

**c.** Pour chacun des prismes réguliers ou des pyramides régulières ci-dessous, indique la forme de la section obtenue si on les coupe selon le plan indiqué.

1)

2)

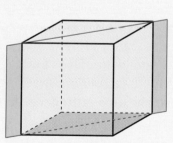

3)

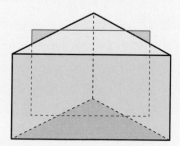

4)

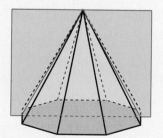

# Calepin des **savoirs**

## Solide

Un solide est une portion d'espace limitée par une surface fermée.

Ex. : 1)  2) 3) 4)  5) 6)

On peut décrire un solide à l'aide de faces, d'arêtes et de sommets.

### Face

Une face est une surface plane ou courbe délimitée par des arêtes.

### Arête

Une arête est la ligne d'intersection entre deux faces d'un solide.

### Sommet

Un sommet est un point commun à au moins deux arêtes d'un solide.

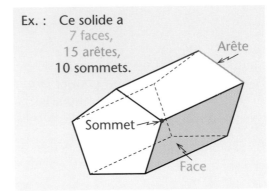

Ex. : Ce solide a
7 faces,
15 arêtes,
10 sommets.

Arête

Sommet

Face

## Polyèdre

Un polyèdre est un solide limité par des faces planes qui sont des polygones.

Ex. : 1)  2) 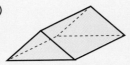 3)

## Développement d'un polyèdre

Le développement d'un polyèdre est la figure plane obtenue par la « mise à plat » de la surface du polyèdre. Dans le développement d'un polyèdre, chacune des faces doit être reliée à au moins une autre face par une arête commune.

Ex. : 1) Voici un développement possible de ce prisme droit à base pentagonale :

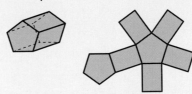

2) Voici un développement possible de cette pyramide droite à base carrée :

## Section d'un solide

Une section d'un solide est la face obtenue par un plan qui coupe ce solide.

Ex. :

Plan

Section

La section obtenue par l'intersection de ce plan et du cube est un triangle.

# Calepin des **savoirs**

## Prisme

Un prisme est un polyèdre ayant deux faces isométriques et parallèles, appelées **bases**. Les parallélogrammes qui relient ces deux bases sont appelés **faces latérales**.

Ex. :

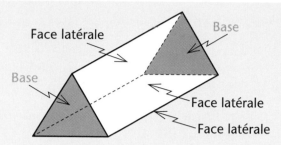

> Un prisme a toujours autant de faces latérales que le polygone formant sa base a de côtés.

On identifie un prisme selon la forme de sa base.

Ex. : 1)

Prisme à base carrée

2)

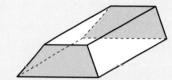

Prisme à base trapézoïdale

3)

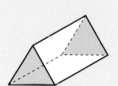

Prisme à base triangulaire

4)

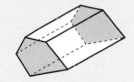

Prisme à base pentagonale

## Prisme droit

Un prisme droit est un prisme dont les faces latérales sont des rectangles.

Ex. : 1)

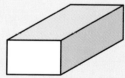

2)

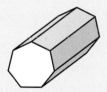

3)

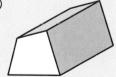

## Prisme régulier

Un prisme régulier est un prisme droit dont la base est un polygone régulier.

Ex. : 1)

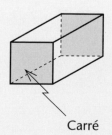

Carré

2)

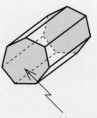

Heptagone régulier

> Dans un prisme régulier, les faces latérales sont des rectangles isométriques.

## Pyramide

Une pyramide est un polyèdre constitué d'une seule base ayant la forme d'un polygone et dont les faces latérales sont des triangles ayant un sommet commun, appelé **apex.**

Ex. :

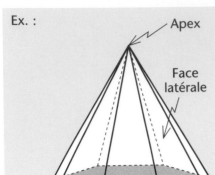

Apex

Face
latérale

Base

> Tout comme pour les prismes, on identifie une pyramide selon la forme de sa base. Dans l'exemple ci-contre, il s'agit d'une pyramide à base octogonale.

## Pyramide droite

Une pyramide droite est une pyramide dont le segment abaissé depuis l'apex, perpendiculairement à la base, arrive au centre du polygone formant cette base.

Ex. : 1)

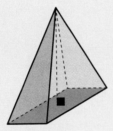

2)

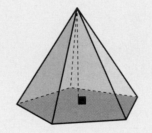

## Pyramide régulière

Une pyramide régulière est une pyramide droite dont la base est un polygone régulier.

Ex. : 1)

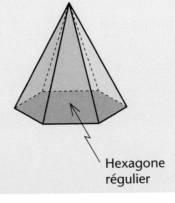

Hexagone
régulier

2)

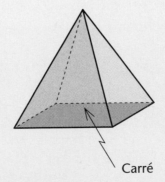

Carré

> Dans une pyramide régulière, les faces latérales sont des triangles isocèles isométriques.

# Coup d'œil

1. Pour chacun des polyèdres suivants, indique :

   a) le nom ;

   b) le nombre de faces ;

   c) le nombre de sommets ;

   d) le nombre d'arêtes.

   ① 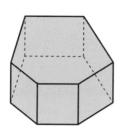   ② 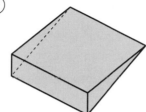   ③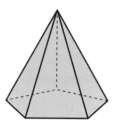

2. Pour chacun des développements suivants, indique :

   a) le nom du polyèdre ;

   b) la ou les bases.

   ① 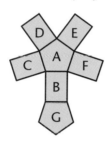   ② 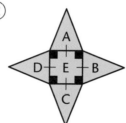   ③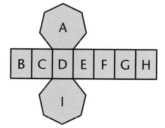

3. Quel est le nombre minimal de faces d'un polyèdre ?

4. Nomme tous les prismes et les pyramides qui ont :

   a) 5 faces ;

   b) 6 faces.

5. Dans chaque groupe de solides, détermine l'intrus et explique ta réponse.

   a) ① Pyramide à base carrée   ② Cylindre   ③ Prisme à base hexagonale

   b) ① Pyramide à base pentagonale   ② Cube   ③ Prisme à base octogonale

   c) ① 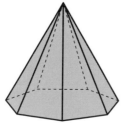   ② 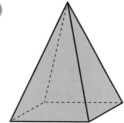   ③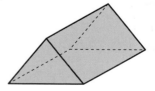

6. Pour chaque polyèdre, fais la somme des mesures de toutes les arêtes. Place ensuite ces sommes dans l'ordre décroissant.

①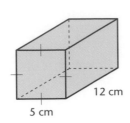
12 cm
5 cm

② Pyramide régulière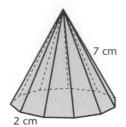
7 cm
2 cm

③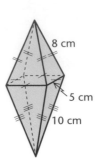
8 cm
5 cm
10 cm

7. Pour chacun des polyèdres suivants, dessine le développement en respectant les mesures données. Indique les mesures sur ton développement.

a) Pyramide régulière à base hexagonale
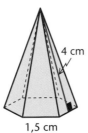
4 cm
1,5 cm

b) Prisme à base triangulaire
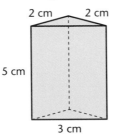
2 cm   2 cm
5 cm
3 cm

c) Pyramide à base rectangulaire
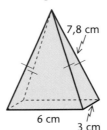
7,8 cm
6 cm   3 cm

d) Prisme dont la base est un quadrilatère.
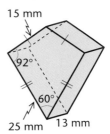
15 mm
92°
60°
25 mm   13 mm

8. Les énoncés suivants sont-ils vrais ou faux? Si l'énoncé est vrai, dessine le développement de la pyramide.

Dans le développement d'une pyramide à base triangulaire, il peut y avoir:

a) un seul triangle rectangle;

b) deux triangles rectangles;

c) trois triangles rectangles;

d) quatre triangles rectangles.

9. DÉS À JOUER Le nombre total de points sur deux faces opposées d'un dé est toujours 7. Parmi les figures suivantes, lesquelles correspondent à un développement d'un dé à jouer?

Ⓐ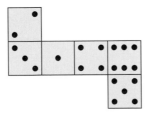

Ⓑ

Ⓒ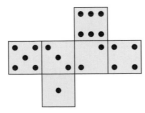

Ⓓ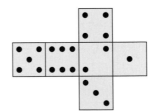

**10.** Les deux prismes droits à base triangulaire ci-contre sont isométriques. Détermine :

a)  m ∠ ABC

b)  m $\overline{DE}$

c)  m ∠ ADE

d)  m $\overline{AD}$

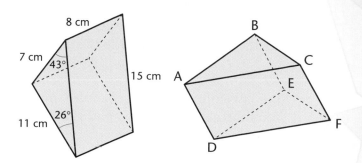

**11.** On coupe un prisme droit à base triangulaire comme ci-dessous.

Prisme initial

Coupe effectuée

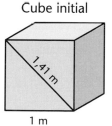

a)  Comment s'appelle chacun des polyèdres obtenus par cette coupe ?

b)  Dessine le développement de chacun de ces polyèdres en y indiquant les mesures appropriées.

**12.** On veut construire une piste de course pour voitures-jouets. On scie d'abord un cube en bois de 1 m d'arête le long de la diagonale d'une face. Cette diagonale mesure 1,41 m. On installe ensuite les deux sections obtenues à 0,5 m de distance. Enfin, pour représenter la route, on colle un tapis tel qu'illustré ci-dessous.

Le tapis est vendu 3,45 \$/m². On ne peut acheter qu'un nombre entier de mètres carrés. Combien coûtera le tapis ?

Cube initial          Piste de course

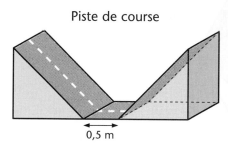

**13.** Dans le cube illustré ci-contre, les faces cachées sont entièrement rouges. Dessine le développement de ce cube.

**14.** Dessine sept développements d'un cube. On considère que deux développements superposables constituent le même développement.

**15.** Pour envelopper la boîte ci-contre, on a besoin d'un morceau de papier d'emballage rectangulaire. Quelles sont les dimensions du plus petit rectangle de papier dont on a besoin pour emballer la boîte?

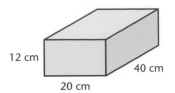

12 cm
20 cm
40 cm

**16.** On effectue une coupe parallèle à la base dans une pyramide à base carrée de 12 cm de côté. L'apothème de la pyramide initiale mesure 10 cm et la hauteur AL mesure 8 cm. Détermine la mesure de l'apothème AK de la petite pyramide obtenue par la coupe.

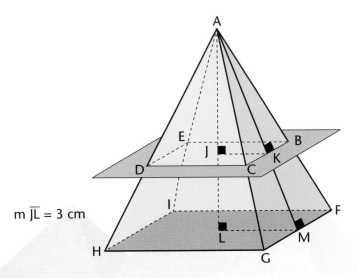

m $\overline{JL}$ = 3 cm

# ZOOM

**1** Quel type de prismes et quel type de pyramides ont des faces qui peuvent toutes être considérées comme une base?

**2** Un parallélépipède est un solide formé de six parallélogrammes. Pour chacun des solides ci-dessous, indique s'il s'agit d'un parallélépipède ou non. Explique ta réponse.

a)
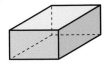

b)

c)
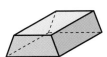

d)

# Unité 12.3 : L'air d'une chanson, l'aire d'un polyèdre !

## SITUATION-PROBLÈME

## L'or : le métal précieux des pharaons

Deux siècles avant notre ère, en Égypte, on utilisait l'or pour orner les sculptures et fabriquer des bijoux.

De nos jours, l'or est surtout utilisé dans la fabrication de bijoux et de pièces de monnaie. Voici trois modèles de pendentifs, en forme de prisme régulier ou de pyramide régulière, qu'un bijoutier veut recouvrir d'une mince feuille d'or de 24 carats. Il en coûte 300 $ au bijoutier pour se procurer une feuille d'or ayant une aire de 1 dm².

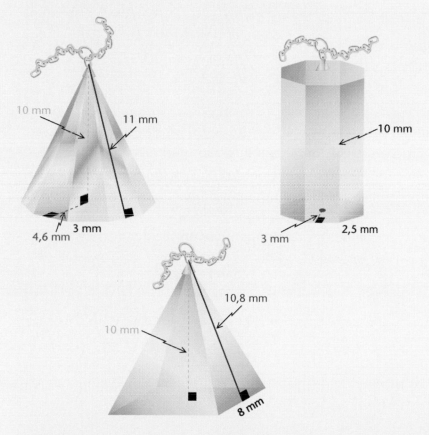

Le masque funéraire de Toutankhamon, pharaon qui a régné approximativement de 1333 à 1323 av. J.-C., est composé de feuilles d'or qui épousent ses traits.

Les bijoux sont souvent fabriqués d'un alliage d'or et d'autres métaux. La teneur en or dans ces alliages est exprimée en carats. Il s'agit d'une fraction dont le dénominateur est 24. Ainsi, de l'or à 18 carats correspond à un alliage dont dix-huit vingt-quatrièmes sont de l'or. Un bijou en or de 24 carats est fait d'or pur.

Combien le bijoutier devra-t-il débourser pour recouvrir les trois pendentifs d'une feuille d'or ?

**Deux façons de faire, un seul résultat!**

En 1996, des pluies torrentielles ont causé d'importantes inondations dans la région du Saguenay–Lac-Saint-Jean. Pour commémorer cet événement, on a construit la pyramide des Ha! Ha!, à La Baie. La pyramide est entièrement recouverte de panneaux de signalisation triangulaires indiquant qu'il faut céder le passage.

Pour évaluer la quantité nécessaire de panneaux de signalisation, les concepteurs et les conceptrices ont calculé l'aire latérale de la pyramide.

La pyramide des Ha! Ha!, de la rivière du même nom, a été inaugurée en 2000.

**a.** On a représenté sur un plan les faces d'un prisme droit et celles d'une pyramide droite.

| Prisme droit | Représentation sur un plan | Pyramide droite | Représentation sur un plan |
| --- | --- | --- | --- |

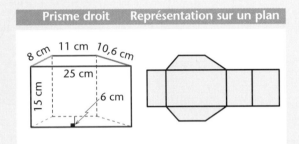
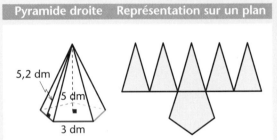

Dans chaque représentation sur un plan :

1) récris les mesures du polyèdre correspondant aux bons endroits;

2) écris la lettre L sur chaque face latérale et la lettre B sur chaque base;

3) colorie les segments selon leur couleur dans le polyèdre. Que remarques-tu?

**b.** Explique la stratégie que chacune des représentations sur un plan ci-dessous t'inspire afin de calculer l'aire latérale du polyèdre.

| Prisme droit | Pyramide droite |
| --- | --- |

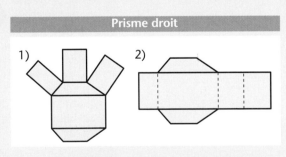
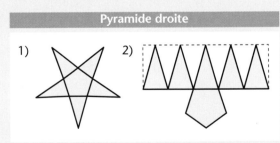

**c.** Écris une formule permettant de déterminer :

1) l'aire latérale d'un prisme droit;

2) l'aire latérale d'une pyramide régulière.

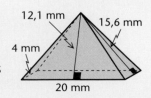

**d.** Peux-tu utiliser la formule trouvée en **c** 2) si la pyramide n'est pas régulière? Utilise la pyramide ci-contre pour vérifier ta réponse.

## ACTIVITÉ ② Pinocchio

Le personnage de Pinocchio a été créé en 1883 par Carlo Collodi et son histoire a été traduite en plus de 200 langues. Pinocchio est un pantin en bois, dont le nez s'allonge lorsqu'il ment et qui devient un vrai petit garçon à la fin de l'histoire.

On a fabriqué un pantin à l'image de Pinocchio uniquement à l'aide de prismes réguliers et de pyramides régulières. Les mesures sont données en centimètres.

**a.** Nomme le solide associé à chaque partie du pantin.

**b.** On désire peindre le pantin après son assemblage. Peut-on déterminer la surface totale à peindre en faisant la somme des aires totales de tous les solides? Explique ta réponse.

**c.** Avant d'appliquer les couleurs de finition sur le pantin, on doit appliquer une couche de peinture blanche sur tout le pantin. Détermine le coût si la peinture blanche coûte 1,20 $/m².

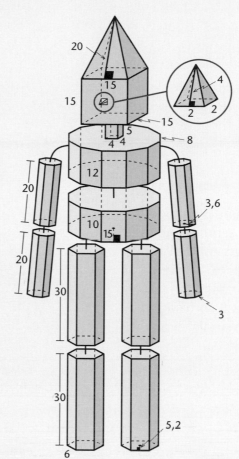

### Évolution du personnage de Pinocchio

Pinocchio selon son créateur en 1883.

Pinocchio selon Walt Disney en 1940.

Pinocchio selon Daniel Robichaud, réalisateur de *Pinocchio 3000*, en 2005.

## Hauteur

La **hauteur d'un prisme droit** est la distance entre les deux bases du prisme.

La **hauteur d'une pyramide droite** est la distance entre l'apex et la base de la pyramide.

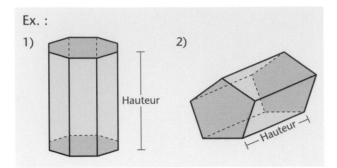

Ex. :

1) 

2) Hauteur

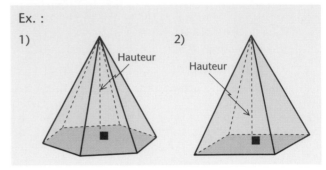

Ex. :

1) Hauteur

2) Hauteur

## Apothème d'une pyramide régulière

L'apothème d'une pyramide régulière est le segment abaissé perpendiculairement de l'apex sur un des côtés du polygone formant la base de cette pyramide. Il correspond à la hauteur du triangle formant une face latérale.

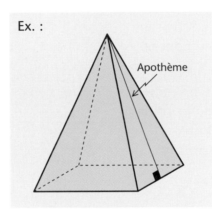

Ex. :

Apothème

Les faces latérales d'une pyramide régulière sont des triangles isocèles. L'apothème arrive donc au milieu du côté du polygone formant la base.

## Aire de la base

### Prisme

L'aire des bases d'un prisme est l'aire des deux polygones isométriques et parallèles de ce prisme.

### Pyramide

L'aire de la base d'une pyramide est l'aire du polygone formant la base de cette pyramide.

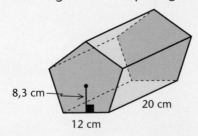

Ex. : Prisme régulier à base pentagonale

8,3 cm

20 cm

12 cm

Aire de la base pentagonale $= \dfrac{12 \times 8,3}{2} \times 5$

$= 249 \text{ cm}^2$

Aire des bases $= 249 \times 2$

$= 498 \text{ cm}^2$

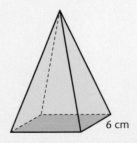

Ex. : Pyramide à base carrée

6 cm

Aire de la base carrée $= 6 \times 6$

$= 36 \text{ cm}^2$

### Aire latérale

#### Aire latérale d'un prisme

L'aire latérale d'un prisme est la mesure de la surface d'un prisme à l'exception des deux bases. Dans un prisme droit, les faces latérales sont des rectangles.

Il existe plusieurs façons de calculer l'aire latérale d'un prisme. En voici deux :

$$\begin{pmatrix} \text{Aire latérale} \\ \text{d'un prisme} \\ \text{droit} \end{pmatrix} = \begin{pmatrix} \text{somme des aires} \\ \text{de chacun des rectangles} \\ \text{formant les faces latérales} \end{pmatrix}$$

**OU**

$$\begin{pmatrix} \text{Aire latérale} \\ \text{d'un prisme droit} \end{pmatrix} = \begin{pmatrix} \text{périmètre} \\ \text{de la base} \end{pmatrix} \times (\text{hauteur})$$

Ex. : Prisme dont la base est un trapèze.

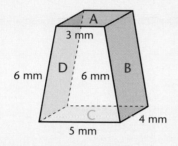

$$\begin{aligned} \text{Aire latérale} &= \mathbf{A} + \mathbf{B} + \mathbf{C} + \mathbf{D} \\ &= 3 \times 4 + 6 \times 4 + 5 \times 4 + 6 \times 4 \\ &= 12 + 24 + 20 + 24 \\ &= 80 \text{ mm}^2 \end{aligned}$$

Ex. : Prisme dont la base est un trapèze.

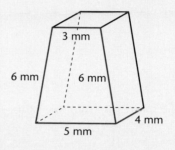

$$\begin{aligned} \text{Aire latérale} &= (3 + 6 + 5 + 6) \times 4 \\ &= 20 \times 4 \\ &= 80 \text{ mm}^2 \end{aligned}$$

#### Aire latérale d'une pyramide

L'aire latérale d'une pyramide est la mesure de la surface d'une pyramide à l'exception de la base. Dans une pyramide, les faces latérales sont des triangles.

$$\begin{pmatrix} \text{Aire latérale} \\ \text{d'une pyramide} \end{pmatrix} = \begin{pmatrix} \text{somme des aires de chacun des triangles} \\ \text{formant les faces latérales} \end{pmatrix}$$

Ex. : Pyramide à base rectangulaire

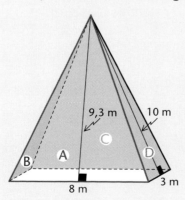

$$\begin{aligned} \text{Aire latérale} &= \mathbf{A} + \mathbf{B} + \mathbf{C} + \mathbf{D} \\ &= \frac{8 \times 9{,}3}{2} + \frac{3 \times 10}{2} + \frac{8 \times 9{,}3}{2} + \frac{3 \times 10}{2} \\ &= 37{,}2 + 15 + 37{,}2 + 15 \\ &= 104{,}4 \text{ m}^2 \end{aligned}$$

Si la pyramide est régulière, on peut également calculer l'aire latérale à l'aide de la formule suivante.

$$\left(\begin{array}{c}\text{Aire latérale}\\\text{d'une pyramide régulière}\end{array}\right) = \frac{(\text{périmètre de la base}) \times (\text{apothème})}{2}$$

Ex. : Pyramide régulière à base pentagonale

Aire latérale = $\dfrac{3 \times 5 \times 6}{2}$ = 45 m²

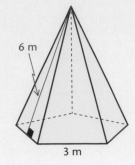

6 m

3 m

## Aire totale

L'aire totale d'un prisme ou d'une pyramide correspond à la somme de l'aire de la ou des bases et de l'aire latérale, c'est-à-dire à la somme des aires de toutes ses faces.

$$(\text{Aire totale}) = (\text{aire de la ou des bases}) + (\text{aire latérale})$$

Ex. : $\left(\begin{array}{c}\text{Aire totale de la pyramide}\\\text{régulière à base pentagonale}\end{array}\right)$ = (aire de la base) + (aire latérale)

$= \dfrac{3 \times 2,1}{2} \times 5 + \dfrac{3 \times 6}{2} \times 5$

$= 15,75 + 45$

$= 60,75$ m²

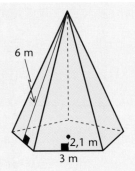

6 m

2,1 m

3 m

## Aire d'un solide décomposable

Pour calculer l'aire d'un solide décomposable, on peut le décomposer en solides plus simples.

Ex. : Le solide ci-contre est décomposable en un prisme régulier à base hexagonale et en une pyramide régulière à base hexagonale.

$\left(\begin{array}{c}\text{Aire totale du solide}\\\text{décomposable}\end{array}\right) = \left(\begin{array}{c}\text{aire d'une base}\\\text{du prisme}\end{array}\right) + \left(\begin{array}{c}\text{aire latérale}\\\text{du prisme}\end{array}\right) + \left(\begin{array}{c}\text{aire latérale de}\\\text{la pyramide}\end{array}\right)$

$\begin{array}{ccccccc}
= & \dfrac{5 \times 4,3}{2} \times 6 & + & 5 \times 7 \times 6 & + & \dfrac{5 \times 12}{2} \times 6 \\
= & 64,5 & + & 210 & + & 180
\end{array}$

$= 454,5$ mm²

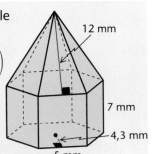

12 mm

7 mm

4,3 mm

5 mm

**1.** Détermine mentalement l'aire latérale des polyèdres ci-dessous.

a) Pyramide régulière

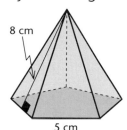

8 cm

5 cm

b)

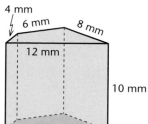

4 mm
6 mm
8 mm
12 mm
10 mm

c) Cube

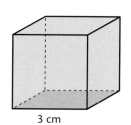

3 cm

**2.** Pour chacun des polyèdres suivants, détermine :

a) l'aire de la ou des bases ;   b) l'aire latérale ;   c) l'aire totale.

① Prisme régulier à base heptagonale

② Pyramide à base carrée

③ Prisme dont la base est un parallélogramme

④ Pyramide régulière à base octogonale

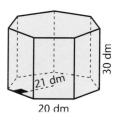

30 dm
21 dm
20 dm

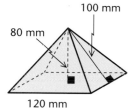

100 mm
80 mm
120 mm

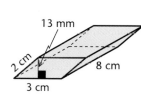

13 mm
2 cm
3 cm
8 cm

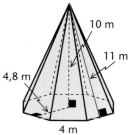

10 m
11 m
4,8 m
4 m

**3.** Afin d'empêcher les insectes de se poser sur la nourriture, on désire fabriquer des couvre-assiettes en forme de pyramide à base carrée avec un tissu en filet, selon le modèle ci-contre.

Quelle quantité de tissu, en centimètres carrés, sera nécessaire pour fabriquer 12 de ces couvre-assiettes ?

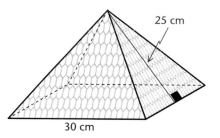

25 cm

30 cm

**4.** Dans une fromagerie, on emballe les fromages sur une chaîne d'empaquetage. Pour bien sceller les paquets, il faut prévoir 5 % de plus de pellicule d'emballage que la surface des fromages. Quelle quantité de pellicule, en centimètres carrés, sera nécessaire pour emballer 150 fromages de la taille de celui illustré ci-contre ?

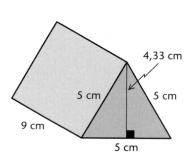

4,33 cm
5 cm
5 cm
9 cm
5 cm

5. Un réfrigérateur en acier inoxydable
est vendu 1200 $. Un autre modèle de
la même taille avec un revêtement blanc
est vendu 850 $. Il est possible de faire
remplacer ce revêtement par de l'acier
inoxydable au coût de 47 $/m². 
On recouvre alors tous les côtés
extérieurs, sauf l'arrière et le dessous
de l'appareil ménager.

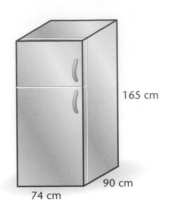

165 cm

90 cm

74 cm

Est-il plus économique d'acheter
le réfrigérateur en acier inoxydable
ou d'acheter le blanc et de faire remplacer
le revêtement ? Explique ta réponse.

L'acier inoxydable est utilisé
dans plusieurs domaines, dont
la fabrication d'ustensiles de cuisine,
car il n'altère pas la nourriture et
l'entretien en est facile.

6. Détermine l'aire totale des solides ci-dessous.

a)

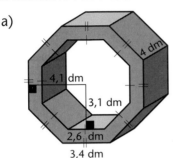

4 dm

4,1 dm

3,1 dm

2,6 dm

3,4 dm

b)

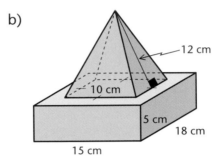

12 cm

10 cm

5 cm

18 cm

15 cm

7. Pour exposer les bijoux dans sa vitrine,
une joaillière utilise un cube dont on
a évidé une partie en forme de pyramide droite
à base carrée. La hauteur de cette pyramide
et l'arête du cube sont isométriques.
Le présentoir est entièrement recouvert
de velours rouge. Quelle quantité de velours,
en centimètres carrés, est nécessaire
à la création de ce présentoir ?

On taille généralement
les diamants en forme de cube,
d'octaèdre ou d'hexoctaèdre
(polyèdre à 48 faces).

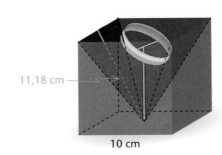

11,18 cm

10 cm

8. Comment doit-on disposer 12 cubes identiques
à celui illustré ci-contre afin d'obtenir un polyèdre
ayant la plus grande aire totale possible ?
Chaque cube doit avoir au moins une face
en commun avec un autre cube.

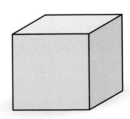

9. Dans une boutique, on vend des boîtes-cadeaux à fond carré qui doivent être assemblées. On vend ces boîtes de carton 2 $/m². On propose aux clients et aux clientes d'ajouter un ruban décoratif à 0,01 $/cm. La boucle sur le paquet requiert 20 cm de ruban. Un client choisit la boîte ci-contre et fait mettre un ruban et une boucle. Quel sera le coût total de cet emballage?

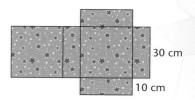

30 cm

10 cm

10. Dans un cours d'ébénisterie, les élèves doivent construire des cabanes d'oiseaux. Sur le modèle ci-dessous, on a prévu une ouverture circulaire de 50,27 cm² pour permettre aux oiseaux d'entrer et de sortir. Une fois assemblée, on recouvre entièrement la cabane d'un vernis. Quelle est la quantité de vernis nécessaire si 1 mL couvre 1 cm²?

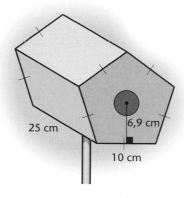

25 cm

6,9 cm

10 cm

Plusieurs écoles du Québec offrent un cours d'ébénisterie qui mène à l'obtention d'un diplôme d'études professionnelles (DEP). Le travail de l'ébéniste consiste à concevoir, fabriquer et réparer des objets en bois.

11. On observe un poisson-nettoyeur, un otocinclus, réputé pour enlever les saletés sur la paroi de verre. Cet otocinclus vit dans un aquarium ayant la forme d'un prisme dont la base rectangulaire mesure 20 cm sur 50 cm. La hauteur de l'aquarium est de 30 cm. L'otocinclus nettoie environ 10 cm² de paroi à l'heure. Au bout de combien de jours, au minimum, aura-t-il nettoyé toute la paroi de l'aquarium?

12. Complète la représentation graphique ci-contre montrant la relation entre la mesure d'une arête d'un cube et l'aire totale de ce cube.

**Cube**

Aire totale
(cm²)

225
200
175
150
125
100
75
50
25

0   1   2   3   4   5   6

Mesure
d'une arête
(cm)

13. PISCINE OLYMPIQUE Une piscine olympique doit comporter au moins 8 couloirs d'une largeur de 2,5 m chacun sur une longueur totale de 50 m. La profondeur peut être constante ou présenter une dénivellation, comme c'est le cas de la piscine illustrée ci-contre. En prévision d'une compétition importante, on planifie de repeindre l'intérieur de cette piscine. Quelle est la mesure de la surface à peindre?

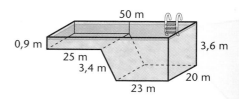

50 m

0,9 m

25 m

3,4 m

3,6 m

23 m

20 m

**14.** Marie-Kim veut construire une niche pour son chien. Elle fabrique d'abord une maquette à l'échelle. Aide Marie-Kim à compléter les mesures de la niche de façon à respecter les proportions de la maquette.

**Niche**

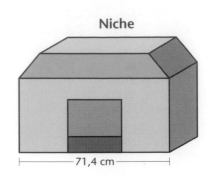

**Maquette**

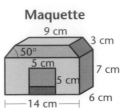

**15.** Dans un centre d'entraînement physique, on trouve des haltères dont la masse varie selon les exercices à faire et les objectifs à atteindre.

Quelle est l'aire totale de l'haltère formé de prismes réguliers illustré ci-contre?

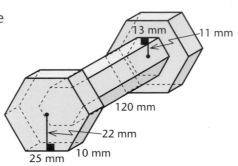

Maryse Turcotte est la première haltérophile canadienne à avoir participé aux Jeux olympiques en 2000.

**16.** On veut construire la maquette d'un château de sable. On fabrique une structure en carton qu'on badigeonne entièrement de colle. On saupoudre ensuite la maquette de sable en une couche uniforme et mince. Quelle sera la quantité minimale de sable, en grammes, nécessaire pour recouvrir le château ci-dessous si 1200 g de sable couvrent une aire de 1 m²?

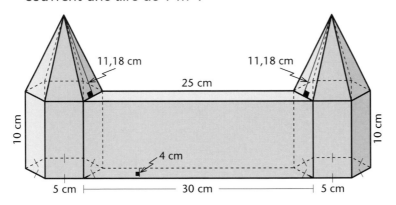

Chaque année, au mois d'août, un concours de châteaux de sable a lieu sur les plages des îles de la Madeleine.

**17.** On veut fabriquer un cube dont l'aire totale sera le double de celle d'un autre cube ayant une arête de 3 cm. Quelle sera la mesure de l'arête du cube ayant la plus grande aire?

**18.** Huit bonbons mesurent chacun 1,5 cm sur 2 cm sur 1 cm. On veut les envelopper tous ensemble en utilisant le moins de papier possible. Comment doit-on les disposer?

# Unité 12.4 C'est une question d'algèbre !

PROJET Cette unité t'aidera à réaliser la partie 3 de ton projet.

## SITUATION-PROBLÈME — Le marketing

De nombreuses études de marché ont démontré que la présentation et l'emballage d'un produit ont un impact très grand sur les ventes. Afin de promouvoir un nouveau parfum dont le flacon est cylindrique, on conçoit une jolie boîte entièrement recouverte de satin. Celle-ci mesure 12 cm de hauteur et sa base a la forme d'un pentagone régulier.

Afin de protéger le flacon contre les bris liés à la manutention, le disque de la base du flacon est inscrit dans le pentagone.

L'aire du pentagone régulier est 32,7 cm² et le rayon du disque mesure 3 cm.

**Quelle est la mesure de la surface recouverte de satin ?**

# Le réseau cellulaire

Le territoire couvert par un réseau permettant la communication entre téléphones mobiles est divisé en cellules ayant chacune la forme d'un hexagone régulier au centre duquel on trouve une antenne de relais.

On a illustré ci-dessous une partie d'un réseau cellulaire. Le point au centre de chacun des hexagones réguliers représente l'emplacement de l'antenne de relais. L'aire d'une cellule de ce réseau est 2340 km² et la mesure de l'apothème de l'hexagone est de 26 km.

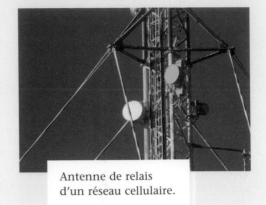

Antenne de relais
d'un réseau cellulaire.

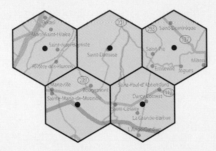

**a.** Si on relie l'antenne de relais d'une cellule à chacun des sommets de cette cellule :

  1) combien de triangles isométriques obtient-on ?

  2) quel nom donne-t-on aux triangles obtenus ?

**b.** Donne une formule qui permet de déterminer l'aire d'un polygone régulier.

**c.** Dans cette formule, remplace, si possible, chacune des variables par une valeur connue.

**d.** Détermine la mesure d'un côté de l'hexagone.

**e.** Pour éviter toute interruption de communication lorsqu'on passe d'une cellule à une autre, le rayon d'action de l'antenne de relais doit-il correspondre au cercle inscrit dans l'hexagone ou au cercle circonscrit à l'hexagone ? Explique ta réponse.

Cercle inscrit dans un hexagone

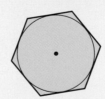

Cercle circonscrit à un hexagone

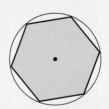

**f.** Quelle est la mesure du rayon d'action de l'antenne de relais du réseau illustré plus haut ? Explique ta réponse.

## Déterminer une mesure manquante

Pour déterminer une mesure manquante dans une formule d'aire, on peut utiliser la méthode des opérations inverses ou la méthode du recouvrement.

Ex. : 1)   L'aire de la figure ci-contre est 49,2 cm$^2$.
Pour déterminer la mesure $a$ de l'apothème de l'octogone régulier, il faut résoudre l'équation
$$\frac{3 \times a}{2} \times 8 + 3 \times 2 = 49{,}2.$$
En simplifiant le membre de gauche dans cette équation, on obtient
$12a + 6 = 49{,}2$.

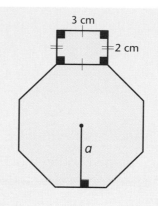

Pour déterminer la valeur de $a$ on peut :

- appliquer la méthode des opérations inverses;

| $a$ | → | $\times 12$ | → | $+6$ | $=$ | $49{,}2$ |
|---|---|---|---|---|---|---|
| $3{,}6$ | $=$ | $\div 12$ | ← | $-6$ | ← | $49{,}2$ |

- appliquer la méthode du recouvrement.

| $12a$ | $+$ | $6$ | $=$ | $49{,}2$ |
|---|---|---|---|---|
| $12a$ | | $=$ | | $43{,}2$ |
| $a$ | | $=$ | | $3{,}6$ |

On valide la solution en effectuant
$$\frac{3 \times 3{,}6}{2} \times 8 + 3 \times 2 = 49{,}2$$
ou $12 \times 3{,}6 + 6 = 49{,}2$

La mesure de l'apothème de l'octogone régulier est donc de 3,6 cm.

Ex. : 2)   L'aire totale du prisme à base triangulaire illustré ci-contre est 139,2 cm$^2$.
Pour déterminer la mesure $h$ de la hauteur du prisme, il faut résoudre l'équation
$A_B + A_L = 139{,}2$, où $A_B$ représente l'aire des bases et $A_L$, l'aire latérale du prisme.

D'après les données, on obtient
$A_B = \frac{6 \times 4}{2} \times 2 = 24$ et $A_L = 5h + 5h + 6h = 16h$.

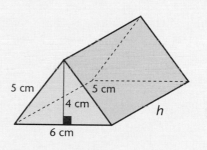

L'équation à résoudre est donc $24 + 16h = 139{,}2$.
Pour déterminer la valeur de $h$ on peut :

- appliquer la méthode des opérations inverses;

| $h$ | → | $\times 16$ | → | $+24$ | $=$ | $139{,}2$ |
|---|---|---|---|---|---|---|
| $7{,}2$ | $=$ | $\div 16$ | ← | $-24$ | ← | $139{,}2$ |

- appliquer la méthode du recouvrement.

| $24$ | $+$ | $16h$ | $=$ | $139{,}2$ |
|---|---|---|---|---|
| | | $16h$ | $=$ | $115{,}2$ |
| | | $h$ | $=$ | $7{,}2$ |

On valide la solution en effectuant
$$\frac{6 \times 4}{2} \times 2 + 16 \times 7{,}2 = 139{,}2$$
ou
$24 + 16 \times 7{,}2 = 139{,}2.$

La mesure de la hauteur du prisme est donc de 7,2 cm.

1. Résous mentalement les équations suivantes.

a) $y + 12 = 65$

b) $7a = 28$

c) $\frac{x}{5} = 100$

d) $2m + 3 = 15$

e) $3h - 1 = 20$

f) $\frac{2r}{3} = 6$

2. Dans chaque cas, détermine la valeur manquante.

a) L'aire du pentagone régulier est 33 mm².

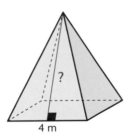

3 mm

?

b) L'aire totale du cube est 54 cm².

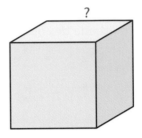

?

c) L'aire latérale de la pyramide droite à base carrée est 48 m².

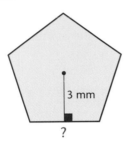

?

4 m

d) L'aire des deux bases du prisme droit à base rectangulaire est 72 cm².

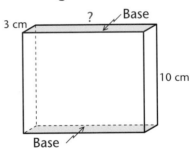

3 cm   ? Base

10 cm

Base

e) L'aire de l'ennéagone régulier est 55,35 cm².

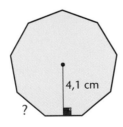

4,1 cm

?

f) L'aire du polygone régulier à 15 côtés est 1160,3 mm².

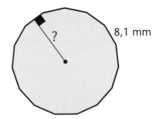

?   8,1 mm

3. L'aire totale d'un prisme droit à base octogonale est 23,1 mm². Son aire latérale est 12,5 mm². Quelle est l'aire d'une base de ce prisme?

4. Détermine le nombre de côtés d'un polygone régulier de 5,2 mm de côté dont l'apothème mesure 24,7 mm et dont l'aire est 1926,6 mm².

**5.** Résous les équations suivantes en laissant les traces de ta démarche.

**Niveau I**

a) $a - 214 = -12$

b) $-4,5 + x = 12,3$

c) $\dfrac{6}{7} = \dfrac{3}{5} + y$

**Niveau II**

a) $11,96 \div b = 5,2$

b) $6,1a = 1,22$

c) $\dfrac{n}{-12} = -5,3$

**Niveau III**

a) $\dfrac{2a}{2,1} = 2,3$

b) $156 = 16x + 12$

c) $2,5d - 16 = -24$

d) $17 + 2c = 12,4$

e) $-9x^2 - 10 = -235$

f) $234 = 2x^2 + 14$

**6.** L'aire totale d'un cube est de 40,56 dm². Quelle est, en centimètres, la mesure d'une arête de ce cube?

**7.** Dans chaque cas, détermine la mesure manquante.

a)

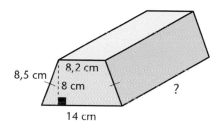

8,5 cm   8,2 cm   8 cm   ?   14 cm

Aire totale = 777,36 cm²

b)

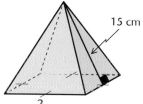

15 cm   ?

Aire latérale = 186 cm²

**8.** Kelly-Anne désire ranger une boîte ayant une aire totale de 5992 cm² dans l'armoire illustrée ci-contre. La boîte a une base rectangulaire de 35 cm sur 28 cm.

Kelly-Anne pourra-t-elle ranger la boîte dans l'armoire? Explique ta réponse.

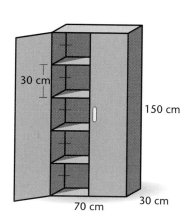

30 cm   150 cm   70 cm   30 cm

**9.** Une restauratrice doit choisir le modèle de verre à utiliser pour servir le jus de tomate à sa clientèle. Les quatre modèles ci-dessous ont tous la même contenance et leur base est un polygone régulier.

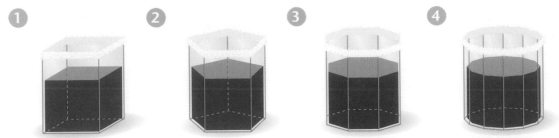

Dans ce restaurant, on sert le jus de tomate dans un verre dont le bord a été humecté avec du jus de citron, puis ensuite passé dans un sel assaisonné. Quel modèle de verre permettrait d'économiser le jus de citron et le sel assaisonné?

| Modèle | Aire de la base | Mesure de l'apothème |
|---|---|---|
| 1 | 30 cm² | 2,74 cm |
| 2 | 30 cm² | 2,87 cm |
| 3 | 30 cm² | 3,01 cm |
| 4 | 30 cm² | 3,05 cm |

**10.** Un tapis rectangulaire à motifs d'hexagones réguliers isométriques de 0,5 m de côté est illustré ci-contre. L'ensemble des 8 hexagones a une aire de 5,16 m². On veut coudre une bordure de dentelle sur le pourtour du tapis. Si un rouleau contient 4 m de dentelle, combien de rouleaux doit-on acheter?

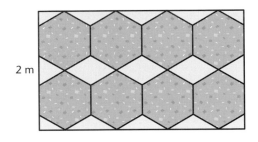

2 m

**11.** On charge à l'arrière d'une camionnette une caisse fabriquée avec 14 m² de métal. La caisse a une base carrée de 1 m de côté. La surface de chargement de la camionnette se trouve à 1,2 m du sol.

Sur l'autoroute, un panneau de signalisation indique que la hauteur maximale libre sous un viaduc est de 4,4 m. Le véhicule pourra-t-il passer sous ce viaduc avec son chargement?

1,2 m

**12.** PYRAMIDE DE CHÉOPS  La pyramide de Chéops fut construite pour servir de temple funéraire au roi d'Égypte, Chéops. Elle a une aire latérale approximative de 85 560 m². Son apothème mesure environ 186 m. Un touriste veut faire le tour à pied de cette pyramide à base carrée. Quelle est la plus petite distance que ce touriste aura à parcourir?

**13.** Le secrétaire d'une clinique médicale a réalisé une affiche demandant aux visiteurs et aux visiteuses d'éteindre leur téléphone cellulaire. Il a d'abord conçu la petite affiche illustrée ci-contre et l'a ensuite agrandie de 50 % à l'aide d'un photocopieur.

8 cm

S.V.P. veuillez éteindre votre téléphone cellulaire.

L'aire de cet octogone régulier est de 310,4 cm².

a) Sur l'affiche agrandie, quelle est la mesure

1) d'un côté?

2) de l'apothème?

b) Établis les rapports suivants.

1) $\dfrac{\text{Mesure d'un côté de l'octogone de la grande affiche}}{\text{Mesure d'un côté de l'octogone de la petite affiche}}$

2) $\dfrac{\text{Mesure de l'apothème de l'octogone de la grande affiche}}{\text{Mesure de l'apothème de l'octogone de la petite affiche}}$

3) $\dfrac{\text{Aire de l'octogone de la grande affiche}}{\text{Aire de l'octogone de la petite affiche}}$

c) Que remarques-tu à propos des rapports établis en **b)**? Explique ta réponse.

**14.** On a utilisé 3 L de peinture pour repeindre les murs d'une chambre ayant la forme d'un prisme à base rectangulaire. Avec un litre de peinture, on peut couvrir une aire de 10 m². On s'apprête à installer une moulure de bois sur le pourtour du plafond, situé à 2 m de hauteur.

a) Quelle longueur de moulure doit-on prévoir?

b) Indique deux possibilités de dimensions pour la chambre.

**15.** Un fabricant d'articles de sport utilise des boîtes cubiques pour emballer des ballons. Chaque ballon a un diamètre de 30 cm. On dispose de 5766 cm² de carton pour chacune des boîtes. Pourra-t-on placer un ballon dans une boîte? Explique ta réponse.

**16.** L'aire d'un pentagone régulier de 12 cm de côté est de 247,8 cm². On effectue une homothétie du pentagone. L'aire du pentagone image est 634,368 cm². Quelle est la mesure de l'apothème du pentagone image?

**17.** Un prisme à base carrée a une hauteur de 12 cm et une aire totale de 594 cm². Détermine la mesure d'un côté de la base.

# Société des maths

## Sa vie

Platon est né vers 427 av. J.-C. dans une famille aristocratique d'Athènes. Il a d'abord une formation littéraire et artistique, puis la rencontre avec le philosophe Socrate change le cours de sa vie. Il deviendra un disciple de Socrate et se consacrera dorénavant à la philosophie. Platon vit à l'époque où Athènes est affaiblie par les guerres. Il a le souhait de sauver la cité en enseignant la philosophie à sa population. Plusieurs le considèrent comme le fondateur des sciences politiques.

À la mort de Socrate, en 399 av. J.-C., Platon quitte Athènes et entreprend un voyage qui durera une douzaine d'années. C'est au cours de ce voyage qu'il rencontre Théodore de Cyrène, qui l'initie à la mathématique. Puis, Platon se rend en Italie où il approfondit ses connaissances au contact des pythagoriciens et des pythagoriciennes.

Platon
(v. 427 av. J.-C. – v. 348 av. J.-C.)

## L'Académie

De retour à Athènes, Platon fonde, vers 387 av. J.-C., l'Académie, une école de philosophie et de sciences dans la tradition des sociétés pythagoriciennes. La légende raconte qu'au fronton de l'Académie, il était inscrit : « Que nul n'entre ici s'il n'est géomètre. »

Jusqu'à sa mort, Platon enseignera à l'Académie, qui continuera d'exister jusqu'en 529 apr. J.-C. C'est à l'époque de Platon que la géométrie a commencé à se développer.

POPULATION IDÉALE

## Platon et la mathématique

Platon s'intéressait à la politique et établit, grâce à ses connaissances mathématiques, que la taille idéale d'une population était de 5040 personnes. Pourquoi ? Parce que ce nombre a 60 diviseurs, dont tous les nombres de 1 à 10. On pouvait donc diviser facilement les taxes et les terres.

# Platon

## Les solides de Platon

Selon Platon, le monde était composé de cinq éléments essentiels, le feu, l'air, l'eau, la terre et l'Univers, ce qui était suffisant pour expliquer l'existence de seulement cinq polyèdres réguliers, chacun représentant un des éléments. Euclide démontrera plus tard, mathématiquement, qu'il n'existe bel et bien que cinq polyèdres réguliers.

Voici les cinq solides de Platon et l'élément qui leur était associé.

 Le tétraèdre symbolisant le feu est composé de 4 faces qui sont toutes des triangles équilatéraux isométriques.

L'octaèdre symbolisant l'air est composé de 8 faces qui sont toutes des triangles équilatéraux isométriques.

 L'icosaèdre symbolisant l'eau est composé de 20 faces qui sont toutes des triangles équilatéraux isométriques.

L'hexaèdre symbolisant la terre est composé de 6 faces qui sont toutes des carrés isométriques.

 Le dodécaèdre symbolisant l'Univers est composé de 12 faces qui sont toutes des pentagones réguliers isométriques.

## À TOI DE JOUER

**1** Selon les informations fournies, explique ce qu'est un polyèdre régulier.

**2** Dessine quatre des 11 développements possibles de l'octaèdre.

**3** Donne un autre nom :
a) au tétraèdre;
b) à l'hexaèdre.

**4** On place un point au centre de chaque face d'un hexaèdre. Les six points ainsi obtenus sont les sommets d'un autre solide de Platon. Lequel ?

**5** Pour chacun des solides de Platon :
a) indique les mesures qu'on doit connaître pour en calculer l'aire totale;
b) écris une formule permettant de calculer l'aire totale.

## À TOI DE CHERCHER

**6** Vérifie si la relation d'Euler s'applique aux solides de Platon.

**7** Dans le texte de la page 206, il est question des pythagoriciens et des pythagoriciennes. Explique brièvement qui était Pythagore.

**8** Explique pourquoi on est certain qu'il n'existe que cinq polyèdres réguliers.

## L'architecte

L'architecture est un domaine où l'art, l'histoire, la sociologie, l'environnement, la préservation du patrimoine, l'économie et la mathématique se côtoient. En effet, les principales tâches de l'architecte sont de concevoir les plans pour la construction ou la rénovation de bâtiments et de surveiller l'exécution des travaux. Pour ce faire, l'architecte doit tenir compte d'un très grand nombre de facteurs, comme l'emplacement du bâtiment, le climat, les exigences de la clientèle, le temps alloué à la construction et le budget disponible. L'architecte doit faire preuve d'imagination pour créer un bâtiment original, fonctionnel, esthétique et harmonieusement intégré dans le milieu.

## L'architecture à travers l'histoire

Cette maison octogonale se trouve à Chambly, au Québec.

## Les pyramides d'Égypte : l'architecte d'hier à aujourd'hui

Dans l'histoire de l'humanité, les Égyptiens de l'Antiquité étaient parmi les architectes les plus talentueux. Les grandes pyramides d'Égypte sont, encore aujourd'hui, considérées comme des merveilles architecturales. La plus grande, la pyramide de Chéops, est l'une des sept merveilles du monde. Elle est célèbre, entre autres, pour la pureté de ses proportions géométriques. Pendant plus de 4000 ans, ce fut la plus haute construction du monde, jusqu'à ce qu'elle soit dépassée par la cathédrale de Cologne, en Allemagne, terminée en 1880.

La pyramide de Chéops est à base carrée. À l'origine, elle était haute de 146,6 m, mais l'érosion a réduit sa hauteur à 137 m. De nos jours, les architectes collaborent avec les archéologues afin de préserver ce trésor du passé.

186,4 m

230,246 m

## La maison octogonale : l'imagination de l'architecte

Au milieu du 19e siècle, un architecte américain, Orson Squire Fowler (1809-1887), fit la promotion de maisons ayant comme base un octogone régulier. Il s'agissait du premier style de maison entièrement américain, la plupart des autres styles architecturaux étant européens. Quelques milliers de maisons octogonales furent bâties à cette époque.

# Architecte

## Le Pentagone : un bâtiment fonctionnel

L'édifice abritant le département de la Défense nationale des États-Unis est appelé le Pentagone et il fut achevé en 1943. C'est l'un des plus grands immeubles de bureaux du monde, et 23 000 personnes y travaillent. Les architectes de l'époque ont choisi la forme d'un pentagone régulier pour des raisons d'efficacité. En effet, malgré ses 28 km de corridors, il ne faut pas plus de 7 min pour se rendre d'un bout à l'autre de l'édifice.

## Le 1000 de La Gauchetière : l'architecte en milieu urbain

En 1992, on achevait la construction de l'édifice montréalais appelé Le 1000 de La Gauchetière. Il s'agit de la plus haute tour de la métropole, avec ses 51 étages. Son toit atteint la hauteur maximale permise par la ville, soit la hauteur du mont Royal, qui est de 205 m.

## À TOI DE JOUER

**1** Vers quelle année aurait-on terminé la construction de la pyramide de Chéops ?

**2** Quelle est la superficie d'un étage du Pentagone ?

**3** Les architectes participent aux travaux de restauration de la pyramide de Chéops. Pour ce faire, il leur est nécessaire de connaître son aire latérale, arrondie à l'unité près. Détermine cette mesure.

**4** Une architecte doit fabriquer une maquette du 1000 de La Gauchetière. Quels prismes ou pyramides devra-t-elle utiliser pour construire sa maquette ?

## À TOI DE CHERCHER

**5** La pyramide de Chéops est l'une des sept merveilles du monde. Quelles sont les six autres ?

**6** Dessine le plan d'un édifice connu construit uniquement à partir de prismes droits et de pyramides droites.

1. Voici le plan d'un modèle réduit de maison en carton à assembler. Dans le manuel d'instructions, on indique d'assembler d'abord le toit, puis de réunir le toit à la base de la maison.

   a) Décris la maison en nommant tous les solides qui la constituent.

   b) Quelle est l'aire du carton utilisé pour construire cette maison ?

   c) Une fois la maison assemblée et solidement fixée sur une base en carton, on désire la peindre. De quelle quantité de peinture aura-t-on besoin si 1 L couvre 1 m² ?

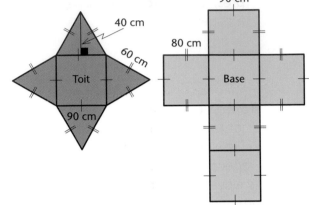

2. La douche ci-dessous est installée dans le coin d'une salle de bains. Sa base est un pentagone régulier. Les trois faces avant sont en verre et les deux faces donnant sur les murs ainsi que le plancher de la douche sont en plastique.

   a) Dessine le développement de cette douche. Utilise l'échelle 1 cm ≙ 20 cm.

   b) Quelle est la mesure de la surface vitrée ?

   c) Quelle est la mesure de la surface en plastique ?

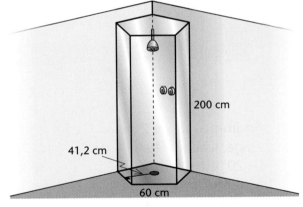

3. Pour envelopper un cadeau, on dispose d'un restant de papier d'emballage de 22 cm sur 1 m. La boîte a la forme d'un prisme à base rectangulaire de 20 cm sur 30 cm sur 10 cm de hauteur. A-t-on suffisamment de papier ?

4. On construit une rampe qui sera utilisée pour effectuer des sauts à vélo en sciant un bloc de bois plein, comme le montre l'illustration ci-contre.

   On veut ensuite peindre toute la surface visible de la rampe. Quelle est la mesure de la surface à peindre ?

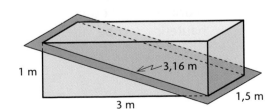

**5.** Afin de construire l'escalier entre le premier et le deuxième étage d'un immeuble d'appartements, on enlève une partie d'une pièce située au premier étage, comme le montre l'illustration ci-dessous.

a) Quel est le nom du polyèdre qui correspond à la partie supprimée?

b) Le locataire du premier étage peint les murs, la porte et le plafond de cette pièce. Quelle est, au centième près, la mesure de la surface à couvrir?

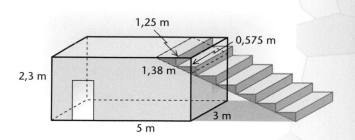

**6.** Pour fabriquer un nichoir destiné aux merles bleus, on utilise 0,15 m² de contreplaqué de 1 cm d'épaisseur. Un panneau de contreplaqué mesure 3 m² et coûte 30 $. William et sa classe veulent construire plusieurs nichoirs pour favoriser le repeuplement dans le voisinage. Avant d'approuver le projet des élèves, la directrice de l'école veut en connaître le coût. Complète la table de valeurs ci-dessous.

**Nichoirs pour merles bleus**

| Nombre de nichoirs | 10 | 20 | 30 | 40 |
|---|---|---|---|---|
| Quantité de bois nécessaire (m²) | ▬ | ▬ | ▬ | ▬ |
| Coût ($) | ▬ | ▬ | ▬ | ▬ |

Soixante nichoirs pour merles bleus ont été installés sur la piste cyclable du Petit train du Nord. On peut maintenant y observer, en mai et en juin, de nombreux merles bleus.

**7.** Un immeuble de 20 étages comporte 5 appartements par étage, sauf au dernier étage. Chaque étage a une hauteur de 4 m et un plancher de 60 m sur 100 m. Le 20ᵉ étage est occupé par un seul appartement. Les murs latéraux de cet immense appartement sont des vitres, ce qui offre une vue exceptionnelle. Quelle est l'aire des vitres de l'appartement du 20ᵉ étage?

**8.** Dans un musée, on expose un diamant ayant la forme d'un octaèdre. Pour le protéger, on le place dans une boîte cubique en verre. L'aire du cube vitré est 600 cm². Détermine la hauteur du cube vitré.

Le plus gros diamant jamais taillé est le *Golden Jubilee*. Sa masse est de 109 g, soit l'équivalent d'une petite orange. Ce diamant a été offert au roi de Thaïlande, en 1997, pour le 50ᵉ anniversaire de son couronnement.

**9.** Un pâtissier glace le gâteau ci-dessous en utilisant les trois quarts d'un pot de mélange à glaçage. Avec un pot plein, on peut glacer une surface dont la mesure est de 1880 cm².

Le pâtissier décide de couper le gâteau pour en faire deux plus petits de la même taille. Il coupe la pâtisserie le long de la diagonale, qui mesure 39,05 cm. Il veut évidemment glacer les surfaces qui ne le sont pas.

a) Quelle est l'aire des faces à glacer?

b) Devra-t-il entamer un autre pot de mélange à glaçage?

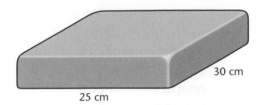

30 cm

25 cm

**10.** Détermine l'expression algébrique réduite représentant l'aire totale du prisme ci-contre dont la base est un triangle équilatéral.

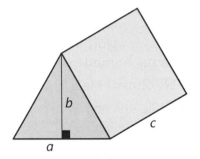

*b*

*c*

*a*

**11.** Un écrou a la forme d'un prisme régulier à base hexagonale de 5 mm de côté dont l'apothème mesure 4,3 mm. L'ouverture circulaire a une aire de 19,6 mm². La hauteur de l'écrou est de 3 mm. Quelle est l'aire d'une base de cet écrou?

**12.** On veut recouvrir le podium ci-dessous d'un velours bleu en vue de la remise des médailles lors d'une compétition de danse internationale. Détermine la quantité de velours, en mètres carrés, nécessaire pour effectuer cette tâche.

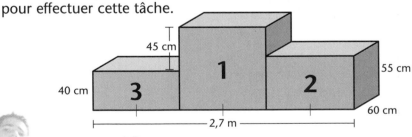

45 cm

**1**

55 cm

40 cm

**3**

**2**

60 cm

2,7 m

La danse internationale est pratiquée partout dans le monde. Elle se divise en deux catégories : les danses latines et les danses modernes.

**13.** Détermine l'aire latérale du crayon à mine illustré ci-contre.

17 cm

4 mm

3,5 mm

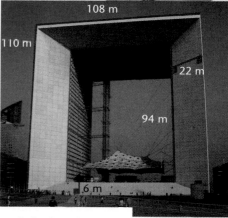

**14.** **ARCHITECTURE** L'Arc de triomphe de l'Étoile est situé à Paris, au point de rencontre de 12 avenues. Ce monument fut construit au début du 19ᵉ siècle à la demande de Napoléon Bonaparte. Les noms d'environ 700 héros militaires français sont gravés sur les quatre faces intérieures de l'Arc.

45 m

50 m

22 m

En 1989, toujours à Paris, on inaugura la Grande Arche de la Défense. Le président français de l'époque, François Mitterrand, désirait construire dans la partie moderne de la ville un arc de triomphe à la couleur du 20ᵉ siècle.

a) Quelle est, en hectomètres carrés, l'aire du toit de la Grande Arche de la Défense?

b) Quelle est la différence entre l'aire totale des deux prismes suivants?

1) Le plus petit prisme dans lequel on pourrait sculpter une réplique de l'Arc de triomphe.

2) Le plus petit prisme dans lequel on pourrait sculpter une réplique de la Grande Arche de la Défense.

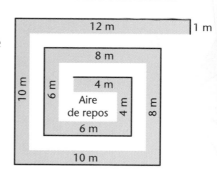

108 m

110 m

22 m

94 m

6 m

La profondeur de la Grande Arche de la Défense est de 112 m.

**15.** Dans un jardin public, on a aménagé un sentier en forme de spirale rectangulaire menant à une aire de repos centrale. Le sentier est bordé d'un muret d'une hauteur de 1,5 m. La municipalité a conçu un projet qui permettra à 15 artistes de la rue de peindre sur les murs intérieurs et extérieurs. Quelle aire maximale devrait-on attribuer à chacun et à chacune des artistes afin de répartir équitablement la surface à peindre?

12 m | 1 m
8 m
10 m | 6 m | 4 m
Aire de repos | 4 m | 8 m
6 m
10 m

**16.** On a coupé une pyramide à base carrée à l'aide d'un plan parallèle à la base. Détermine l'aire totale de chacun des polyèdres ainsi obtenus.

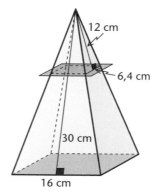

12 cm

6,4 cm

30 cm

16 cm

**17. CARNAVAL DE QUÉBEC** L'International de sculpture sur neige est l'une des activités proposées au Carnaval de Québec. On remet à chaque participant ou participante un gros cube de neige à transformer en œuvre d'art. Voici la première coupe faite par six participants et participantes à leur cube de neige.

1) 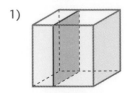   2)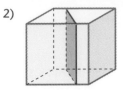

3) 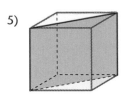   4)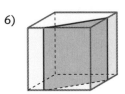

5) 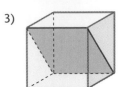   6)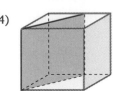

Dans chaque cas, détermine :

a) la section obtenue ;

b) les solides obtenus.

**18. SOCCER** Alexandra veut estimer l'aire d'un ballon de soccer. Pour ce faire, elle calcule d'abord l'aire de chacun des polygones réguliers qui composent la surface du ballon de soccer et, ensuite, elle additionne toutes les aires obtenues.

a) Calcule l'aire d'un ballon de soccer à l'aide de la technique utilisée par Alexandra. Un ballon de soccer est formé de 12 pentagones réguliers de 4,1 cm de côté et de 2,8 cm d'apothème ainsi que de 20 hexagones réguliers de 4,1 cm de côté et de 3,6 cm d'apothème.

b) En réalité, l'aire du ballon est-elle plus grande ou plus petite que l'aire obtenue par Alexandra ? Explique ta réponse.

C'est en 1996 que le Californien Zack Phillips fonda officiellement une ligue internationale de *roller soccer,* un sport qui combine le patin à roues alignées et le soccer.

**19.** On veut partager en cinq portions un gâteau recouvert de chocolat et ayant la forme d'un prisme à base carrée. Les portions doivent avoir la même quantité de gâteau et de chocolat. Comment t'y prendrais-tu pour y arriver ?

# Album
## Table des matières

# Stratégies pour la résolution de situations-problèmes

Voici une démarche que tu peux utiliser comme guide pour résoudre des situations-problèmes.

**STRATÉGIES**

**Compréhension**

1. Pour bien **comprendre** une situation-problème, lis-la attentivement et pose-toi les questions suivantes.
   - Me suis-je représenté la situation mentalement ou par écrit ?
   - Ai-je reformulé la situation dans mes mots ?
   - Ai-je distingué les données importantes des données inutiles ?
   - Ai-je bien dégagé la tâche à réaliser ?
   - Ai-je déjà résolu un problème semblable ?

**Organisation**

2. L'**organisation** du travail consiste à établir des liens entre les données et à choisir une stratégie de résolution. Voici quelques-unes de ces stratégies :
   - Diviser un problème complexe en sous-problèmes (p. 217).
   - Travailler à rebours (p. 218).
   - Analyser un problème plus simple (p. 219).
   - Organiser et justifier sa démarche en géométrie (p. 220).
   - Utiliser des dessins, des tableaux, des graphiques, du matériel concret, des instruments de géométrie ou un ordinateur pour organiser et déduire des informations (p. 221).

**Solution**

3. Utilise tes connaissances et les outils dont tu disposes pour appliquer ta stratégie et donner la **solution**. Les questions suivantes t'aideront à résoudre la situation-problème.
   - Ai-je estimé la réponse ?
   - Ai-je effectué mes calculs et mes déductions à l'aide de l'outil approprié (à la main, matériel concret, calculatrice ou ordinateur) ?
   - Ai-je écrit la réponse complète sous la forme d'un énoncé ?

**Validation**

4. Pose-toi les questions suivantes afin de **valider** ta solution.
   - Ai-je répondu à la question ?
   - Ai-je vérifié mes calculs ?
   - La réponse obtenue a-t-elle du sens ?
   - Est-ce la seule réponse possible ?
   - Puis-je résoudre la situation autrement ?
   - Puis-je faire le problème à rebours ?
   - La réponse correspond-elle à mon estimation ?
   - Ai-je comparé ma démarche et ma réponse avec celles d'autres élèves ?
   - Puis-je vérifier ma réponse à l'aide d'exemples ?

**Communication**

5. Pose-toi les questions suivantes afin de savoir si tu as bien **communiqué** les informations tout le long du processus de résolution.
   - Ai-je utilisé adéquatement le langage courant et le langage mathématique ?
   - Ai-je communiqué à l'aide de différents modes de représentation ?
   - Suis-je capable d'expliquer mon raisonnement ?

# 1. Diviser un problème complexe en sous-problèmes

L'entreprise Darkeau occupe le 2ᵉ étage d'un immeuble. On décide de remplacer le tapis qui recouvre le plancher afin de rendre les bureaux plus accueillants pour la clientèle. Les coûts associés à l'achat du tapis et à son installation sont de 650 \$/dam². Il faudra cinq jours pour effectuer les travaux. D'après le plan ci-dessous, quel sera le coût total des travaux ?

**Plan du 2ᵉ étage**

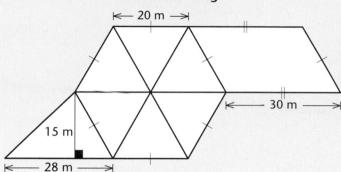

**Compréhension**

☑ J'ai distingué les données importantes des données inutiles. Les données importantes sont :
- Les coûts associés à l'achat du tapis et à son installation sont de 650 \$/dam².
- Les mesures fournies sur le plan.

La donnée inutile est :
- Il faudra cinq jours pour effectuer les travaux.

☑ J'ai dégagé la tâche à réaliser.
- Calculer le coût total des travaux pour recouvrir le plancher d'un tapis.

**Organisation**

☑ Stratégie : Diviser un problème complexe en sous-problèmes.
1. Déterminer l'aire du plancher en décomposant la figure représentant le plan de l'étage.
2. Exprimer l'aire du plancher en décamètres carrés (dam²).
3. Multiplier l'aire du plancher par 650 \$/dam² pour connaître le coût total des travaux.

**Solution**

- $\left(\begin{array}{c}\text{aire}\\\text{du plancher}\end{array}\right) = \left(\begin{array}{c}\text{aire}\\\text{du triangle}\end{array}\right) + \left(\begin{array}{c}\text{aire de}\\\text{l'hexagone régulier}\end{array}\right) + \left(\begin{array}{c}\text{aire du}\\\text{parallélogramme}\end{array}\right)$

$= \dfrac{28 \times 15}{2} + 6 \times \dfrac{20 \times 15}{2} + 30 \times 15$

$= 210 + 900 + 450$

$= 1560$

L'aire du plancher est de 1560 m².
- L'aire du plancher en décamètres carrés (dam²) :
puisqu'il y a 100 m² dans 1 dam², alors 1560 m² = 15,6 dam².
- Coût total des travaux : 15,6 × 650 = 10 140
- Réponse : Le coût total des travaux est de 10 140 \$.

**Validation**

☑ J'ai vérifié les calculs.
☑ J'ai vérifié l'aire du plancher en décomposant autrement la figure représentant le plan de l'étage.

**Communication**

## 2. Travailler à rebours

On trace une ligne au crayon à mine sur un grand carton. On prolonge ensuite la ligne de manière à quadrupler sa longueur, puis on en efface une partie d'une longueur de 32 mm à l'une de ses extrémités. On répète cette opération deux autres fois. La ligne mesure maintenant 608 mm. Quelle était la longueur de la ligne au départ ?

**Compréhension**

☑ J'ai représenté la situation par un dessin.

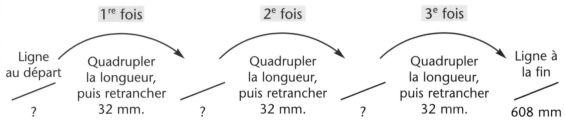

☑ J'ai distingué les données importantes des données inutiles. Les données importantes sont :
* Trois fois de suite, on quadruple la longueur de la ligne, puis on en retranche 32 mm.
* Après ces opérations, la ligne mesure 608 mm.

☑ J'ai dégagé la tâche à réaliser.
* Calculer la longueur de la ligne au départ.

**Organisation**

☑ Stratégie : Travailler à rebours, c'est-à-dire commencer par la fin du problème et remonter jusqu'au début.
1. À la fin, la ligne mesure 608 mm.
2. À cette longueur, ajouter 32 mm et diviser la longueur totale par 4 pour déterminer la longueur de la ligne au début de l'étape précédente.
3. Répéter cette démarche deux autres fois.

**Solution**

| 3ᵉ fois | 2ᵉ fois | 1ʳᵉ fois |
|---|---|---|
| 608 + 32 = 640 | 160 + 32 = 192 | 48 + 32 = 80 |
| 640 ÷ 4 = 160 | 192 ÷ 4 = 48 | 80 ÷ 4 = 20 |
| La ligne mesure 160 mm. | La ligne mesure 48 mm. | La ligne mesure 20 mm. |

* Réponse : La ligne mesurait 20 mm au départ.

**Validation**

☑ Je refais le problème.
La ligne mesure 20 mm au départ.
* **1ʳᵉ fois** : Je quadruple sa longueur, puis j'en retranche 32 mm :
20 × 4 − 32 = 48. La ligne mesure maintenant 48 mm.
* **2ᵉ fois** : Je quadruple sa longueur, puis j'en retranche 32 mm :
48 × 4 − 32 = 160. La ligne mesure maintenant 160 mm.
* **3ᵉ fois** : Je quadruple sa longueur, puis j'en retranche 32 mm :
160 × 4 − 32 = 608. La ligne mesure maintenant 608 mm.

# 3. Analyser un problème plus simple

En traçant un segment dont les extrémités sont sur un cercle, on partage le disque en deux parties. En traçant 10 de ces segments, quel est le nombre maximal de parties que l'on obtient ?

**Communication**

**Compréhension**

☑ J'ai distingué les données importantes des données inutiles. Les données importantes sont :
- Les extrémités d'un segment sont sur le cercle.
- Il y a 10 segments.
- On doit tracer les segments de manière à partager le disque en un nombre maximal de parties.

☑ J'ai dégagé la tâche à réaliser.
- Déterminer le nombre maximal de parties que peut compter un disque partagé par 10 segments dont les extrémités sont sur le cercle.

**Organisation**

☑ Stratégie : Analyser un problème plus simple et chercher une régularité.
1. Simplifier la question en résolvant le problème pour un, deux, trois et quatre segments.
2. Chercher une régularité.
3. Déduire le résultat pour 10 segments d'après les résultats précédents.

**Solution**

| Nombre de segments | 1 | 2 | 3 | 4 |
|---|---|---|---|---|
| Représentation | | | | |
| Nombre de parties | 2 | 2 + 2 = 4 | 4 + 3 = 7 | 7 + 4 = 11 |

- On observe que chaque fois qu'on trace un segment de plus, le nombre de parties augmente du nombre de segments tracés.
  Ainsi, en traçant 10 segments, on a :
  $2 + 2 + 3 + 4 + 5 + 6 + 7 + 8 + 9 + 10 = 56$.
- Réponse : En traçant 10 segments dont les extrémités sont sur le cercle, le disque est partagé en un maximum de 56 parties.

**Validation**

☑ J'ai vérifié les calculs.
☑ J'ai comparé ma démarche et ma réponse avec celles d'autres élèves.

## 4. Organiser et justifier sa démarche en géométrie

La structure illustrée ci-contre permet à des équilibristes d'effectuer des acrobaties sur un fil de fer. Les pylônes et les câbles assurent la solidité et la tension du fil. À l'aide des informations apparaissant sur cette illustration, détermine la longueur du fil de fer correspondant au segment AC.

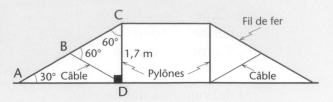

### Compréhension

☑ J'ai distingué les données importantes des données inutiles.
- Les données importantes sont fournies sur l'illustration.

☑ J'ai dégagé la tâche à réaliser.
- Déduire la longueur du fil de fer correspondant au segment AC.

### Organisation

☑ Stratégie : Organiser et justifier sa démarche en géométrie.
- Justifier par une ou des propriétés chacune des affirmations.

### Communication — Solution

| Affirmations | Justifications |
|---|---|
| 1° m ∠ BDC = 60° | 1° La somme des mesures des angles intérieurs d'un triangle est 180° :<br>m ∠ BDC = 180° − m ∠ CBD − m ∠ BCD<br>= 180° − 60° − 60°<br>= 60° |
| 2° Le Δ BCD est équilatéral. | 2° Le Δ BCD a trois angles isométriques :<br>∠ CBD ≅ ∠ BCD ≅ ∠ BDC. |
| 3° m $\overline{BC}$ = 1,7 m | 3° Les côtés d'un triangle équilatéral sont isométriques : $\overline{BC}$ ≅ $\overline{CD}$ ≅ $\overline{BD}$. |
| 4° m ∠ ADB = 30° | 4° Les angles ADB et BDC sont adjacents et complémentaires :<br>m ∠ ADB = 90° − m ∠ BDC<br>= 90° − 60°<br>= 30° |
| 5° Le Δ ABD est isocèle. | 5° Le Δ ABD a deux angles isométriques :<br>∠ BAD ≅ ∠ ADB. |
| 6° m $\overline{AB}$ = 1,7 m | 6° Dans un triangle isocèle, les côtés opposés aux angles isométriques sont isométriques : $\overline{AB}$ ≅ $\overline{BD}$. |
| 7° m $\overline{AC}$ = 3,4 m | 7° m $\overline{AC}$ = m $\overline{AB}$ + m $\overline{BC}$<br>= 1,7 + 1,7<br>= 3,4 m |

- Réponse : La longueur du fil de fer correspondant au segment AC est de 3,4 m.

### Validation

☑ J'ai vérifié les calculs.

# 5. Représenter une situation à l'aide d'un dessin

Carmen, Geneviève, Julia, Denis et Luc participent à un échange de cadeaux. Chaque personne donne un cadeau au hasard à deux différentes personnes du sexe opposé. Carmen se demande quelle est la probabilité qu'elle reçoive un seul cadeau.

STRATÉGIES

**Compréhension**

☑ J'ai distingué les données importantes des données inutiles. Les données importantes sont :
- Il y a cinq personnes : trois filles et deux garçons.
- Chaque personne donne un cadeau au hasard à deux différentes personnes du sexe opposé.

☑ J'ai dégagé la tâche à réaliser.
- Calculer la probabilité que Carmen reçoive un seul cadeau.

**Organisation**

☑ Stratégie : Représenter la situation à l'aide d'un dessin.
1. Illustrer tous les cas possibles en ce qui concerne les cadeaux donnés par les garçons aux filles. Il est inutile d'illustrer les cadeaux donnés par les filles aux garçons.
2. Dénombrer les cas où Carmen reçoit un seul cadeau par rapport au nombre total de cas possibles.

**Communication**

**Solution**

- Représentation de toutes les possibilités qui se présentent aux deux garçons qui doivent chacun donner au hasard leurs deux cadeaux aux trois filles. Chaque lettre représente une personne et chaque flèche représente l'action de donner un cadeau.

- Parmi les neuf cas possibles, il y en a quatre où Carmen reçoit un seul cadeau.
- Réponse : La probabilité que Carmen reçoive un seul cadeau est de $\frac{4}{9}$.

**Validation**

☑ La réponse a du sens, car la probabilité est un nombre de 0 à 1.
☑ J'ai comparé ma démarche et ma solution avec celles d'autres élèves.

# Calculatrice

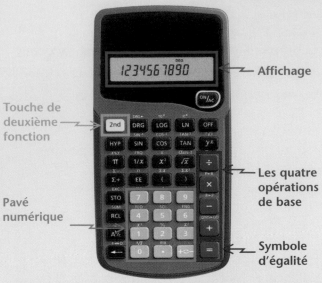

**Affichage**

**Touche de deuxième fonction**

**Pavé numérique**

**Les quatre opérations de base**

**Symbole d'égalité**

## Comment vérifier si la calculatrice tient compte des priorités des opérations ?

Afin de le vérifier, utilise la chaîne d'opérations suivante :

13 **+** 4 **−** 5 **×** 4 **÷** 2 **=**

Si la calculatrice affiche **7**, elle respecte les priorités des opérations. Sinon, elle ne respecte pas les priorités des opérations.

> Il est à noter que selon le modèle de calculatrice utilisé, l'ordre dans lequel il faut appuyer sur les touches pour utiliser les différentes fonctions peut varier.

| Fonction | Définition | Exemple |
|---|---|---|
| ON/AC | Mise en marche de la calculatrice ou réinitialisation des calculs. | |
| OFF | Mise hors fonction de la calculatrice. | |
| $2^{nd}$ | Pour accéder à la deuxième fonction des touches. Souvent d'une couleur différente. | |
| +, −, ×, ÷ | Les quatre opérations de base : addition, soustraction, multiplication et division. | 13 **×** 4 = 52 |
| = | Symbole d'égalité. | 13 + 4 **=** 17 |
| +/− ou −/+ | Affiche le signe opposé. | 8 **+/−** affichera ‑8 |
| ( ) | Pour insérer une expression entre des parenthèses. | 13 × **(** 4 − 1 **)** = 39 |
| $x^2$ | Pour déterminer la deuxième puissance d'un nombre. | 5 **$x^2$** = 25 |
| $y^x$ ou $a^b$ | Pour déterminer une puissance d'un nombre. | 3 **$y^x$** 4 = 81 |
| $10^x$ | Pour déterminer une puissance de 10. | **$10^x$** 2 = 100 |
| $a^{b}\!/\!_c$ | Pour saisir une fraction ou un nombre fractionnaire. | 6 **$a^{b}\!/\!_c$** 4 **$a^{b}\!/\!_c$** 5 affichera 6_4⌐5 |
| d/c | Pour alterner l'affichage entre une fraction et un nombre fractionnaire. | 9 **$a^{b}\!/\!_c$** 4 **2nd** **d/c** affichera 2_1⌐4 |
| % | Pour transformer un nombre écrit sous la forme d'un pourcentage en notation décimale. | 5 **%** affichera 0,05 |
| $\sqrt{x}$ | Pour extraire la racine carrée d'un nombre. | **$\sqrt{x}$** 49 = 7 |
| π | Pour afficher le nombre pi. | **π** affichera π ou 3,141592654 |

Il peut y avoir plusieurs raisons pour que la calculatrice affiche un message d'erreur tel que « Err » ou « Error ». Par exemple : une division par 0 a été effectuée, le résultat est un nombre dépassant l'affichage possible de la calculatrice ou le calcul demandé n'existe pas.

# Tableur

Un tableur est aussi appelé un chiffrier électronique. Ce type de logiciel permet d'effectuer des calculs sur des nombres entrés dans une cellule. On utilise principalement le tableur pour réaliser des calculs de façon automatique sur un grand nombre de données, construire des tableaux et tracer plusieurs types de graphiques.

## Interface du tableur

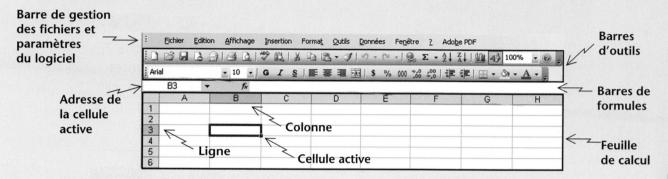

Barre de gestion des fichiers et paramètres du logiciel

Adresse de la cellule active

Colonne

Ligne

Cellule active

Barres d'outils

Barres de formules

Feuille de calcul

## Qu'est-ce qu'une cellule ?

Une cellule est l'intersection entre une colonne et une ligne. Une colonne est désignée par une lettre et une ligne est désignée par un nombre. Ainsi, la première cellule en haut à gauche est nommée A1.

## Entrée de nombres, de texte et de formules

On peut entrer un nombre, un texte ou une formule dans une cellule après avoir cliqué dessus. L'utilisation d'une formule permet de faire des calculs à partir de nombres déjà entrés dans des cellules. Pour entrer une formule dans une cellule, il suffit de la sélectionner, puis de commencer la saisie par le symbole « = ».

Ex. :

1) Dans la cellule B6, on a utilisé la formule =SOMME(B2:B5), ce qui correspond à la somme des nombres des cellules B2 à B5.

2) Dans la cellule E4, on a utilisé la formule =E2+E3, ce qui correspond à la somme des nombres des cellules E2 et E3.

| | A | B | C | D | E |
|---|---|---|---|---|---|
| 1 | Première secondaire | | | Troisième secondaire | |
| 2 | Groupe 11 | 400 $ | | Groupe 31 | 450 $ |
| 3 | Groupe 12 | 750 $ | | Groupe 32 | 700 $ |
| 4 | Groupe 13 | 200 $ | | Total | 1 150 $ |
| 5 | Groupe 14 | 150 $ | | | |
| 6 | Total | 1 500 $ | | | |
| 7 | | | | Quatrième secondaire | |
| 8 | | | | Groupe 41 | 700 $ |
| 9 | Deuxième secondaire | | | Groupe 42 | 650 $ |
| 10 | Groupe 21 | 250 $ | | Total | 1 350 $ |
| 11 | Groupe 22 | 900 $ | | | |
| 12 | Groupe 23 | 700 $ | | | |
| 13 | Total | 1 850 $ | | | |
| 14 | | | | Cinquième secondaire | |
| 15 | | | | Groupe 51 | 1 350 $ |
| 16 | | | | | |
| 17 | Moyenne | 1 440 $ | | | |

B6   fx =SOMME(B2:B5)

# Comment tracer un graphique ?

Voici une procédure qui permet de construire un graphique à l'aide d'un tableur.

1) **Sélection de la plage de données**

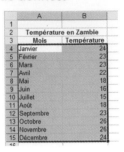

2) **Sélection de l'assistant graphique**

3) **Choix du type de graphique**

4) **Confirmation des données pour le graphique**

5) **Choix des options du graphique**

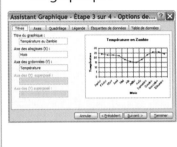

6) **Choix de l'emplacement du graphique**

7) **Tracé du graphique**

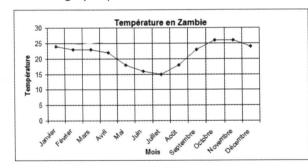

Après avoir tracé le graphique, on peut en modifier les différents éléments en double-cliquant sur l'élément que l'on veut modifier : titre, échelle, légende, quadrillage, tracé du graphique, etc.

Voici différents types de graphiques que l'on peut construire à l'aide du tableur.

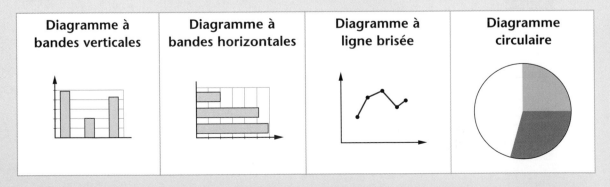

| Diagramme à bandes verticales | Diagramme à bandes horizontales | Diagramme à ligne brisée | Diagramme circulaire |

# Logiciel de géométrie dynamique

Un logiciel de géométrie dynamique permet de tracer et de déplacer différents objets dans un espace de travail. L'aspect dynamique de ce type de logiciel permet d'explorer et de vérifier des propriétés géométriques, et de valider des constructions.

## L'espace de travail

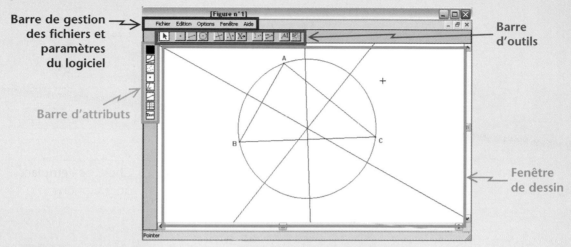

## L'aspect des différents curseurs et leur signification

| | |
|---|---|
| $+$ | Curseur lors du déplacement dans la fenêtre de dessin. |
| | Curseur pour désigner un objet. |
| Quel objet ? | Curseur apparaissant lorsqu'il y a plusieurs objets. |
| | Curseur permettant le tracé des objets. |
| | Curseur désignant le déplacement possible d'un objet. |
| | Curseur permettant de travailler dans la barre de gestion des fichiers et dans la barre d'outils. |

## Différents menus que l'on peut trouver dans un logiciel de géométrie dynamique

### Pointeurs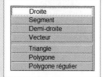

| | |
|---|---|
| Pointer / Tourner / Dilater/Réduire / Tourner et dilater | Le menu *Pointeurs* permet de **sélectionner un objet** dans le but de le **déplacer**, de le faire **tourner** autour d'un point, de l'**agrandir** ou de le **réduire**. |

### Points

| | |
|---|---|
| Point / Point sur un objet / Point(s) sur deux objets | Le menu *Points* permet de construire un point **dans le plan, sur un objet** déjà existant ou à **l'intersection de deux objets** déjà existants. |

### Lignes

| | |
|---|---|
| Droite / Segment / Demi-droite / Vecteur / Triangle / Polygone / Polygone régulier | Le menu *Lignes* permet de tracer une **droite**, un **segment**, une **demi-droite**, une flèche de translation (**vecteur**) ainsi que différents **polygones**. |

TECHNOLOGIES

## Courbes

| Cercle Arc | Le menu *Courbes* permet de tracer un **cercle** ou un **arc de cercle**. |
| --- | --- |

## Constructions

| Droite perpendiculaire<br>Droite parallèle<br>Milieu<br>Médiatrice<br>Bissectrice<br>Compas<br>Report de mesure | Le menu *Constructions* permet de tracer une **droite perpendiculaire** ou une **droite parallèle**, un point **milieu**, une **médiatrice** et une **bissectrice**. L'outil **compas** permet de tracer un cercle et l'outil **report de mesure** permet de reporter une mesure sur un autre objet. |
| --- | --- |

## Transformations

| Symétrie axiale<br>Translation<br>Rotation<br>Homothétie | Le menu *Transformations* permet d'effectuer quatre transformations géométriques : **symétrie axiale** (réflexion), **translation, rotation** et **homothétie**. |
| --- | --- |

## Propriétés

| Aligné ?<br>Parallèle ?<br>Perpendiculaire ?<br>Équidistant ?<br>Appartient ? | Le menu *Propriétés* permet de vérifier les propriétés suivantes : si des points sont **alignés**, si des droites sont **parallèles** ou **perpendiculaires**, si des points sont **équidistants** et si un point **appartient** à un objet. |
| --- | --- |

## Mesures

| Distance et longueur<br>Aire<br>Mesure d'angle<br>Coord. et équation<br>Calculatrice | Le menu *Mesures* permet de calculer des **distances**, des **longueurs**, l'**aire** de figures, des **mesures d'angles** ou les **coordonnées** d'un point dans un plan cartésien. Il permet également d'utiliser une **calculatrice**. |
| --- | --- |

## Affichage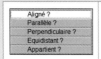

| Nommer<br>Texte<br>Nombre<br>Marquer un angle<br>Punaiser/Dépunaiser<br>Trace<br>Animation<br>Animation multiple | Le menu *Affichage* permet de **nommer** les objets, d'insérer du **texte** ou des **nombres**, de **marquer un angle**, de **fixer un point** (punaiser/dépunaiser), de laisser une **trace** et d'**animer** les objets. |
| --- | --- |

## Aspect

| Cacher/Montrer<br>Couleur<br>Remplir<br>Épaisseur<br>Pointillé<br>Aspect<br>Montrer les axes<br>Nouveaux axes<br>Grille | Le menu *Aspect* permet de **cacher** ou de **montrer** des objets, d'ajouter de la **couleur**, de **remplir** de couleur, de changer l'**épaisseur** des traits ou de les mettre en **pointillé**, de changer l'**aspect** de certains objets, d'afficher les **axes** d'un plan cartésien ainsi qu'une **grille**. |
| --- | --- |

Ex. : Tracer un cercle passant par trois points.

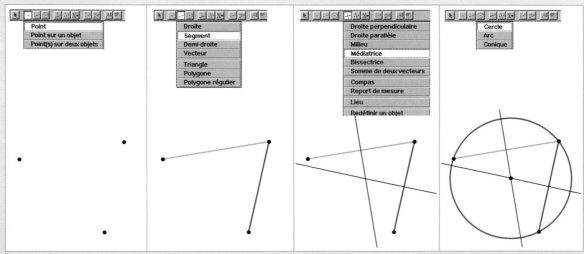

TECHNOLOGIES

# Recherche dans Internet

## Les annuaires et les moteurs de recherche

Il existe deux types de sites qui permettent de faire des recherches : des annuaires et des moteurs de recherche. Les annuaires, comme leur nom l'indique, sont des répertoires de sites tandis que les moteurs de recherche sont des robots qui parcourent le Web à la recherche de nouvelles pages.

## Exemple d'une recherche sur le Web

Champ de recherche

Titre de la page trouvée

Adresse du site Web

Résultats de recherche

Texte tiré de la page trouvée

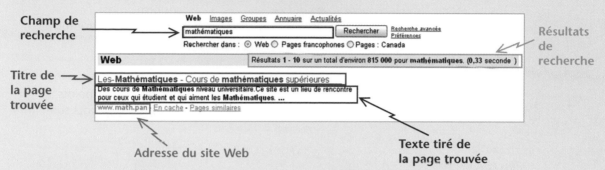

## Recherche avancée

Dans les moteurs de recherche, on peut faire une recherche avancée qui permet de sélectionner des options avant de lancer la recherche.

## Recherche d'images

Il est également possible de chercher des images directement à partir du moteur de recherche. Il suffit d'aller dans la section «Images». Une recherche avancée est aussi disponible pour les images.

## Recherche dans les annuaires

Pour réaliser une recherche dans un annuaire, il suffit dans un premier temps de choisir la catégorie désirée. Par la suite, il y aura des sous-catégories ainsi que des pages Web suggérées qui permettront de raffiner la recherche.

# Notations et symboles

| Notation et symbole | Signification | Exemple d'écriture |
|---|---|---|
| $^-a$ | Opposé du nombre $a$ | $^-7$ est l'opposé de 7. |
| $\frac{1}{a}$ ou $a^{-1}$ | Inverse de $a$ | $\frac{1}{5}$ ou $5^{-1}$ est l'inverse de 5. |
| $a^2$ | La deuxième puissance de $a$ ou $a$ au carré | $9^2$ |
| $a^3$ | La troisième puissance de $a$ ou $a$ au cube | $4^3$ |
| $\sqrt{a}$ | Radical $a$ ou racine carrée de $a$ | $\sqrt{25}$ |
| % | Pourcentage | 15 % |
| $a : b$ | Rapport de $a$ à $b$ | 3 : 5 |
| ( ) | Parenthèses. Indiquent les opérations à effectuer en premier. | $3 \times (2 + 6)$ |
| { } | Accolades. Utilisées pour énumérer les objets faisant partie d'un ensemble. | Ensemble des résultats possibles lors du lancer d'un dé : {1, 2, 3, 4, 5, 6} |
| = | … est égal à… | $3 + 4 = 7$ |
| ≠ | … n'est pas égal à… ou … est différent de… | $5 + 2 \neq 8$ |
| < | … est inférieur à… | $4 < 7$ |
| > | … est supérieur à… | $8 > 2$ |
| ≤ | … est inférieur ou égal à… | $x \leq 9$ |
| ≥ | … est supérieur ou égal à… | $x \geq 5$ |
| ≈ | … est à peu près égal à… | $4,2 \times 2,1 \approx 8$ |
| ≅ | … est isométrique à… | $\overline{AB} \cong \overline{BC}$ |
| ~ | … est semblable à… | $\triangle ABC \sim \triangle DEF$ |
| $\hat{=}$ | … correspond à… | 1 cm $\hat{=}$ 2,5 km |
| $\Omega$ | Se lit oméga. L'univers des résultats possibles d'une expérience aléatoire. | Lors du lancer d'un dé : $\Omega$ = {1, 2, 3, 4, 5, 6} |
| $\cup$ | Réunion d'ensembles | $A \cup B$ |
| $\cap$ | Intersection d'ensembles | $A \cap B$ |
| $\varnothing$ ou { } | Ensemble vide | $A \cap B = \varnothing$ ou $A \cap B$ = { } |

| Notation et symbole | Signification | Exemple d'écriture |
|---|---|---|
| ▬ | Segment | $\overline{AB}$ |
| m ▬ | Mesure d'un segment | m $\overline{AB}$ = 2 cm |
| ∠ | Angle | ∠ A |
| m ∠ | Mesure d'un angle | m ∠ A = 45° |
| ⌒ | Arc | $\overset{\frown}{AB}$ |
| m ⌒ | Mesure d'un arc | m $\overset{\frown}{AB}$ = 40° ou<br>m $\overset{\frown}{CD}$ = 3 cm |
| // | ... est parallèle à... | $d_1$ // $d_2$ |
| ⊥ | ... est perpendiculaire à... | $d_1 \perp d_2$ |
| △ | Triangle | △ ABC |
| ⌐ | Désigne un angle droit dans une figure géométrique plane. | |
| ▬° | Degré. Unité de mesure des angles. | 12° |

# Énoncés de géométrie

| | Énoncé | Exemple |
|---|---|---|
| 1. | Si deux droites sont parallèles à une troisième, alors elles sont aussi parallèles entre elles. | Si $d_1$ // $d_2$ et $d_2$ // $d_3$, alors $d_1$ // $d_3$. |
| 2. | Si deux droites sont perpendiculaires à une troisième, alors elles sont parallèles. | Si $d_1 \perp d_3$ et $d_2 \perp d_3$, alors $d_1$ // $d_2$. |
| 3. | Si deux droites sont parallèles, toute perpendiculaire à l'une d'elles est perpendiculaire à l'autre. | Si $d_1$ // $d_2$ et $d_3 \perp d_2$, alors $d_3 \perp d_1$. |
| 4. | Des angles adjacents dont les côtés extérieurs sont en ligne droite sont supplémentaires. | Les points A, B et D sont alignés. $\angle$ ABC et $\angle$ CBD sont adjacents et supplémentaires. |
| 5. | Des angles adjacents dont les côtés extérieurs sont perpendiculaires sont complémentaires. | $\overline{AB} \perp \overline{BD}$. $\angle$ ABC et $\angle$ CBD sont adjacents et complémentaires. |
| 6. | Les angles opposés par le sommet sont isométriques. | $\angle 1 \cong \angle 3$ $\angle 2 \cong \angle 4$ |
| 7. | Si une droite coupe deux droites parallèles, alors les angles alternes-internes, alternes-externes et correspondants sont respectivement isométriques. | Si $d_1$ // $d_2$, alors les angles 1, 3, 5 et 7 sont isométriques, et les angles 2, 4, 6 et 8 sont isométriques. |
| 8. | Dans le cas d'une droite coupant deux droites, si deux angles correspondants (ou alternes-internes, ou encore alternes-externes) sont isométriques, alors ils sont formés par des droites parallèles coupées par une sécante. | Dans la figure de l'énoncé 7, si les angles 1, 3, 5 et 7 sont isométriques et les angles 2, 4, 6 et 8 sont isométriques, alors $d_1$ // $d_2$. |
| 9. | Si une droite coupe deux droites parallèles, alors les paires d'angles internes situées du même côté de la sécante sont supplémentaires. | Si $d_1$ // $d_2$, alors m $\angle$ 1 + m $\angle$ 2 = 180° et m $\angle$ 3 + m $\angle$ 4 = 180°. |

SAVOIRS

| Énoncé | Exemple |
|---|---|
| **10.** La somme des mesures des angles intérieurs d'un triangle est 180°. | $m \angle 1 + m \angle 2 + m \angle 3 = 180°$ |
| **11.** Les éléments homologues de figures planes ou de solides isométriques ont la même mesure. | $\overline{AD} \cong \overline{A'D'}$, $\overline{CD} \cong \overline{C'D'}$, $\overline{BC} \cong \overline{B'C'}$, $\overline{AB} \cong \overline{A'B'}$<br>$\angle A \cong \angle A'$, $\angle B \cong \angle B'$,<br>$\angle C \cong \angle C'$, $\angle D \cong \angle D'$ |
| **12.** Dans tout triangle isocèle, les angles opposés aux côtés isométriques sont isométriques. | Dans un triangle isocèle ABC : $\overline{AB} \cong \overline{AC}$<br>$\angle C \cong \angle B$ |
| **13.** L'axe de symétrie d'un triangle isocèle supporte une médiane, une médiatrice, une bissectrice et une hauteur de ce triangle. | Axe de symétrie du triangle ABC<br>Médiane issue du sommet A<br>Médiatrice du côté BC<br>Bissectrice de l'angle A<br>Hauteur issue du sommet A |
| **14.** Les côtés opposés d'un parallélogramme sont isométriques. | Dans un parallélogramme ABCD :<br>$\overline{AB} \cong \overline{CD}$ et $\overline{AD} \cong \overline{BC}$ |
| **15.** Les diagonales d'un parallélogramme se coupent en leur milieu. | Dans un parallélogramme ABCD :<br>$\overline{AE} \cong \overline{EC}$ et $\overline{DE} \cong \overline{EB}$ |
| **16.** Les angles opposés d'un parallélogramme sont isométriques. | Dans un parallélogramme ABCD :<br>$\angle A \cong \angle C$ et $\angle B \cong \angle D$ |
| **17.** Dans un parallélogramme, la somme des mesures de deux angles consécutifs est 180°. | Dans un parallélogramme ABCD :<br>$m \angle 1 + m \angle 2 = 180°$<br>$m \angle 2 + m \angle 3 = 180°$<br>$m \angle 3 + m \angle 4 = 180°$<br>$m \angle 4 + m \angle 1 = 180°$ |
| **18.** Les diagonales d'un rectangle sont isométriques. | Dans un rectangle ABCD :<br>$\overline{AC} \cong \overline{BD}$ |
| **19.** Les diagonales d'un losange sont perpendiculaires. | Dans un losange ABCD : $\overline{AC} \perp \overline{BD}$ |
| **20.** La mesure d'un angle extérieur d'un triangle est égale à la somme des mesures des angles intérieurs qui ne lui sont pas adjacents. | $m \angle 3 = m \angle 1 + m \angle 2$ |

| | Énoncé | Exemple |
|---|---|---|
| 21. | Dans un triangle, au plus grand angle est opposé le plus grand côté. | Dans le triangle ABC, le plus grand angle est A, donc le plus grand côté est BC. |
| 22. | Dans un triangle, au plus petit angle est opposé le plus petit côté. | Dans le triangle ABC, le plus petit angle est B, donc le plus petit côté est AC. |
| 23. | La somme des mesures de deux côtés d'un triangle est toujours supérieure à la mesure du troisième côté. | $2 + 5 > 4$<br>$2 + 4 > 5$<br>$4 + 5 > 2$ |
| 24. | La somme des mesures des angles intérieurs d'un quadrilatère est 360°. | $m \angle 1 + m \angle 2 + m \angle 3 + m \angle 4 = 360°$ |
| 25. | La somme des mesures des angles intérieurs d'un polygone à $n$ côtés est $n \times 180° - 360°$ ou $(n - 2) \times 180°$. | $n \times 180° - 360°$   ou   $(n - 2) \times 180°$ |
| 26. | La somme des mesures des angles extérieurs d'un polygone convexe est 360°. | $m \angle 1 + m \angle 2 + m \angle 3 + m \angle 4 + m \angle 5 + m \angle 6 = 360°$ |
| 27. | Les angles homologues des figures planes ou des solides semblables sont isométriques et les mesures des côtés homologues sont proportionnelles. | Le triangle ABC est semblable au triangle A'B'C' :<br>$\angle A \cong \angle A'$<br>$\angle B \cong \angle B'$<br>$\angle C \cong \angle C'$<br>$\dfrac{m\,\overline{A'B'}}{m\,\overline{AB}} = \dfrac{m\,\overline{B'C'}}{m\,\overline{BC}} = \dfrac{m\,\overline{A'C'}}{m\,\overline{AC}}$ |
| 28. | Dans des figures planes semblables, le rapport entre les aires est égal au carré du rapport de similitude. | Dans les figures de l'énoncé 27,<br>$\dfrac{m\,\overline{A'B'}}{m\,\overline{AB}} = \dfrac{m\,\overline{B'C'}}{m\,\overline{BC}} = \dfrac{m\,\overline{A'C'}}{m\,\overline{AC}} = k$  Rapport de similitude<br>$\dfrac{\text{aire du triangle A'B'C'}}{\text{aire du triangle ABC}} = k^2$ |

SAVOIRS

# Constructions géométriques

## Homothétie

Pour tracer l'image d'une figure par une **homothétie** :

### Avec un logiciel de géométrie dynamique

1° On trace le centre d'homothétie.

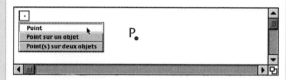

2° On trace la figure initiale.

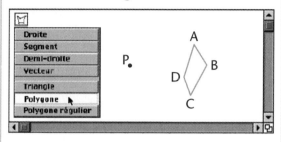

3° On écrit un nombre correspondant au rapport d'homothétie, par exemple 2,25.

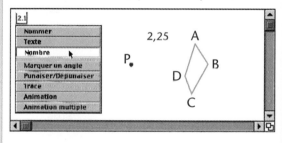

4° Après avoir choisi la transformation désirée, soit l'homothétie, on sélectionne la figure initiale, le centre et le rapport d'homothétie afin d'obtenir la figure image.

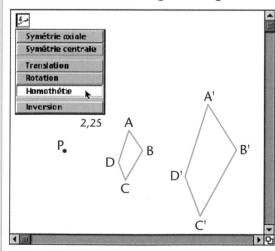

### À partir d'un centre et d'un rapport d'homothétie avec des instruments de géométrie

1° Du centre d'homothétie, on trace des droites passant par chaque sommet de la figure.

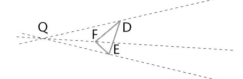

2° À l'aide d'une règle, on mesure la distance du centre d'homothétie à chacun des sommets.

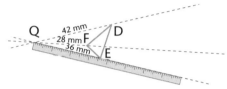

3° Pour déterminer la distance de chacun des sommets images au centre d'homothétie, on multiplie chacune des mesures par le rapport d'homothétie, par exemple 2.

$$\text{m } \overline{QD'} = \text{m } \overline{QD} \times 2 = 42 \times 2 = 84 \text{ mm}$$
$$\text{m } \overline{QF'} = \text{m } \overline{QF} \times 2 = 28 \times 2 = 56 \text{ mm}$$
$$\text{m } \overline{QE'} = \text{m } \overline{QE} \times 2 = 36 \times 2 = 72 \text{ mm}$$

4° À l'aide d'une règle, on reporte sur chaque droite la mesure qui correspond à la distance entre le centre d'homothétie et le sommet image.

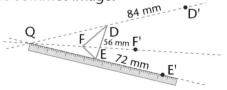

5° On relie les points obtenus de la même façon que les points de la figure initiale.

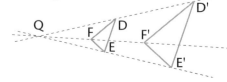

SAVOIRS

# Construction de polygones réguliers

Ex. : construction d'un pentagone régulier de 3 cm de côté.

## Première méthode : à partir d'un triangle isocèle

1) À l'aide de la règle, on trace un segment de 3 cm.

3 cm

2) On détermine la mesure des angles intérieurs du triangle isocèle.

   Angle 1 : 360° ÷ 5 = 72°

   Angles 2 et 3 : (180° − 72°) ÷ 2 = 54°

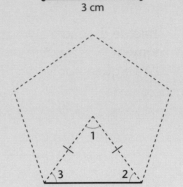

3) À l'aide du rapporteur, on trace un angle de 54° à chacune des extrémités du segment afin de former le triangle. Le point d'intersection A des deux demi-droites est le centre du polygone.

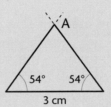

4) On effectue une rotation de ce triangle. Le centre de rotation est le point A et l'angle de rotation est 72°.

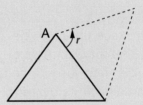

5) On effectue à nouveau une rotation du triangle obtenu. Le centre de rotation est le point A et l'angle de rotation est 72°. On répète jusqu'à ce que le polygone soit complété.

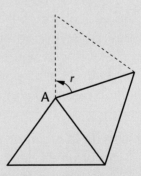

## Deuxième méthode : à partir d'un côté

1) À l'aide de la règle, on trace un segment de 3 cm.

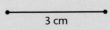

2) On détermine la mesure d'un des angles intérieurs du polygone. Pour un pentagone, la somme des mesures des angles intérieurs est 540°, donc un angle intérieur d'un pentagone régulier mesure 540° ÷ 5 = 108°.

SAVOIRS

3) On effectue une rotation de ce segment.
   Le centre de rotation est l'une des extrémités
   du segment et l'angle de rotation est 108°.

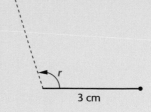

4) On effectue de nouveau une rotation de 108°
   du segment obtenu. On répète l'opération
   jusqu'à ce que le polygone soit complété.

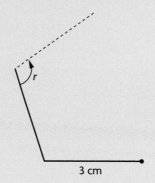

## Troisième méthode : à partir d'une «étoile»

1) On détermine la mesure de l'angle dont le sommet
   est au centre du polygone. Pour un pentagone :
   360° ÷ 5 = 72°.

2) À l'aide du rapporteur, on trace un angle de 72°.

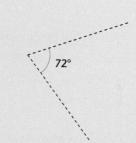

3) On trace un angle de 72° à partir du sommet
   et de l'un des côtés de l'angle initial. On répète
   l'opération jusqu'à ce que l'on revienne sur
   l'un des côtés de l'angle initial.

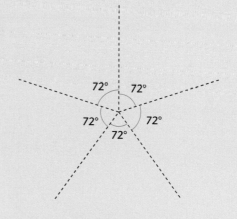

4) À l'aide de la règle, on trace un segment
   de 3 cm qui relie deux côtés formant un angle
   de 72° de façon à former cinq triangles
   isocèles isométriques.

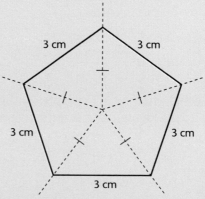

## A

**Aire**, p. 54
    **d'un carré**, p. 55
    **d'un losange**, p. 66
    **d'un parallélogramme**, p. 55
    **d'un rectangle**, p. 54
    **d'un trapèze**, p. 67
    **d'un triangle**, p. 66

**Aire d'un polygone décomposable**, p. 67

**Aire d'un polygone régulier**, p. 174

**Aire d'un polygone décomposable**, p. 174

**Aire d'un solide décomposable**, p. 194

**Aire latérale**, p. 193

**Aire totale**, p. 194

**Angle droit**
Angle dont la mesure est de 90°. Ex. :

**Apothème d'une pyramide régulière**, p. 192

**Apothème d'un polygone régulier**, p. 173

**Arête**, p. 182

**Axe des abscisses
(axe des *x*)**
Droite graduée qui
permet de déterminer
l'abscisse d'un point
dans un plan cartésien.

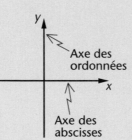

Axe des ordonnées

*x*

Axe des abscisses

**Axe des ordonnées
(axe des *y*)**
Droite graduée qui
permet de déterminer
l'ordonnée d'un point
dans un plan cartésien.

## C

**Carré**
Quadrilatère ayant tous ses côtés isométriques
et tous ses angles isométriques.
Ex. :

**Cercle**
Ligne fermée dont tous les points sont à égale
distance d'un même point appelé « centre ».
Ex. :

Cercle    Centre

**Coefficient de proportionnalité**, p. 118, 128

**Coefficient d'un terme**, p. 11

**Commutativité**
Propriété de l'addition et de la multiplication
qui permet de modifier l'ordre des nombres
sans changer le résultat.
Ex. : 1) $a + b = b + a$
     2) $a \times b = b \times a$

**Coordonnées d'un point**
Chacun des deux nombres décrivant
la position d'un point dans un plan cartésien.
Ex. :

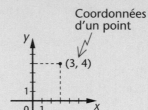

Coordonnées
d'un point

(3, 4)

## D

**Dallage**
Surface complètement recouverte
de figures géométriques sans
qu'il y ait d'espace libre et sans
superposition des figures. Ex. :

**Degré d'un monôme**, p. 86

**Développement d'un solide**, p. 182

**Diagonale**
Segment joignant deux sommets non
consécutifs d'un polygone.
Ex. :

Diagonale

**Diamètre**
Segment joignant deux points d'un cercle et
passant par le centre du cercle.
Ex. :

Diamètre

**Différence**
Résultat d'une soustraction.

**Distributivité de la multiplication sur
l'addition et la soustraction**
Propriété de la multiplication.
Ex. : 1) $a \times (b + c) = a \times b + a \times c$
     2) $a \times (b - c) = a \times b - a \times c$

**Droite**
Ligne formée d'une infinité
de points alignés. Ex. : Droite *d* :

*d*

SAVOIRS

**Droites parallèles**
Droites n'ayant aucun
point commun. Ex. : $d_1 \parallel d_2$

**Droites perpendiculaires**
Droites qui se coupent
à angle droit. Ex. : $d_1 \perp d_2$

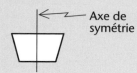

**Échelle**, p. 149

**Équation**
Énoncé mathématique comportant une ou
des variables et une relation d'égalité.
Ex. : 1) $7,5 = x + 6$
2) $5a \times 3b = 15ab$

**Exponentiation**
Opération qui consiste à affecter une base
d'un exposant.
Ex. : Dans $2^3$, la base est 2 et l'exposant est 3.

**Extrêmes**, p. 118

**Face**, p. 182

**Facteur**
Dans une multiplication, chacun des nombres
qu'on multiplie.
Ex. : Dans $6 \times 4 = 24$, les facteurs sont 6 et 4.

**Facteur de changement**, p. 129

**Figure image**
Figure obtenue par
une transformation
géométrique appliquée
à une figure initiale.
Ex. :

**Figure initiale**
Figure sur laquelle
on applique
une transformation
géométrique. Ex. :

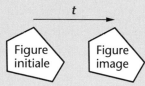

**Figures isométriques**
Figures ayant la même forme et les mêmes
dimensions.
Ex. : Les figures A et B sont isométriques.
La figure C n'est pas isométrique
aux deux autres.

**Figures semblables**, p. 148

**Figure symétrique**
Figure qui est sa propre image par
une réflexion.
Ex. :

Axe de
symétrie

**Fractions équivalentes**
Fractions qui représentent le même nombre.
Ex. : $\dfrac{1}{4} = \dfrac{3}{12}$

**Graphique**, p. 21

**Hauteur d'un triangle**, p. 66
**Homothétie**, p. 138

**Losange**
Parallélogramme ayant tous ses côtés
isométriques. Ex. :

**Maximum d'un graphique**, p. 21
**Méthode des opérations inverses**, p. 201
**Méthode du recouvrement**, p. 78
**Minimum d'un graphique**, p. 21
**Modes de représentation**, p. 12
**Monôme**, p. 86
**Moyenne**
La moyenne suggère l'idée d'une répartition
égale.
$$\text{Moyenne} = \dfrac{\text{somme de toutes les données}}{\text{nombre total de données}}$$
Ex. : La moyenne de 8, 12, 16 et 24 est 15 car
$(8 + 12 + 16 + 24) \div 4 = 15$.

**Moyens**, p. 118

**Nombre entier**
Nombre qui appartient à la suite
..., –3, –2, –1, 0, 1, 2, 3, ...

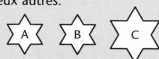

SAVOIRS

## O

**Origine d'un plan cartésien**
Point d'intersection
des deux axes
d'un plan cartésien.
Les coordonnées de
l'origine sont (0, 0).

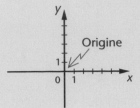

**Orthocentre**, p. 62

## P

**Parallélogramme**
Quadrilatère ayant deux paires de côtés
opposés parallèles.

Ex. : $\overline{AB}$ // $\overline{CD}$
$\overline{AD}$ // $\overline{BC}$

**Périmètre**, p. 54

**Plan cartésien**
Plan muni d'un système de repérage formé
de deux droites graduées qui se coupent
perpendiculairement.

**Polyèdre**, p. 182

**Polygone**
Figure plane formée par une ligne brisée
fermée. Ex. :

**Polygones**

| Nombre de côtés | Nom du polygone |
|---|---|
| 3 | Triangle |
| 4 | Quadrilatère |
| 5 | Pentagone |
| 6 | Hexagone |
| 7 | Heptagone |
| 8 | Octogone |
| 9 | Ennéagone |
| 10 | Décagone |
| 11 | Hendécagone |
| 12 | Dodécagone |

**Polygone régulier**
Polygone dont tous les côtés sont
isométriques et dont tous les angles sont
isométriques.
Ex. :

**Prisme**, p. 183, 192

**Produit**
Résultat d'une multiplication.

**Proportion**, p. 118

**Pyramide**, p. 184,192

## Q

**Quotient**
Résultat d'une division.

## R

**Racine carrée**, p. 78

**Radical**, p. 78

**Radicande**, p. 78

**Rapport**, p. 107

**Rapport de similitude**, p. 148

**Rapport d'homothétie**, p. 138

**Rapports équivalents**, p. 107

**Rectangle**
Quadrilatère ayant quatre angles droits et
deux paires de côtés opposés isométriques.
Ex. :

**Réduction d'expressions algébriques**
  addition et soustraction, p. 11
  multiplication et division, p. 86

**Réflexion**
Transformation géométrique qui permet
d'associer un point P à un point P' par rapport
à une droite $d$ telle que le segment PP' est
coupé perpendiculairement et en son milieu
par la droite $d$.

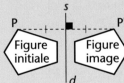

**Règle**, p. 12

**Rotation**
Transformation géométrique qui permet
d'associer, à toute figure initiale, une figure
image selon un centre, un angle et un sens
de rotation donnés.

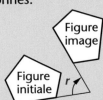

## S

**Section d'un solide**, p. 182

**Segment**
Portion de droite limitée par deux points.
Ex. : segment AB.

**Solide**, p. 182

**Somme**
Résultat d'une addition.

**Sommet d'un solide**, p. 182

**Suite arithmétique**
Suite de nombres où la différence entre deux termes consécutifs est constante.
Ex. : 2, 5, 8, 11, 14, …

**Superficie**, p. 54

## T

**Table de valeurs**, p. 12

**Taux**, p. 107

**Taux équivalents**, p. 107

**Taux unitaire**, p. 107

**Terme**, p. 11

**Terme constant**, p. 11

**Termes semblables**, p. 11

**Translation**
Transformation géométrique qui permet d'associer, à toute figure initiale, une figure image selon une direction, un sens et une longueur donnés. Ex. :

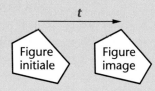

**Trapèze**
Quadrilatère ayant une paire de côtés parallèles.
Ex. : $\overline{AB} \parallel \overline{CD}$

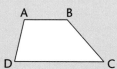

**Triangle équilatéral**
Triangle ayant tous ses côtés isométriques.
Ex. :

**Triangle isocèle**
Triangle ayant deux côtés isométriques.
Ex. :

**Triangle rectangle**
Triangle ayant un angle droit.
Ex. :

## U

**Unité d'aire**, p. 173

## V

**Variable**
Symboles qui peuvent prendre différentes valeurs. Les symboles utilisés sont généralement des lettres.

**Variation**
dans le même sens, p. 21
dans le sens contraire, p. 21

# Crédits photographiques